中国攀升

长期经济增长的世界意义

张明 等 著

人民东方出版传媒
东方出版社

图书在版编目（CIP）数据

中国攀升：长期经济增长的世界意义/张明等 著 .—北京：东方出版社，2022.8
ISBN 978-7-5207-2779-2

Ⅰ.①中… Ⅱ.①张… Ⅲ.①世界经济—研究 Ⅳ.① F11

中国版本图书馆 CIP 数据核字（2022）第 073107 号

中国攀升：长期经济增长的世界意义
（ZHONGGUO PANSHENG: CHANGQI JINGJI ZENGZHANG DE SHIJIE YIYI）

作　　者：	张　明　等
责任编辑：	于旻欣　袁　园
出　　版：	东方出版社
发　　行：	人民东方出版传媒有限公司
地　　址：	北京市西城区北三环中路 6 号
邮　　编：	100120
印　　刷：	北京明恒达印务有限公司
版　　次：	2022 年 8 月第 1 版
印　　次：	2022 年 8 月第 1 次印刷
开　　本：	880 毫米 ×1230 毫米　1/16
印　　张：	22.75
字　　数：	234 千字
书　　号：	ISBN 978-7-5207-2779-2
定　　价：	65.00 元
发行电话：	（010）85924663　85924644　85924641

版权所有，违者必究
如有印装质量问题，我社负责调换，请拨打电话：（010）85924602　85924603

张明研究员是国内著名的中青年经济学家。他博学、勤奋、多产，对世界经济、国际金融和中国宏观经济发展等问题有着深入且独到的见解。在当今大国博弈日趋激化的时代背景下，涵盖全球经济、政治、历史和人文地理等多个专业领域的世界经济研究显得更加重要。该书针对世界经济领域六个问题和中国经济可持续发展的四个维度，既进行了深入的理论探索，又提出了相关的对策建议。我相信，这本书作为对国内世界经济、国际经济领域研究生教学和培养工作的一项有益探索，读者一定会从中获益良多。

——李晓（教育部"长江学者"特聘教授、吉林大学"匡亚明学者"卓越教授）

近半个世纪中，世界经济最大的变化莫过于发展中国家特别是新兴市场的崛起，其经济赶超、多元化发展模式和深度融入全球化对工业革命以来由西方资本主义国家构建的全球秩序与规则形成了有力的冲击与挑战。如何在和平前提下，实现从"中心—外围"体系向分布式权力与治理结构的稳健转变，是21世纪全球经济面临的重大问题。张明研究员及其团队通过本书对此进行了深入思考与探究，其研究的重要启示在于新兴经济体要在夯实自身发展与国内"良治"水平的基础上壮大对外经济力量与影响，促进实现以发展为导向的更加平衡、可持续与包容的全球化与全球治理，在这一进程中中国无疑具有独特而重要的利益、角色与使命。本书不求全大，重点突出，构思精巧，研教结合，是深度理解世界经济与中国经济及其互动关系的精品读本，也是推荐给热衷世界经济学习与研究的广大师生的高质量营养加餐。

——盛斌（南开大学经济学院院长、中国世界经济学会副会长、国家"万人计划"哲学社会科学领军人才）

世界经济学科是尴尬的，也是倔强的。尴尬在于，西学东渐之后，世界经济学科几乎被国际经济学冲垮。倔强在于，仍然有一批坚持独立思考的中国学者在这个领域默默耕耘。张明博士和他的团队推出的新著《中国攀升》是该领域不可多得的上乘之作。从这本书能看出世界经济这一学科的独有特色：强调与现实结合，强调政治与经济结合，强调用体系的方法去洞察国民经济。这本书将进一步推动世界经济的学科建设，也会对关心中国与世界经济的读者大有裨益。

——何帆（上海交通大学安泰经济管理学院经济学教授、《变量》作者）

世界经济正在发生一些重大变化，如何认识这些变化，其中哪些是核心问题，中国经济的成长对世界经济变化意味着什么，中国经济又是如何成长以及如何应对世界经济变化的？对这些问题感兴趣的读者，能从张明及其团队的研究中获得很多的启示。

——姚枝仲（中国社会科学院世界经济与政治研究所研究员）

张明研究员的新著《中国攀升：长期经济增长的世界意义》即将出版，我很荣幸成为这部著作最早的读者之一。张明兄的勤奋、敏锐和深刻在同行中素有口碑，他既擅长撰写严肃的学术论文，又勤于普及性短文的写作，在针对政府和业界的决策咨询方面，也有非常好的积累和声誉，这部著作是他和团队最近一个时期的心血之作。整个著作分成上、下两篇，上篇以专题方式探讨了世界经济领域的6个前沿问题，下篇则以案例方式呈现了中国经济面临的4个热点话题，是世界经济专业难得的参考资料和配套读物，也是世界经济领域研究者寻找选题和获得灵感的重要来源。

——罗长远（复旦大学世界经济研究所教授、中国世界经济学会副会长、上海市世界经济学会会长）

我们这代人一直生活在一个"越来越平"的世界中。自然增长，全球化，都是基本信仰。直到最近，我才深刻意识到，很多习以为常的历史其实是风云际会：20世纪80年代以来的中国奇迹是这一时期坚固的"全球增长"共识的产物。当下我们碰到的各种问题，也正是这个共识出现缝隙裂痕的镜像。张明和几位合作者的新著可谓是恰逢其时——张明是中生代经济学家中的多面手，尤其擅长在全球格局下分析研判中国经济问题。这本书分上、下篇，上篇是中国视角下需要关注的几大世界增长议题，下篇则总结了中国长期增长的经验和面临的挑战。中国经济不能孤立存在，同样世界经济也需要中国。张明这样以我为主，但放下我执的国际经济研究文献，不管对研究者，企业家，还是相关政府决策部门，都有明目醒脑的作用。

——香帅（金融学者）

序 言
PREFACE

　　1995年我在北京师范大学经济系读本科时，我的专业是国际经济。1999年与2004年我分别在北京师范大学经济学院与中国社会科学院研究生院读硕士和博士时，我的专业都是世界经济。2007年至2020年我在中国社会科学院世界经济与政治研究所从事研究工作，研究领域也是世界经济。可以说，我与世界经济学结下了不解之缘。

　　在西方发达国家，没有"世界经济"这个学科，取而代之的是国际金融、国际贸易、国际投资等更加细分的学科领域。据说，世界经济学（World Economics）这个概念，最早是由德国经济学家哈姆斯在其著作《国民经济与世界经济》（1912）中提出来的。事实上，世界经济是从发展中国家视角出发来研究世界经济运动规律的学科。例如，苏联政治家布哈林就曾写过一本名为《世界经济和帝国主义》（1923）的小册子。

　　世界经济是人类社会生产力发展到一定阶段的产物，其形成与发展是与资本主义生产方式的形成与发展紧密联系的。世界经济得以形成的前提条件大致有四：一是社会生产力发展至机器大工业阶段；二是资本主义生产方式的确立与巩固；三是国际商品交换的大发展；四是国际分工和世界市场的形成。

世界经济学是研究相互依存、相互联系的全球经济有机整体产生、发展及其运动规律的经济学科。其目的是为建立公正合理的国际经济新秩序、在平等互利基础上扩大和加强各国经贸关系提供决策依据。这是一门综合性很强的理论经济学学科，除经济学知识外，还需借鉴政治学、社会学、国际关系学、历史地理学等多方面的专业知识。

世界经济是由不同发展水平的国家和国家集团组成的相互联系、相互依赖、共同运动的有机整体。世界经济的行为主体主要有主权国家和非国家行为主体两大类。主权国家主要分为发达国家和发展中国家。非国家行为主体主要分为国际经济组织和跨国公司，而国际经济组织又可分为全球性经济组织与区域性经济组织。换言之，世界经济学主要就是研究上述不同行为主体在全球范围内的互动与博弈。

世界经济包含众多具体学科。例如，中国社会科学院世界经济与政治研究所就将世界经济学科划分为国际金融、国际贸易、国际投资、经济发展、全球治理、大宗商品与马克思主义世界经济政治经济理论等。可以说，世界经济学科的细分，对于提高世界经济学的研究质量而言是非常必要的。然而，如果研究人员仅仅聚焦一个子学科的研究，而忽视了从整体上的研判与把握，那么也容易犯"一叶障目，不见泰山"的错误。

目前国内世界经济学界面临的一个尴尬是，虽然大学还存在世界经济这个专业设置，本科时也开设世界经济这门课程，但无论是大学老师还是博士生，选择世界经济作为研究题目的寥寥无几。这是因为当前国内顶尖经济学期刊更加鼓励技术化、模型化的研究，因此关于细分领域尤其是有着微观数据支持的细分领域研究（例如国际贸易、国际投资等）成果更容易发表。而进行宏观、综合、长视角推演的文章，通常很难在经济学顶尖期刊发表，不得不退而求其次，转为在国际政治与国际关系的期刊上发表。

造成上述尴尬局面的一个原因，在我看来，在于世界经济专业迄今为止缺乏高水平的研究生教材与辅导读物。目前市场上关于"世界经济概论"的教材可谓琳琅满目，但都属于本科生的入门教材。如果要给研究生讲授世界经济课程，目前国内的相关教材是相当匮乏的。并且如前所述，西方经济学教材中又缺乏世界经济这个学科，难以将现有教材引入借鉴。要改变这一现状，需要国内世界经济研究人员的持续性、集体性努力。

本书在一定程度上反映了笔者所在团队的相关努力。当然，我们目前尚无精力来撰写一本关于世界经济的高水平研究生教材，只是试图结合我们之前的研究，为市场提供一本覆盖了一系列世界经济学重要专题的辅导读物。一方面，这本书适合对世界经济研究感兴趣的研究者、研究生、高年级本科生以及普通读者阅读；另一方面，本书也试图将对世界经济重大问题的探讨与前沿研究文献结合起来，帮助读者在世界经济领域中寻找下一步的研究题目。

在本书的选题方面，我们经过了仔细考量。在确定选题之前，我们找到市面上几本关于"世界经济概论"的知名教材，试图厘清其逻辑结构。例如，"新编21世纪经济学系列教材"的《世界经济概论》[①]包含"世界贸易的理论、政策及运行机制""世界金融的理论、政策及运行机制""国别经济"等篇目。又如，"普通高等教育十一五国家级规划教材"的《世界经济概论（第四版）》[②]包含"世界经济成长的基础和历程""世界经济的运行和协调""世界经济发展中的制度变迁"等篇目。再如，"高等院校经济与管理核心课经典教材系列"的《世界经济概论》[③]包含"国际分工形成与世界市场建立""国际贸易、国际金融、国际投资的发展及其体制演变""不同类型国家经济的演化与发展""科技进步与社会生产力提高""区域经济一体化与全球化"等篇目。不难看出，关于世界经济的研究，既有跨学科、跨国别的研究，也有细分学科、细分国别的研究，两者交织在一起。

在本书上篇，我们选择了六个世界经济领域中的重要问题展开研究，依次是"中心—外围架构""赶超""危机""跨国公司""收入不平等""经济全球化"。必须指出的是，本书是从中国等新兴市场国家的视角来分析上述问题的。如果能够妥善应对上述问题，新兴市场国家就能找到适合自身资源禀赋与发展特色的崛起之路。

---

① 张志敏、徐学慎、李林玥编：《世界经济概论》，中国人民大学出版社2019年版。
② 池元吉、李晓主编：《世界经济概论（第四版）》，高等教育出版社2019年版。
③ 陈漓高、赵晓晨、杨新房编著：《世界经济概论》，首都经济贸易大学出版社2014年版。

迄今为止，世界经济一直处于"中心—外围"架构之中，发达国家处于全球贸易、金融、投资体系的中心，而新兴市场国家处于上述体系的外围。新兴市场国家应如何突破"中心—外围"架构呢？另起炉灶的可能性不大，那么新兴市场国家就应该遵循自身比较优势，主动融入全球产业链。随着收入水平的提升与要素价格的变迁，新兴市场国家再沿着全球产业链向高附加值区域攀升。事实上，中国经济的成功之处，就在于通过持续发挥比较优势与持续推动产业升级，已经在全球贸易分工中起到了承上启下的作用，在全球"双环流"分工格局下扮演着核心枢纽的角色（见第一章《大国崛起：离不开中国的全球产业链》）。

在新兴市场国家向发达国家的赶超过程中，大多数新兴市场国家都遭遇了"中等收入陷阱"。这些国家陷入中等收入陷阱的原因，大致包括既有成本优势消退、国际分工被锁定在低端环节、收入分配恶化、结构性改革受阻、系统性金融危机爆发等。而要走出中等收入陷阱，新兴市场国家就必须效仿成功经验，妥善应对劳动力增速下降与成本上升，积极改善国内收入分配，通过各种举措提升投资回报率与全要素生产率，防范化解金融风险，避免国内产业过早空心化（见第二章《赶超：跨越"中等收入陷阱"》）。

系统性金融危机爆发是很多新兴市场国家陷入中等收入陷阱并从此一蹶不振的重要原因。最近几十年，国际金融危机的演进呈现出以下趋势：一是区域性全球性金融危机的爆发概率显著上升；二是虽然新兴市场国家爆发的金融危机更多，但源于发达国家的金融危机具有更强的破坏性；三是发达国家能够将自身危机成本通过多种渠道转嫁给新兴市场国家。为避免本国爆发系统性金融危机，新兴市场国家应有效约束政府举债行为，克服财政赤字货币化诱惑，避免私人部门杠杆率过快上升以及保留合理的跨境资本管制。此外，国际社会也应构建更加完善的全球金融安全网以及加强国家间与区域间政策协调，从而有效遏制金融危机的跨国传染（见第三章《金融危机：百年启示录》）。

跨国公司是实现发达国家全球战略的重要工具，也是现有"中心—外围"架构下发达国家从新兴市场国家攫取利益的重要渠道。另一方面，与发达国家跨国公司进行适当合作也是新兴市场国家更快融入全球产业链的理性选择。发达国家跨国公司对世界经济、国际政治、全球治理、技术进步和气候变化均产生了显著影响。新兴市场国家一方面应在国内加强对发达国家跨国公司的监管，另一方面也应积极参加国际范围内针对跨国公司的合作治理。对于中国等新兴市场经济体而言，本国主导的跨国公司的规模与全球影响力与日俱增，如何对本国跨国公司进行治理也是一大挑战（见第四章《警惕发达国家的跨国公司：数字经济时代的东印度公司》）。

收入分配问题已经成为全球各国面临的最重要挑战之一，能否妥善解决收入分配失衡也是新兴市场国家能否摆脱中等收入陷阱的关键之一。当前世界各国均面临国内收入分配不平等显著加剧和顶端不平等迅速扩大，而收入分配失衡加剧将会降低经济潜在增速，导致社会流动性下降，加剧金融危机爆发风险。导致全球收入分配失衡的主要因素包括技术进步、人口增长、教育与全球化等，但导致顶端不平等的主要因素则包括税收制度、政策优惠与金融自由化等。改善全球收入分配失衡的主要举措包括改革税收制度，加强金融监管，提高教育的平等性，妥善应对全球化负面冲击，提高劳动者议价能力，加大社会保障力度等（见第五章《断裂：揭开全球收入不平等的真实面纱》）。

包括中国在内的新兴经济体是迄今为止经济全球化的重要受益者，但全球化的节奏与重点正在发生重大变化。中美贸易摩擦加剧与新冠肺炎疫情暴发意味着全球化遭遇了严重逆风，在短期内甚至面临逆转风险。全球化遭遇逆风的主要原因是全球化具有一系列不利影响，例如加剧国内收入不平等，放大经济金融风险，加大主权国家治理难度，挑战国家产业链安全，加剧全球气候环境问题等。要重新让经济全球化步入正轨，就必须构建更具包容性的全球化体系，提升全球化的可持续性，改进多边贸易机制，加强国家间政策协调，以及强化对国际资本流动和跨境税收的监管（见第六章《经济全球化：周期特征、驱动因素与潜在影响》）。

综上所述，一个新兴经济体的崛起之路是非常艰辛的。一方面，新兴经济体必须按照自身比较优势，脚踏实地地找到自己在全球产业链中的位置，并逐渐实现在"中心—外围"架构中的爬升，同时要吸收其他新兴市场国家跌入"中等收入陷阱"的经验教训，推动劳动生产率与全要素生产率持续增长；还要居安思危，防患于未然，避免系统性风险的累积与爆发。另一方面，必须既与发达国家跨国公司合作，又要努力避免本国经济金融体系被发达国家跨国公司控制，同时还要努力发展自己的跨国公司。本国需妥善解决好收入分配问题，努力实现共同富裕。在全球化逆风时期要继续坚定支持全球化，因为开放多元的环境才对自身的赶超之路更为有利。可以说，中国过去四十多年的改革开放，为其他新兴市场国家探寻崛起道路提供了难得的模板与范例。

在本书下篇，我们选择了四个维度来研究中国经济中长期增长的经验以及当前面临的挑战。

在第七章《中国经济的中长期增长：解锁增长密码》中，我们运用了一个简洁的经济增长分析框架，从劳动力数量、人力资本、实物资本、技术、制度五个维度，分析了中国经济在改革开放前三十年高速增长的动力源泉、2008年全球金融危机爆发之后中国经济增速显著下行的原因、未来结构性改革的方向以及有望高速增长的行业。

在第八章《中国经济的未来：如何构建"双循环"新发展格局》中，我们分析了中国政府出台"双循环"新发展战略的背景，剖析了如何构建以国内大循环为主体的发展格局与如何构建内外循环相互促进的发展格局两个问题。

在第九章《中国经济的开放：融入全球化与风险防范的平衡》中，我们回顾了党的十八大以来中国建设开放型经济新体制的总体情况，总结了中国建设开放型经济新体制的经验，对"十四五"

时期建设更高水平开放型经济新体制进行了展望,并对潜在风险进行了研判。

在第十章《中国经济的风险:系统性金融风险的潜在路径与化解策略》中,我们从企业部门、政府部门与居民部门杠杆率轮动的角度出发,对未来中国系统性金融风险的潜变及其后果进行情景分析,并在此基础上给出应对策略。

本书是笔者与自己的学生们的合作研究成果。第一章与郭子睿合作,第二章与仉力合作,第三章与刘瑶合作,第四章与陈胤默合作,第五章与李曦晨合作,第六章与刘锐合作,第七章与陈骁、郭子睿合作,第九章与孔大鹏、潘松李江合作,第八章与第十章由笔者独立完成。笔者酝酿了整个项目计划、制定了选题安排并提出了相应的写作建议,各位同学列出了具体的写作提纲并完成了初稿写作,笔者在此基础上进行了详细修改与全文统合。由于本书各章分别由不同写作者完成,写作风格与行文方式各异,虽然笔者已经努力进行了风格统一,但各章风格还是存在显著差异,质量也各不相同。这一点务必请读者们谅解。感谢陈胤默博士在组织写作、整合章节、编辑校对方面进行的大量工作。

笔者从事研究工作已经接近二十年,这二十年内的主要研究领域为国际金融与宏观经济。但由于在中国社会科学院这样的国家级智库长期工作,我的研究具有鲜明的对策性。各种著作、论文、课题、评论、要报集中起来,无非是对中国经济未来如何实现可持续增长、中国未来如何防范化解系统性金融风险、中国如何避免陷入中等收入陷阱、如何应对美国发动的战略性遏制与打压、如何构建更加公平合理的国际经济金融新秩序等提出自己基于学术研究的政策建议。而这些问题，其实也正是世界经济学的核心问题。

路漫漫其修远兮，我与自己的研究团队也将继续上下而求索。是为序。

目　录
CONTENTS

上篇　世界经济学的六个核心问题

CHAPTER 01 ｜ 大国崛起：离不开中国的全球产业链 / 003

CHAPTER 02 ｜ 赶超：跨越"中等收入陷阱" / 027

CHAPTER 03 ｜ 金融危机：百年启示录 / 067

CHAPTER 04 ｜ 警惕发达国家的跨国公司：

　　　　　　　数字经济时代的东印度公司 / 095

CHAPTER 05 ｜ 断裂：揭开全球收入不平等的真实面纱 / 125

CHAPTER 06 ｜ 经济全球化：

　　　　　　　周期特征、驱动因素与潜在影响 / 173

下篇　中国经济成功崛起的案例分析

CHAPTER 07 ｜ 中国经济的中长期增长：

解锁增长密码 / 213

CHAPTER 08 ｜ 中国经济的未来：

如何构建"双循环"新发展格局 / 247

CHAPTER 09 ｜ 中国经济的开放：

融入全球化与风险防范的平衡 / 269

CHAPTER 10 ｜ 中国经济的风险：

系统性金融风险的潜在路径与化解策略 / 323

上 篇

世界经济学的六个核心问题

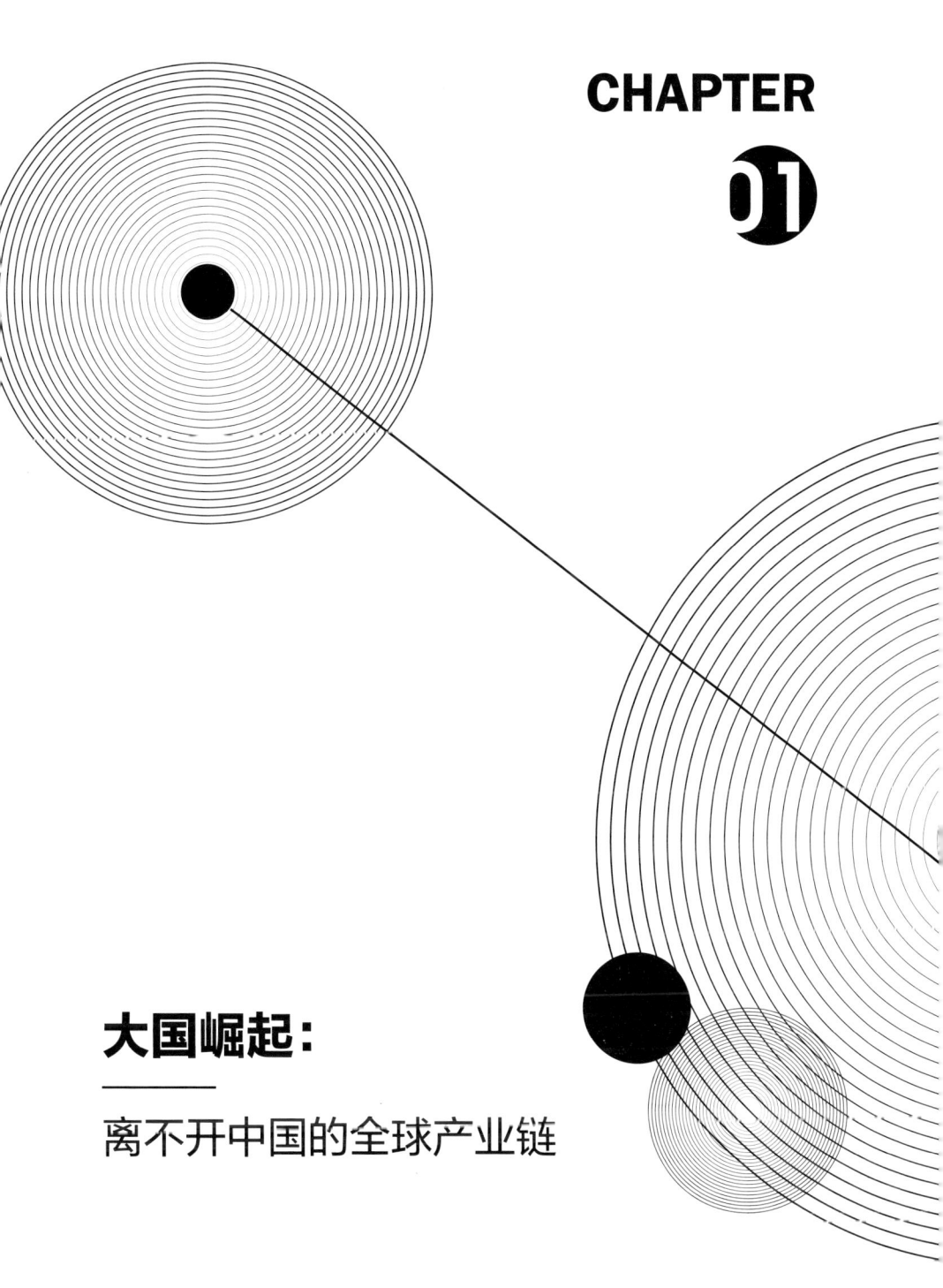

CHAPTER 01

大国崛起：

离不开中国的全球产业链

在全球价值链的发展历程中，新兴经济体的重要性逐渐凸显。一方面，发达国家向新兴经济体进行产业和技术转移，促进新兴经济体经济结构转型；另一方面，随着自身的技术进步，新兴经济体的地位逐渐由外围国向中心国靠拢。新兴经济体也开始向相对落后的发展中国家进行产业和技术转移，国际分工的格局呈现多层次化。

2008年全球金融危机之后，新兴经济体对全球经济增长的贡献明显上升。随着全球国际分工的精细化和新兴经济体在全球产业链地位的上升，全球经济循环模式也发生了转变。此前世界经济的循环是单一的"中心—外围"模式，现在逐渐转变为"双环流"模式。在该模式中，新兴经济体枢纽作用凸显，一方面与发达经济体形成环流体系，另一方面与发展中国家形成环流体系。[①]

自2008年全球金融危机爆发以来，全球经济增长陷入长期性停滞，全球贸易占全球GDP的比重振荡下行，全球价值链有所收缩。但中国在国际贸易体系中的地位并未下降，中间品贸易在全球占比，整体处于振荡上行态势。2020年新冠肺炎疫情暴发后，全球经济陷入第二次世界大战以来最严重的衰退，叠加民粹主义升温和贸易摩擦加剧，全球价值链再次大幅收缩。不过，中国凭借着率先走出疫情和在制造业方面的产能优势，

---

① 张辉：《打造新型国际关系，推动区域互惠共赢——专家学者眼中的"一带一路"——全球价值双环流架构下的"一带一路"倡议》，《经济科学》2015年第3期。

实现了疫情后出口增速的超预期增长。

新冠肺炎疫情的暴发使得很多发达国家意识到，产业链并非越长越好，产业链的选择应该统筹考虑效率和安全性。一时间，类似于"价值链多元化"和"产能移出中国"的观点甚嚣尘上。美国政府宣布，考虑通过税收优惠、补贴政策和对在海外生产的美国企业加税等方式，推动美国企业离开中国。日本、法国等政府也相继表示，具有战略意义的产品和原材料生产要回归本土，减少对外依赖。面对后疫情时代的"逆全球化"思潮，中国在全球产业链中应当何去何从？要回答这一问题，我们首先需要厘清中国在当前全球产业链中的真实地位。

一、东亚主导的两次全球产业链大变革

（一）"雁行模式"的崛起：亚洲四小龙改变了世界产业结构

"中心—外围"架构最早是阿根廷经济学家劳尔·普雷维什（Raúl Prebisch）基于贸易渠道来解释在当时的国际分工格局下拉美国家发展为何滞后而提出的理论模式。根据工业化程度，他将资本主义世界划分为两个部分：一个是中心国，由工业化程度较高的发达国家组成；另一个是外围国，由工业化程度较低的发展中国家组成。普雷维什认为，"中心—外围"国家具有统一性、差异性和不平等性，其中不平等性是关键。这种不平等性主要体现在"中心—外围"国家国际分工的不平等，并会导致外围国家贸易条件长期恶化，这反过来又会进一步加剧"中心—外围"

国之间的不平等性①。

当前国际分工的演变大致经历了萌芽、发展、初步形成、发展、深化五个阶段②。但无论在哪个阶段，国际分工体系都基本保持着"中心—外围"的单循环模式。中心国凭借资金和技术优势从事高附加值生产，外围国利用本国的资源禀赋和比较优势从事原材料提供或低附加值生产，然后在中心国主导的贸易规则下进行交换。在不同的国际分工格局下，"中心—外围"国家之间的整体性、差异性和不平等性都没有显著改变。裴长洪认为，"中心—外围"理论模式的本质与马克思提出的少数工业国家利用技术优势将欠发达国家长期困于不利分工地位的思想较为类似③。

然而，随着"亚洲四小龙"（韩国、中国台湾、中国香港和新加坡）的出现，传统国际分工格局被打破，"雁行模式"下各国产业的梯度发展造就了东亚区域的经济增长奇迹。

"雁行模式"认为，一个国家的工业化进程是本国产业不断转型升级的过程，逐渐由农业向劳动密集型产业，再向资本和技术密集型产业转变④。在"雁行模式"中，具备现代化工业体系的日本位居第一层次，在东亚区域经济发展中扮演领头雁的角色；

---

① Raúl Prebisch, "Commercial Policy in the Underdeveloped Countries", *American Economic Review*, 1959, 49（2）, pp.251–273.
② 潘水秀：《国际分工与国际贸易秩序的演变》，《商场现代化》2019年第10期。
③ 裴长洪：《中国特色开放型经济理论研究纲要》，《经济研究》2016年第4期。
④ K. Kojima, "The 'Flying Geese' Model of Asian Economic Development: Origin, Theoretical Extensions, and Regional Policy Implications", *Journal of Asian Economics*, 2000, 11（4）, pp.375–401.

"亚洲四小龙"属于第二层次,作为新兴工业化国家和地区,位居雁身;东南亚国家联盟(ASEAN)属于第三层次,充当雁尾角色,其产业结构最为落后①。在"雁行模式"中,雁头是技术进步和产业升级的源头,通过直接投资的方式将原有产业不断向雁身和雁尾转移,各国优势产业的更迭保持明显的梯次传递特征。"雁行模式"发展战略在雁头实现产业结构转型升级的同时,也促进了雁身和雁尾国家的产业转型升级。

"雁行模式"作为一种后进国家的赶超型发展模式,各国根据自己的比较优势选择发展产业,产业呈现动态的梯度转移,有助于各个国家协调发展,从而强化"中心—外围"模式的整体性和统一性,降低了中心国与外围国之间的不平等性。"雁行模式"发展的基础是各经济体的产业之间存在的梯度差距,即雁头国家的产业水平要高于雁身国家,从而能够引领、带动雁身国家的发展;同时雁身国家也需要与雁头国家保持相对的梯度差距,从而有能力承接来自雁头国家的产业转移②。

20世纪90年代初日本发生房地产泡沫破裂,日本经济遭遇重创,导致陷入长期萧条,日本在东亚的雁头地位开始动摇。再加上1997—1998年的东南亚金融危机重创了东亚经济体,导致"雁行模式"的基础条件不断弱化,该模式由此逐渐衰落。

---

① 戴金平、刘东坡:《实际运行、镜鉴方式与雁行发展模式的关联度》,《改革》2015年第11期。
② 张辉、易天、唐毓璇:《一带一路:全球价值双环流研究》,《经济科学》2017年第3期。

不过，在"雁行模式"中，作为雁身的经济体在某种程度上能够起到产业承上启下的转移功能，一方面承接来自雁头经济体的产业转移，另一方面将自身不具备比较优势的产业转移到雁尾经济体，这就形成了"中心—外围"模式双环流的雏形。

（二）双环流模式大变革：以中国为枢纽的全球产业链大重组

"雁行模式"本质上仍属于垂直型国际化分工，随着全球产业分工的进一步精细化，基于产品内的分工愈发普遍，全球价值链贸易迅速发展。在价值链贸易下，全球各国基于自身的比较优势选择产品的生产工序，产品的最终价值也不再局限于某一个国家。通常而言，高技术国家多为发达经济体，凭借其拥有的核心技术构建全球价值链并垄断高附加值环节；低技术国家多为发展中经济体，凭借自身的要素禀赋和比较优势参与发达国家主导的生产网络，承接来自发达经济体的技术或者产品零部件进行组装加工。

在全球价值链的发展过程中，新兴经济体的重要性逐渐凸显。鲍德温（Baldwin）和洛佩斯-冈萨雷斯（Lopez-Gonzalez）通过梳理全球价值链的演变发现，在20世纪70年代，全球制造业产出主要来自美国、德国等工业化国家[1]；但自20世纪90年代以来，随着中国、韩国、印度等新兴经济体的迅速发展及其在全球经济中地位的上升，此前占比较高的工业化国家的制造业

---

[1] R.E. Baldwin, and J. Lopez-Gonzalez, "Supply-chain trade: A Portrait of Global Patterns and Several Testable Hypotheses", *The World Economy*, 2015, 38（11）, pp.1682–1721.

产出占比呈现明显的下滑趋势。格雷夫（Gereffi）和斯德尔津（Sturgeon）认为，在2008年全球金融危机后，新兴经济体成为世界经济增长的主要引擎，新兴经济体在全球产业链中的地位也在不断变化，具体体现在新兴经济体产业政策的中心目标已经从创建成熟的、垂直整合的民族产业转向全球价值链中的高附加值产品生产和出口①。

全球价值链为新兴经济体的发展提供了新的机遇。在全球价值链中，新兴经济体可以更好地发挥自身的比较优势，提高资源配置效率，促进经济快速增长②。一方面，发达国家对新兴经济体进行产业转移和技术转移，与新兴经济体本身的比较优势进行结合，实现产业结构转型升级；另一方面，随着新兴经济体的技术进步，新兴国家的地位逐渐由外围国向中心国靠拢，新兴经济体也开始向更为落后的发展中经济体进行产业转移，国际分工的格局呈现多层次化。洪俊杰和商辉（2019）在③在李和刘④研究基础上认为，在研究产品国际分工格局时，应该在传统的两分法国际分工模型中引入新兴经济体与发达国家、新兴经济体与发展中

---

① G. Gereffi, and T. Sturgeon, *Global Value Chain-Oriented Industrial Policy: The Role of Emerging Economies*, World Trade Organization, 2013.
② A. Giroud, and H. Mirza, "Refining of FDI Motivations by Integrating Global Value Chains' Considerations", *The Multinational Business Review*, 2015, 23 (1), pp.67–76.
③ 洪俊杰、商辉：《中国开放型经济的"共轭环流论"：理论与证据》，《中国社会科学》2019年第1期。
④ B. G. Li and Y. Liu, "The Production Life Cycle", *The Scandinavian Journal of Economics*, 2018, 120 (4), pp. 1139–1170.

国家组成不同的分工环流。

全球产业链结构的重大变化通常伴随着全球经济增长格局的重大变化[1]。2008年全球金融危机重创了发达经济体的经济增长,发达国家尤其是美国作为全球经济增长主要拉动力量的作用大大降低,新兴经济体特别是中国成为拉动世界经济增长的重要力量。在中国成为新的拉动全球经济增长力量的同时,中国在全球产业链的地位也在发生转变,全球的分工格局也随之转变。全球分工的格局正从传统的"中心—外围"式单循环,逐渐转变为以中国为枢纽点的"双环流"体系。其中一个环流位于中国与发达国家之间,另一个环流则位于中国与亚非拉发展中国家之间[2]。中国在全球贸易分工中起着承上启下的作用,在全球"双环流"分工格局下发挥着核心枢纽的功能。

但是,"双环流"模式没有改变"中心—外围"架构的本质,在每一个价值环流中仍然存在着中心国和外围国。在发达经济体价值环流中,发达经济体属于中心国,新兴经济体扮演着外围国角色;在发展中经济体价值环流中,新兴经济体属于中心国,发展中经济体扮演着外围国角色。随着全球产业链精细化分工的深化,"中心—外围"模式由单循环走向双环流模式。双

---

[1] R.E. Baldwin, and J. Lopez-Gonzalez, "Supply-chain trade: A Portrait of Global Patterns and Several Testable Hypotheses", *The World Economy*, 2015, 38(11), pp.1682–1721.

[2] 张辉:《打造新型国际关系,推动区域互惠共赢——专家学者眼中的"一带一路"——全球价值双环流架构下的"一带一路"倡议》,《经济科学》2015年第3期。

环流模式和雁行理论本质上都反映了在不同阶段，比较优势所引起的相关产业在不同经济体之间的转移。不同之处在于，雁行理论将国家区分为先行国和后发国，更加强调后发国如何通过承接先行国的产业和技术来促进本国的产业发展升级，其讨论的国际分工属于产业间的技术垂直转移；双环流模式讨论的国际分工格局更加精细，强调产品内分工，根据参与生产工序的特点，可以将国家分为发达国家、新兴经济体和发展中国家。在不同国家组成的分工环流中新兴经济体和发展中国家的分工地位都会提升，需要重点强调的是新兴经济体在两个价值环流中的枢纽作用。

二、全球价值链（GVC）分解：新时代分析国家产业链地位的重要方式

在"中心—外围"单循环模式下，测算一国的生产地位多使用传统的贸易进出口数据。但随着全球价值链分工的不断精细化和中间品贸易的快速发展，使用传统贸易数据会导致严重的重复计算。因此，需要将贸易数据按照相关附加值进行全球价值链（GVC）分解。对一国出口数据进行 GVC 分解，其目的就是厘清最终产品中不同生产工序各自产生的附加值，进而分析各个国家在全球价值链中的价值创造和分工地位。

罗伯特·库普曼（Robert Koopman）等提出了具体的 GVC 分解原理，他认为一国总出口（EX）的附加值可以分为来

自国外的附加值（FV）和国内附加值（DV）。在此基础上，库普曼等构建了表征一国行业在全球产业链地位以及一国参与全球产业链程度的指标。反映一国对全球价值链参与程度的指标如下：

$$GVC_{participation} = \frac{IDV_{ir}}{E_{ir}} + \frac{FV_{ir}}{E_{ir}}$$

IDV_{ir} 为间接出口的国内附加值，也即别国出口中包含的 r 国 i 行业中间品的价值增值；FV_{ir} 为国外附加值增值，也即 r 国 i 行业出口最终产品中包含的国外进口中间品价值；E_{ir} 为 r 国 i 行业的总出口。$\frac{IDV_{ir}}{E_{ir}}$ 为前向参与度指数，表示 r 国 i 行业出口的中间品被进口国用于生产最终产品之后出口到第三国的程度，该指数越高，说明 r 国在更大程度上位于 i 行业全球价值链的上游，并为其他国家提供中间品。$\frac{FV_{ir}}{E_{ir}}$ 为后向参与度指数，表示 r 国 i 行业的生产对其他国家进口品的依赖程度，该指数越高，说明 r 国 i 行业在更大程度上位于全球价值链的下游，通过使用大量来自别国的中间品来生产最终品。二者之和形成了 r 国 i 行业在全球产业链中的参与程度。

库普曼等注意到，即使两国参与国际分工的程度相同，二者在全球价值链上的地位也可能存在差异。因此，他们进一步构建了反映参与全球价值链分工地位的 GVC 地位指数，具体如下：

$$GVC_{position} = Ln(1 + \frac{IDV_{ir}}{E_{ir}}) - Ln(1 + \frac{FV_{ir}}{E_{ir}})$$

GVC 地位指数反映了该产业作为中间品出口方与中间品进口方的相对重要性。当该指数的值为正时，说明该国处于 GVC 的上游环节，更多是通过向其他国家提供创意、研发、设计、品牌、零部件等参与国际生产；当该指数的值为负时，说明该国处于 GVC 的下游环节，该国通过大量进口别国的中间品来进行组装生产。

在数据使用上，本文采用 WTO-OECD 最新发布的附加值贸易（TiVA）数据库，时间区间为 2005—2015 年。数据库覆盖范围包括 64 个经济体和 17 个区域联盟，研究对象涉及制造业和服务业中的 36 个行业。

三、离不开中国的全球产业链

（一）中国对全球产业链的依赖程度正逐渐下降

如图 1-1 所示，2005—2015 年，中国 GVC 参与指数整体上呈现振荡下行态势，由 2005 年的 0.42 下降到 2015 年的 0.35。导致中国 GVC 参与指数振荡下行的主要原因是中国的后向参与度由 2005 年的 0.26 下降到 2015 年的 0.17，且在 2011 年后呈现加速下降趋势。与此同时，中国的前向参与度呈现温和上升态势，由 2005 年的 0.16 上升到 2015 年的 0.18。受此影响，中国的 GVC 地位指数虽然仍为负值，但不断攀升，并于 2015 年小幅转正。

后向参与度持续下降，说明在我国出口商品中，中间品进口比例逐渐下降，以及出口商品中国外附加值占比下降；前向参与

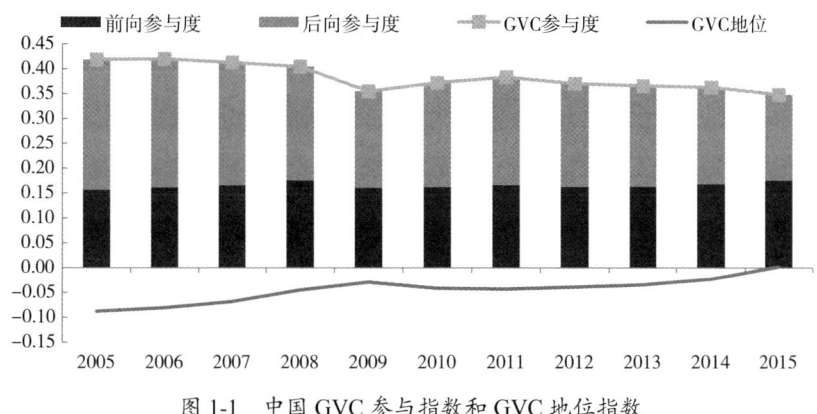

图 1-1 中国 GVC 参与指数和 GVC 地位指数

数据来源：作者的计算结果。

度不断上升，说明我国中间品出口份额不断提升。上述格局意味着中国对全球产业链的依赖程度逐渐下降，而全球对中国的依赖程度逐渐上升。这虽然会导致中国的 GVC 参与指数不断下降，但有助于中国 GVC 地位指数的上升。目前中国在全球产业链中整体上仍处于下游地位，但地位逐渐向上游攀升。

通过对比中国、美国、日本与德国的 GVC 参与指数和 GVC 地位指数可以发现（图 1-2 和图 1-3）：

第一，在 2008 年全球金融危机之前，美国、日本和德国的 GVC 参与指数呈现上升态势。在危机之后，三国的 GVC 参与指数呈现不同幅度的下降，原因可能是全球金融危机对传统贸易和价值链贸易都造成了负面冲击，其中复杂价值链贸易所受的负面冲击最大[①]。

[①] World Bank Group, "Global Value Chain Development Report 2017: Measuring and Analyzing the Impact of GVCs on Economic Development", 2017.

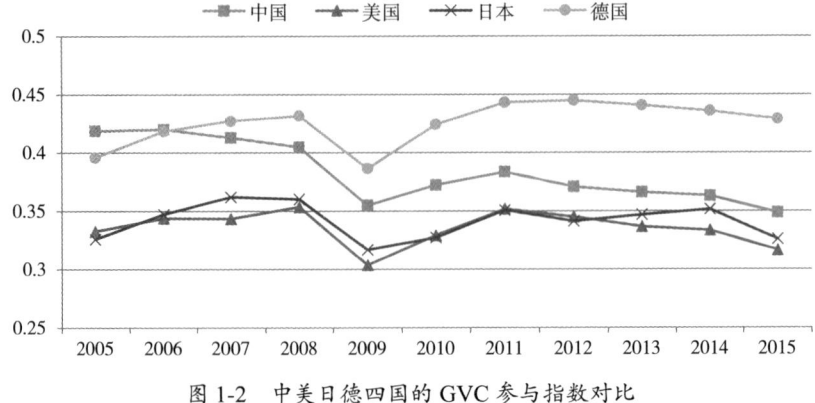

图 1-2 中美日德四国的 GVC 参与指数对比

数据来源：作者的计算结果。

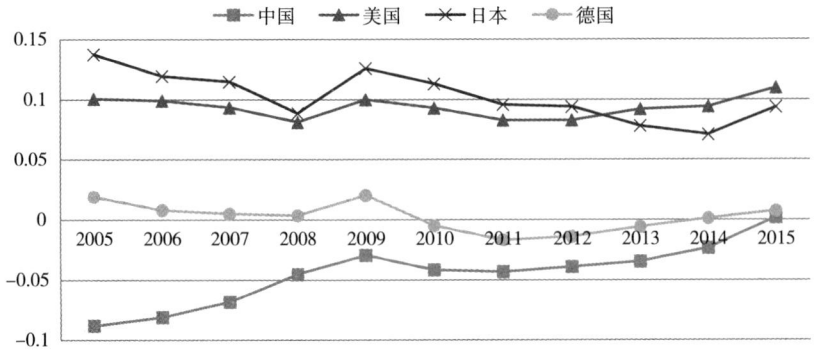

图 1-3 中美日德四国的 GVC 地位指数对比

数据来源：作者的计算结果。

第二，中国的 GVC 参与指数虽然振荡下降，但仍高于美国和日本，这主要是由于中国的后向参与度较高。中国凭借廉价劳动力优势参与全球价值链分工，主要通过进料加工和来料加工从事附加值较低的低技术制造业生产和出口，虽然目前该比例呈现下降态势，但依然高于美国和日本等发达经济体。

第三，美国和日本的 GVC 地位指数显著为正，且明显高于中国和德国。这意味着美国和日本虽然在全球产业链的参与指数不高，但在全球产业链的行业地位依然较高。原因主要是美国和日本的前向参与度较高，且在全球金融危机前后没有发生明显变化。美国和日本始终凭借先进技术和充裕资金的优势参与全球价值链分工，占据着研发、营销等附加值较高的生产环节，从事中高技术及高技术制造业的生产和出口。

（二）制造业大国的 PK：各擅胜场的中美制造业

TiVA 数据库包含制造业和服务业的 36 个行业。我们根据经合组织（OECD）产业研发密集度的分类，将数据库中包含的制造业划分为低、中、高技术制造业三大类。通过对比不同类型的制造业在 GVC 参与指数和 GVC 地位指数中的变化，可以大致看出中国制造业转型升级的轨迹。

如图 1-4 所示，对中国不同技术水平的制造业部门而言，参与全球价值链分工的路径存在显著差异。

第一，对高技术制造业而言，参与 GVC 的融入程度较高，这可能是由于高技术制造业部门生产程序更为复杂，因此是产品内分工主要发生的部门。中国的 GVC 参与指数振荡下行；GVC 地位指数虽然仍在下游，但趋势上不断攀升。这说明中国高技术制造业部门目前主要是进口大量中间品来进行组装生产，但国产中间品供给能力也在不断提升。

第二，对中低技术制造业部门而言，其 GVC 参与指数和地位指数都更为平稳，其中低技术制造业的参与指数下行幅度和地位指数的上行幅度更为显著。进一步区分二者的前向参与度和后向参与度也可以发现，低技术制造业后向参与度的下行幅度和前向参与度的上行幅度都较中技术制造业的变化趋势更为显著，这可能与低技术制造业的部分产业链外迁有关。

第三，高技术制造业的 GVC 参与指数高于中低技术制造业，但高技术制造业的 GVC 地位指数低于中低技术制造业。这说明中国中低技术制造业在全球产业链中对外部中间品的依赖程度更低，或者说中国中低技术制造业在向全球制造业提供中间品上更有优势，不过这一优势正在逐渐下降。

通过与美国制造业的 GVC 参与指数和地位指数进行对比（图 1-4 和图 1-5），可以发现：

第一，中国制造业的 GVC 参与指数要高于美国制造业，这与中国制造业增加值占全球制造业增加值的比例最高，以及中国具备较全的工业生产体系是一致的。然而，中国制造业地位指数尽管在上升，但总体上仍处于下游位置，而美国制造业地位指数保持相对稳定，一直处于上游地位，这与美国制造业的资金和技术优势是一致的。

第二，在三种类型制造业中，美国高技术制造业的参与指数要高于中低技术制造业指数，但低于中国高技术制造业参与指数；从地位指数来看，美国高技术制造业地位也高于中低技术制造业，且远远高于中国的高技术制造业地位指数。这说明美国位于高技术制造业产业链的上游，在高技术制造业领域存在显著优势，而中国在高技术制造业产业链的地位虽然不断攀升，但与美国相比仍存在较大差距。

第三，在低技术制造业领域，美国的地位指数和参与指数都大致平稳，其中参与指数低于中国、地位指数高于中国。美国在低技术制造业产业链仍处于上游位置，保持着一定的产业

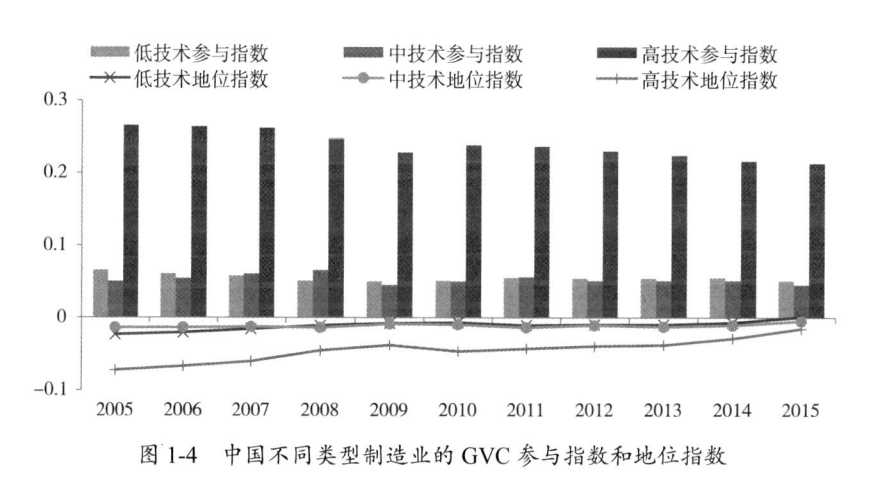

图1-4 中国不同类型制造业的GVC参与指数和地位指数

数据来源：作者的计算结果。

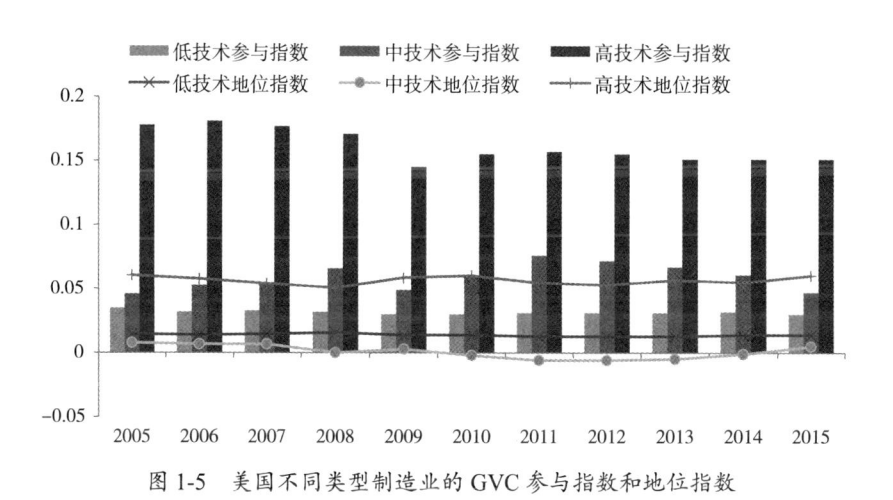

图1-5 美国不同类型制造业的GVC参与指数和地位指数

数据来源：作者的计算结果。

优势。从地位指数的差距来看，中美制造业在高技术领域的地位最为悬殊，其次是低技术制造业领域，差距最小的是中技术制造业领域，这说明中国在中技术制造业领域进行着较快的产业和技术升级。

（三）双枢纽中国：中国主导的世界经济循环变革

当前的全球价值链分工主要由三大生产网络组成，分别为北美生产联盟、欧盟生产联盟以及东亚生产联盟。通过对比中国制造业在全球三大生产网络中 GVC 的参与指数和地位指数（图 1-6 和图 1-7），可以发现：

第一，中国制造业在东亚区域 GVC 的参与指数整体上呈现下降趋势，但在东亚区域 GVC 的地位指数整体上呈现上升趋势，并在 2012 年由下游转为上游。在全球金融危机之后，中国在东亚制造业 GVC 地位的上升主要来自前向参与度的上升，且同时伴随着后向参与度的下降。这说明中国在东亚区域经济体组成的产业链地位有所攀升，从作为出口平台和从事低端加工制造的下游逐渐转为上游，地位不断加强，区域内其他经济体在生产网络中与中国的上下游联系也越来越紧密。

第二，中国制造业在欧盟和北美的 GVC 参与指数大致保持平稳，呈现小幅下降趋势，但低于中国制造业在东亚区域的 GVC 参与指数。这说明中国制造业价值链贸易与东亚区域的联系更为紧密。从 GVC 地位指数来看，中国在欧盟和北美地区产业链的地位振荡上移，不过整体上还处于下游地位。中国在欧盟和北美地区产业链的地位要低于中国在东亚区域产业链的地位。

第三，中国制造业对欧盟和北美的后向参与度整体上呈振荡下行态势，但下行幅度低于中国制造业对东亚地区的后向参与度。中国制造业对欧盟和北美的前向参与度稳中小幅上升。这意

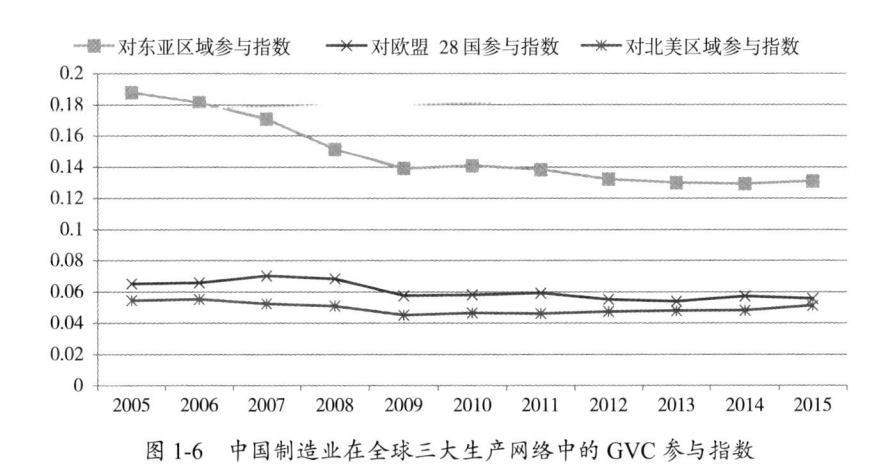

图1-6　中国制造业在全球三大生产网络中的GVC参与指数

数据来源：作者的计算结果。

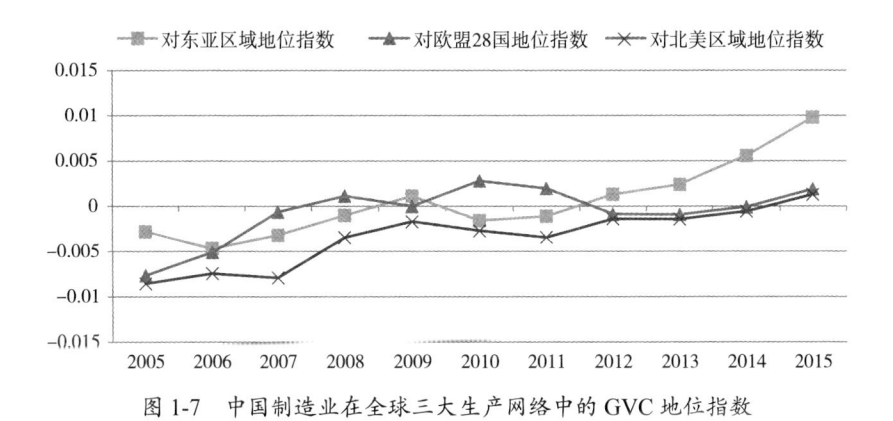

图1-7　中国制造业在全球三大生产网络中的GVC地位指数

数据来源：作者的计算结果。

味着中国无论在东亚地区还是在欧美区域都一直在降低对中间品进口的依赖，同时在提升为其他国家提供中间品的能力。中国在东亚地区前向参与度的更快上升，可能是由于全球金融危机后中国一直在向东亚地区迁移劳动密集型低技术制造业，以及输出技术、工艺等要素，这与中国在低技术制造业产业链的地位相对较高是一致的。

由此可见，在全球三大生产网络中，中国与东亚区域生产联盟的联系更为紧密，在东亚产业链中的地位也更高，发挥着产业引领者的作用。在中国参与欧美国家主导的价值环流中，中国通过从海外进口原材料和中间品，然后进行加工组装，采取"两头在外"的发展战略，优化营商环境，加大外资引进，逐步嵌入发达国家价值链体系，提升自身在价值链中的地位，并努力向价值链中高端渗透。但由于缺乏主动分工权以及发达国家对关键核心技术的管制，中国在欧美国家主导的价值链中难以向高端跃升，目前整体上仍处于下游位置。

不过，我们也应看到，中国在欧美国家主导的价值环流中，通过引进技术发挥后发优势，以及国内自主创新，推动自己的国际分工地位不断攀升。正是由于中国在不同的生产网络中均扮演着重要角色，这奠定了中国在欧美发达经济体主导的环流和发展中经济体组成的环流中的双重枢纽作用。世界经济循环也由此前的"中心—外围"单循环模式转向双环流模式。①

---

① 这与洪俊杰和商辉（2019）的研究结论基本一致。

四、直面美国挑战：中国的新手段

本章在梳理"中心—外围"架构理论模式转变的基础上，采用库普曼等提出的价值链参与指数和地位指数，系统测算了中国在全球价值链中的地位变化，得到如下结论：

第一，在2005—2015年中国的出口商品中，中间品进口比例逐渐下降，中间品出口份额不断提升，这意味着中国对全球产业链的依赖程度逐渐下降，而全球对中国的依赖逐渐上升。这虽然会导致中国在全球产业链中的参与指数下降，但有助于中国在全球产业链分工地位的上升。目前中国在全球产业链中整体上仍处于下游地位，但地位逐渐向上游攀升。

第二，中国高技术制造业部门目前仍主要是进口大量中间品来进行组装生产，但国产中间品的供给能力也在不断提升。中国的高技术制造业的GVC参与指数高于中低技术制造业，但高技术制造业的GVC地位指数要低于中低技术制造业。这意味着我国中低技术制造业在全球产业链的地位相对更高，在向全球制造业提供中间品上更有优势。

第三，中国整体制造业在全球价值链中的参与指数要高于美国，但在全球价值链中的地位指数低于美国。中美制造业在高技术领域的地位最为悬殊，其次是低技术制造业领域，差距最小的是中技术制造业领域。这说明中国在中技术制造业领域经历了较快的产业技术升级。

第四,与欧盟和北美生产网络相比,中国在制造业价值链贸易方面与东亚区域的联系更为紧密。中国在欧盟和北美地区的 GVC 地位指数振荡上行,不过整体还处于下游位置,地位低于中国在东亚区域产业链的位置。全球金融危机之后,中国作为东亚区域内上游供给者的地位不断加强。该结论也证明了中国在"中心—外围"双环流体系下的枢纽作用。

中国深度参与全球价值链分工,在全球产业链中已经处于不可忽视的中枢位置,但在全球价值链中的地位整体并不高,需要继续向"微笑曲线"的两端拓展。① 在中美经贸摩擦长期化、复杂化的背景下,美国政府会通过各种手段强化与中国的竞争,试图将中国挤出全球产业链,或者至少是将中国锁定在全球价值链的中低端,维持自身在全球价值链的中高端地位。在新冠肺炎疫情暴发后,其他发达国家都在不同程度上面临着战略物资储备匮乏的局面,这使他们也意识到当前全球产业链的脆弱性,开始寻求产业链的"备份"或替代节点,更加强调本土生产的重要性。在上述不利的外部环境下,要推动国内产业结构持续升级转型,提升中国在全球产业链的地位,中国政府就必须进行以下努力②。

首先,要通过各种努力来保障中国供应链和产业链安全,充分发挥中国全产业链的优势,维护中国在全球产业链中的枢纽地位。

---

① 微笑曲线(Smiling Curve)是一个关于价值链位置的形象说法,价值链的两端分别为技术专利与品牌服务,价值链的中间为加工组装。价值链两端环节的附加值明显高于价值链中间环节的附加值。
② 张明:《如何系统全面地认识"双循环"新发展格局?》,《辽宁大学学报》(哲学社会科学版)2020 年第 4 期。

其次，在贸易层面，构建国内与国际的双雁阵模式，强化中国在东亚产业链中的核心地位，实现国内国外双循环相互促进。一是国内版"雁阵模式"，也即以京津冀、粤港澳大湾区、长三角为雁头，以中三角与西三角为第二梯队，以国内其他区域为第三梯队的差序发展模式；二是以中日韩为雁头，以东盟与"一带一路"倡议沿线相对发达国家为第二梯队，以东盟与"一带一路"倡议沿线欠发达国家为第三梯队的差序发展模式。

最后，加强对知识产权的保护，完善鼓励创新的制度环境，激发各种主体创新活力，努力推动国内技术自主创新。

CHAPTER 02

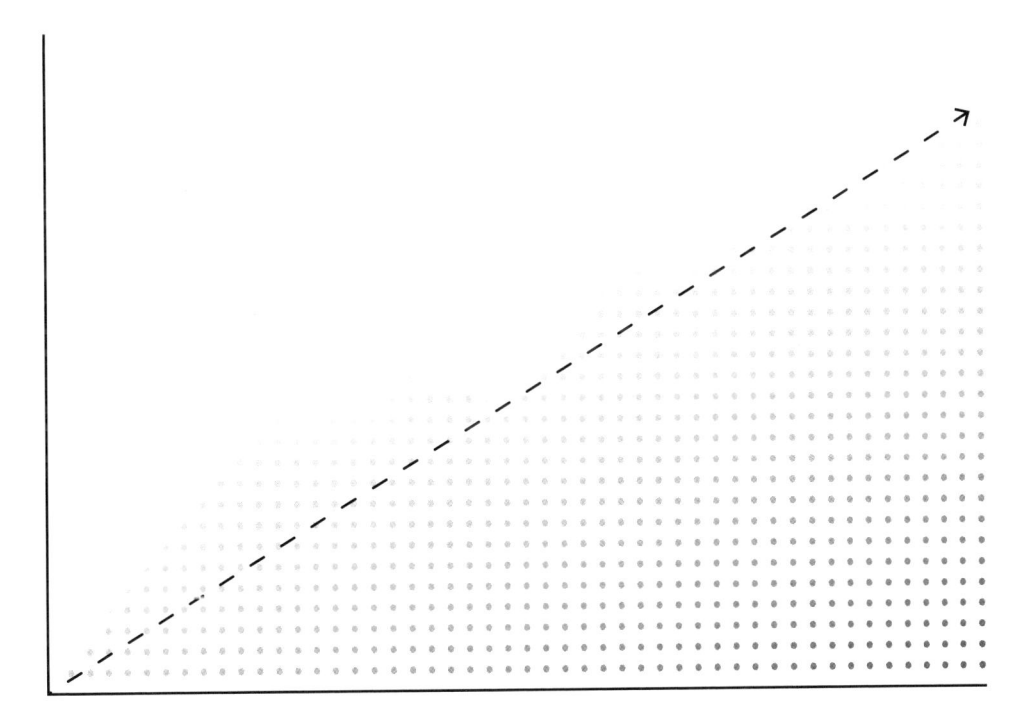

赶超：

跨越"中等收入陷阱"

以索罗模型（Solow Growth Model）为代表的新古典增长理论认为，在经济达到长期稳态后，经济增长率仅取决于人口增长率。受资本边际报酬递减等规律的影响，发达国家的增长速度会慢于欠发达国家的增长速度，最终导致具有相同人口增长率、相同储蓄率、相同生产函数的两个国家长期发展后将达到相同的人均收入水平，也即不同国家间的增长会趋同。换言之，相对于发达国家，欠发达国家在经济增长方面将会呈现出追赶格局。

然而，无情的现实显示，在欠发达国家追赶到一定程度后，大多数国家均陷入了经济增长停滞不前的境况，持续增长的动力趋弱。这些国家的经济增速在本国人均收入达到高收入水平之前就显著下降，难以继续缩小与发达国家之间的收入差距，从而陷入了中等收入陷阱（MIT）。世界银行（WB）发布的《东亚经济发展报告（2006）》提出了"中等收入陷阱"概念，指出大多数中等收入国家难以跨越到高收入国家行列[①]。以人均国民总收入（GNI）为衡量标准，后发国家发展到中等收入水平后，增长通常再难以为继，经济大幅波动乃至陷入停滞，致使该国人均GNI长期徘徊在中等收入水平。

[①] H. J. Kharas，D. Bhattasali，and I. S. Gill，*An East Asian Renaissance：Ideas for Economic Growth*，Washington D. C.：International Bank for Reconstruction and Development，2007.

一、"中等收入陷阱":世界共同富裕的拦路石

罗伯特·J.巴罗(Robert J. Barro)和泽维尔·萨拉-伊-马丁(Xavier Sala-I-Martin)在系统分析影响经济增长因素的基础上,将新古典增长理论中的"趋同趋势"进一步分成 α 趋同和 β 趋同。α 趋同是与时间序列相关的趋同,即随着时间的推移,如果穷国与富国之间实际人均 GDP 的差距在缩小,这就意味着在 α 意义上存在趋同。β 趋同是与初始发展水平差异有关的趋同,可分为绝对 β 趋同和条件 β 趋同。绝对 β 趋同是指在各个区域之间有完全相同的人口增长速度、生产函数、储蓄率等经济特征,且区域间彼此封闭等严格的前提条件下,贫困区域的经济增速快于发达区域;条件 β 趋同并不要求各区域的经济结构完全相同,每个区域因其经济禀赋不同而存在不同的稳态,各区域的发展都收敛于自身的稳态,因此不平等现象依然存在[1]。新古典增长理论的继承者在此基础上又补充了俱乐部趋同概念,也即初始条件和结构特征相近的一组区域的经济增长在长期中将收敛于同一稳态[2]。

在各国的经济发展实践中并没有出现能证明绝对 β 趋同的

---

[1] [美]罗伯特·J.巴罗:《宏观经济学:现代观点》,沈志彦、陈利贤译,格致出版社 2008 年版。
[2] J. B. De Long, "Productivity Growth, Convergence, and Welfare: Comment", *The American Economic Review*, 1988, 78(5), pp.1138–1154.

实例，但 α 趋同和条件 β 趋同在一定程度上得到了例证。第二次世界大战后，许多初始条件比较薄弱的贫困国家在前期发展中实现了快速增长，而富裕国家在同一时期的增速相对缓慢。根据瑟马义（Szirmai）的统计，在 1950—2005 年，新兴经济体的人均 GDP 增速在 5%—9% 之间，是美国平均增速的两倍以上，穷国与富国之间实际人均 GDP 的差距有所缩小（图 2-1）[①]。

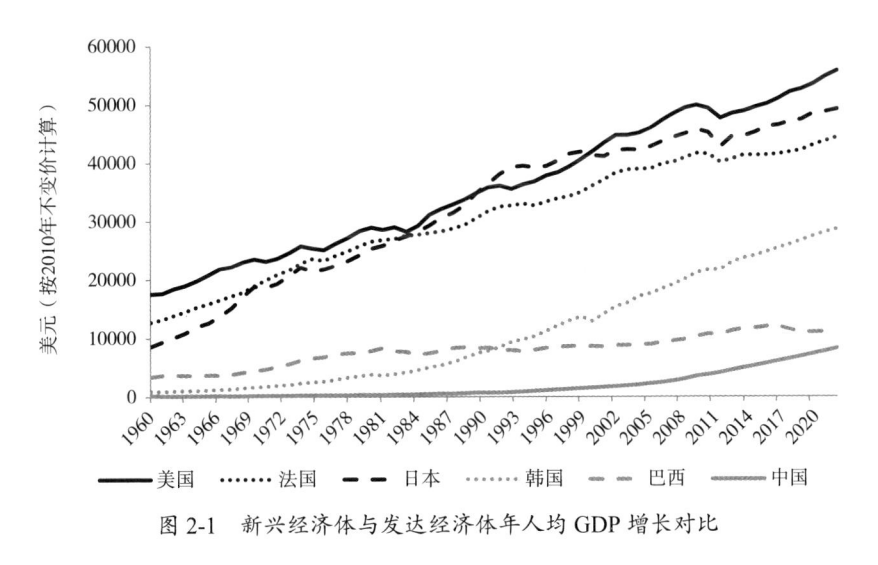

图 2-1 新兴经济体与发达经济体年人均 GDP 增长对比

数据来源：CEIC。

第二次世界大战后，成功跨越到高收入水平的国家或地区不

[①] A. Szirmai, "Industrialisation as an Engine of Growth in Developing Countries."- *Structural Change and Economic Dynamics*, 2012, 23（4）, pp.406–420.

足10%，多数国家都陷入了"中等收入陷阱"[①]。亚洲的韩国、新加坡、日本、中国香港、中国台湾和欧洲的芬兰、西班牙、葡萄牙、爱尔兰、希腊等经济体从相对落后状态晋升为发达经济体之列；而菲律宾、泰国、马来西亚、印度尼西亚和绝大部分拉美国家、东欧国家，虽都曾出现过盛极一时的增长奇迹，但始终没有越过人均国内生产总值1.2万美元的高收入门槛，部分国家还发生了经济的衰退与滑坡（图2-2）。

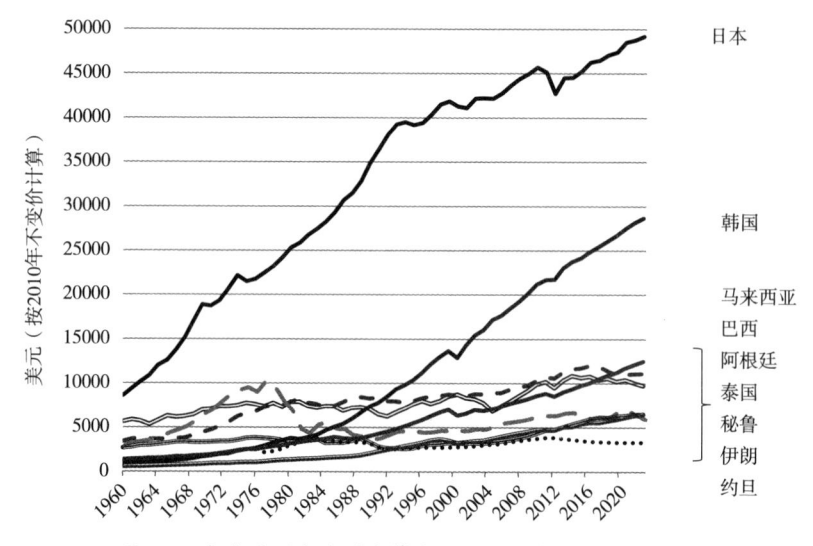

图2-2 欠发达国家达到中等收入后的人均GDP增长比较

数据来源：CEIC。

"中等收入"的界定也存在着不同标准，主要可分为按绝

[①] J. Y. Lin, and D. Rosenblatt, "Shifting Patterns of Economic Growth and Rethinking Development", *Journal of Economic Policy Reform*, 2012, 15（3）, pp.171–194.

对收入水平和按相对收入水平两大类。目前，认可度最高的是世界银行提出的标准。先基于绝对收入水平，采用 Atlas 汇率方法以美元为单位计算现价人均 GNI，再以 1987 年为基期计算不变价人均 GNI。收入水平介于 481 美元至 1940 美元的被认定为中等收入，介于 1941 美元至 6000 美元的被认定为中高收入，不足 480 美元被认定为低收入，超过 6000 美元的被认定为高收入。胡永泰则认为，收入水平高低是一个相对概念，应以高收入国家的人均收入水平作为参照标准，将其他国家以其人均收入水平占高收入国家人均收入水平的比例来划定不同的收入组别。[1] 他以美国的人均 GDP 为参考标准，将人均 GDP 占同期美国人均 GDP 的比例处于 20%—55% 范围内的国家定义为中等收入国家。按此界定的相对收入水平要高于世界银行提出的绝对收入水平。以 2017 年的数据为例，世界银行定义的高收入门槛值只相当于同期美国人均收入水平的 20.69%，远低于 50%—60% 的相对高收入门槛[2]。若无特殊说明，本章中提到的"中等收入"都是采用世界银行提出的划分标准。

---

[1] Wing Thye Woo, "China Meets the Middle-income Trap：the Large Potholes in the Road to Catching-Up", *Journal of Chinese Economic and Business Studies*, 2012, 10（4）, pp.313-336.
[2] 郭金兴、包彤、曹亚明：《中等收入陷阱有关争论及其对中国经济的启示》，《江淮论坛》第 2 期。

二、共同富裕是发展中国家奋起的动力之源

虽然无论理论上还是实践上都不能充分地证明欠发达国家通过发展最终能趋同于发达国家,但欠发达国家通过努力能缩小与发达国家之间的差距则是不争的事实。无论是已跻身发达国家之列的日本、韩国等国家,还是被困在中等收入陷阱中的巴西、菲律宾等国家,在它们启动向发达国家追赶的初期,都曾经历过一段高速增长期,主要原因可归纳为以下三个方面。

(一)内部因素:体制变革与要素成本优势

第二次世界大战后,曾受殖民压迫的各民族国家相继独立,在美国或苏联的推动下,建立了资本主义制度或社会主义制度,建成了一系列现代国家。在两个超级大国的带动下,日韩及东南亚、拉美等地区的资本主义国家与中东欧的社会主义国家都曾经历过高速增长,但这些国家在冷战结束后发生了分化。

以美国为代表的西方发达国家实行资本主义私有制,以市场的力量配置资源,生产资料归私人所有,企业是独立自主的经济主体,资源的配置和投资、生产等决策以价格信号为指导,各种资源都直接或间接地进入市场自由流动,由市场供求自发地形成价格。市场经济有利于资源的高效配置,即通过竞争和价格机制将资源配置到效益最高的部门或企业,并能较为及时地调节生产与需求之间的关系,促进了优胜劣汰,极大地调动了生产者的积

极性和创造力。然而资本主义经济也有其固有弊病，例如垄断、外部性、信息不对称等因素会致使基于完全竞争机制的价格体系失效，公共物品因其收益不能弥补成本而面临供给严重不足。更为重要的是，生产的社会化与生产资料私人占有之间的基本矛盾造成生产相对过剩、阶层分化与阶级对立、社会有效需求不足、经济周期循环往复，以及经济危机间隔来袭。

以苏联为代表的社会主义阵营普遍实行公有制和计划经济，生产资料归全民或集体所有，计划的制订和决策权集中在政府手中，生产要素和产品的分配主要采取行政指令调拨的方式，排斥市场机制，商品货币关系仅存在于极小的范围内。企业没有自主经营权，严格按照政府计划指令配置，是行政体系的附属[①]。苏东阵营通过行政命令、指令性计划等手段，集中人力、物力、财力优先发展重工业，在短时间内扩大了资本积累，快速跻身于工业化国家之列。但其体制也有固有的弊端，例如行政调拨方式不利于供给与需求的高效匹配，产销、供需、买卖、工厂与市场脱节，信息不灵，产品积压，浪费严重，效率低下，经济结构严重失调，企业和员工的生产积极性难以充分发挥，国民经济缺乏生机活力等。

苏联解体、东欧剧变打破了冷战时期资本主义与社会主义两大阵营的对立局面。原苏联加盟共和国和东欧社会主义国家迅速转向资本主义制度，并通过"休克疗法"在短时间内由计划经济

---

① 卢新德:《简论社会主义经济运行机制的模式》,《中央财政金融学院学报》1987 年第 2 期。

转向市场经济。这场急促的改革以失败告终,众多苏东国家经济、政治倒退若干年,甚至陷入了严重混乱。但社会主义与资本主义之间的"铁幕"不复存在,原来割裂的世界逐渐融为一体,市场经济在全球范围内获得主宰地位。尤其在中国政府实现改革开放、推行社会主义市场经济之后,不同意识形态国家之间的隔阂逐渐淡化,国家间的人员贸易往来更加密切,史无前例的世界性大市场最终形成。美国等发达国家主导的世界经贸秩序不断完善,全球化有了较为稳定的制度支撑。欠发达国家能以较低的适应成本参与其中,在统一的世界市场中生产并销售具有自身比较优势的商品,换来外汇、引进外资以促进国内发展。越来越多国家的参与,极大地促进了国际分工,进一步助推了世界各国的增长与繁荣。

在追赶早期,欠发达国家普遍拥有丰富的生产资源。一是劳动力资源。欠发达国家通常有着较高的生育率,人口年龄结构中年轻人居多,劳动力人口在总人口中的占比较高且比重不断上升。大部分劳动力从事效率低下的农业生产,能以较低的工资水平提供充足的劳动力供给,在劳动密集型产业上具有显著的成本优势。二是较丰富的自然资源和较大的环境容忍度。因为工业发展起步晚,多数欠发达国家储备有一定规模未开发的自然资源,在物质条件匮乏的情况下,国民对资源消耗和环境污染的容忍度较高,愿意以牺牲一定程度的资源环境为代价来换取经济条件的改善,从而为发达国家高能耗、高污染产业的转移提供了低成本环境。欠发达国家在产业现代化追赶的起始阶段,多从劳动或资源环境密集型产业起步，或者通过直接出卖矿产等自然资源来积累原始资本①。

（二）外部因素：贸易与技术扩散

第二次世界大战后，国际政治经济格局加速重构。战前，以英法为代表的老牌资本主义国家通过对外殖民的方式控制着全球财富，宗主国从殖民地掠夺人口和矿产资源，制成工业品后又倾销到殖民地。战后，全球范围内建立起以美国和苏联为核心的"两极"体系，殖民剥削不复存在，"公平"贸易逐渐兴起。在冷战结束后，美国主导的经济全球化把世界各国连接成一个整体。整体来看，每一个曾经实现高速增长的经济体，无一例外地都深度参与了国际贸易②。

一方面，全球化的加速为不同国家发挥本国比较优势、实现出口导向型发展提供了机遇③。发达国家出于人口老龄化、高福利、工会组织等原因，劳动力工资水平居高不下。在工业发展过程中，多数发达国家对本国资源都进行了较为充分的开采，富矿、浅层矿已开发殆尽，继续开采的成本极高。生态环境破坏也曾在发达国家造成过灾难性事件，高收入民众普遍有较高的环境

---

① 耿毅：《跨越中等收入陷阱国家的发展经验分析》，《开发性金融研究》2016年第3期。
② 宗亚辉：《跨越中等收入陷阱的国际经验与启示》，《未来与发展》2018年第11期。
③ J. Y. Lin, *The Quest for Prosperity*：*How Developing Economies Can Take Off*, Princeton：Princeton University Press, 2012.

保护诉求，高污染产业难以存续。例如，美国在20世纪70年代后，产业逐渐向信息化虚拟化方向发展，传统制造业份额不断萎缩。欠发达国家在上述各方面恰好有自己的比较优势，因此能够利用劳动力和资源环境等成本优势，承接大量自发达国家转移出的劳动密集型和资源密集型产业，生产出具有国际竞争力的产品，并结合出口退税与补贴等政策鼓励手段，不断开拓国际市场，在全球大市场中找到了适合本国条件的参与环节，逐渐积累起外汇储备，最终实现国民财富显著增加。

另一方面，国际贸易促进了知识的扩散，助推了欠发达国家的技术升级。全球性国际贸易加强了国家间人员、货物和信息往来，发达国家将不具有成本优势的相对低端产业向外转移，通过跨国公司到欠发达国家投资设厂或东道国的代工厂从国外引进生产线，与生产相配套的设备、技术、人员、管理等都会被一并引进到东道国[1]。在国际贸易的协商谈判、合同订立、纠纷仲裁等过程中，欠发达国家也学习到成熟的国际贸易规则、现代企业制度等管理技术，这些生产和管理技术逐渐由东道国的外贸部门扩散到国民经济的各领域各部门，从而促进整个经济体的生产力水平不断提高，推动了本国的产业发展和经济增长。

（三）科技因素：全球技术进步与跟随学习

科技的迅猛发展改变了全球生产生活模式。第二次工业革命

---

[1] A. Szirmai, "Industrialisation as an Engine of Growth in Developing Countries", *Structural Change and Economic Dynamics*, 2012, 23 (4), pp.406–420.

中诞生的飞机、轮船、火车等交通工具极大地方便了国家间的人员和货物流动。第三次工业革命催生的计算机及信息技术进一步畅通了国际间交往。基于便捷的交通信息网络，企业的经营活动不再局限于一国之内，可以根据对资源、市场等因素的综合考量，在全球范围内布局生产环节，逐渐形成了跨国公司。例如，美国将简单工业品生产先后向日韩、东南亚和中国转移，将低端的电信客服、软件开发等服务项目外包至印度等英语区低收入国家，实现了成本最优、利润最大。尤其是在第三次工业革命中，以原子能、信息技术、空间技术为代表，涉及领域广泛，生产力得到了极大提升。美国是此次工业革命的发起国和领先国，其国内诞生了许多垄断性大企业，庞大的生产力与有限的国内市场之间的矛盾日益尖锐，掠夺资源和人口的殖民模式已不再能实现利益最大化，因此通过全球化经贸体系开拓世界市场，成为诸多跨国公司的内在需求[①]。

发达国家一直是新科技的策源地，欠发达国家的科技和管理水平在追赶初期远远落后于发达国家。欠发达国家只需要采取简单的跟随学习方式，在制度上照搬化用，在研发上引进、吸收先进国家的成熟技术，通过边干边学来掌握技术原理，逐渐学会独立解决技术问题，进一步开发出新产品新工艺，从而不需要从事花费巨大的原始创新，就可以以较低成本大幅提高本国科技水

---

① 曹胜强、刘昌明：《科技革命：战后美国跨国公司迅速发展的根本动力》，《聊城师范学院学报》（哲学社会科学版）1997 年第 3 期。

平①。欠发达国家不断追赶，发达国家的先进技术也在不断更新提升。当发达国家认为他国的技术水平与本国还有足够的"安全距离"时，也愿意在一定程度、一定范围内对欠发达国家进行一定规模的技术援助或默许技术的外溢，以使欠发达国家的技术水平满足发达国家跨国公司全球化生产经营的基本要求。欠发达国家的技术提升有的是通过世界贸易、国际代工、外商直接投资等方式实现，也有的需要以主动考察学习、科技合作、派遣留学生等方式实现。例如，日本、韩国、中国等国家在技术追赶的过程中，都大量派遣留学生到美欧发达国家学习，大量引进外国教材并翻译国外先进的科技著作②。计算机和互联网的发明具有划时代意义，使得知识和信息的扩散能突破地理限制并在全球高速传播，极大地便利了欠发达国家对前沿知识和先进技术的学习。

三、1/10 成功率：探究"中等收入陷阱"的本质

按照世界银行的标准，曾在 1960 年达到中等收入标准的 101 个经济体，到 2008 年的时候，只有 13 个经济体晋升到高收入国家之列，剩下大部分停滞于中等收入状态③。中等收入国家

---

① C.T.Tugcu, "How to Escape the Middle Income Trap：International Evidence From a Binary Dependent Variable Model", *Theoretical and Applied Economics*, 2015, 22（1）, pp.49—56.
② 郭熙保、文礼朋：《从技术模仿到自主创新——后发国家的技术成长之路》，《南京大学学报》（哲学、人文科学、社会科学版）2008 年第 1 期。
③ World Bank, *China 2030：Building a Modern, Harmonious, and Creative Society*, New York：World Bank Publications, 2013.

难以进一步跻身发达国家的根本原因,在于无法摆脱由低收入时期步入中等收入时期的增长机制和发展模式,原有的依靠人力成本优势的劳动密集型产业难以与更落后的低收入国家竞争,高回报率的技术密集型产业无法与发达国家竞争,由于产业发展进退两难而最终陷入长期性停滞状态。受困于中等收入陷阱的国家大多存在着体制僵化问题,即制度改革跟不上经济发展的需要,由经济停滞和分配不均造成的贫富分化问题激化社会矛盾乃至造成社会动荡,反过来又影响了经济长期发展。

(一)成本优势消退与更欠发达国家的竞争

在欠发达国家由低收入水平向中等收入水平发展的过程中,随着时间的推移,原有的成本优势变得不再明显。

一是在劳动力方面,原来的以年轻人为主的人口结构逐渐老化。沉淀在传统农业部门中的富余劳动力向第二、三产业的转移也步入尾声,在达到"刘易斯转折点"后,已再无结构性富余劳动力,对产业工人的需求进入存量竞争,导致工资水平不断提高。工资水平上升带动国内服务业价格上涨,住房、教育、医疗等成本大幅增加,养育后代的难度增大,挫伤了年轻人的生育积极性。出生率下降则使得劳动力总量减少问题更加严重,欠发达国家原有的劳动力成本优势逐渐消失。

二是在原材料和环境容忍度方面,以自然资源作为比较优势的欠发达国家对矿产的开采往往没有节制,将优质的矿产储备以"具有国际竞争力"的价格出口换汇,直至矿产开采殆尽,资源优势逐渐丧失。发达国家优先向外转移的产业中有许多重污染产业，随着欠发达国家工业规模的不断壮大，其自身环境也受到严重破坏。随着收入水平大幅提高的本国国民的生态意识不断提升，对环境质量的诉求也越来越高，产业准入门槛和企业环保成本都将提高，造成欠发达国家在自然资源和生态环境方面的成本优势逐渐弱化。在技术水平没有大幅提高的情况下，劳动力和资源环境成本的上涨必将致使全要素生产率和资本边际回报率下降，最终造成国民收入徘徊不前。

在本国各类成本日渐上升的同时，起步更晚的低收入国家相似的路径逐渐发展起来，以更低廉的劳动力和资源环境等优势，从价值链的低端开始，与中等收入国家争夺转移产业。中等收入国家不仅自身增长乏力，还在国际竞争中面临由于失势而衰退的巨大压力。例如，在 20 世纪 80 年代，拉美、东南亚等地区的国家进入中等收入水平后发展缓慢，当时相对落后的中国通过发挥更大的比较优势，承接了美欧日韩等发达国家和地区外溢的劳动密集型产业，全球制造业大量集中到中国，而未能及时实现转型升级的拉美和东南亚国家至今仍停滞不前。又如，目前已进入中等收入阶段的中国，同样面临着生产要素成本上升和低收入国家争夺转移产业的压力。尤其在世界经济陷入长期性停滞的背景下，全球市场需求的萎缩致使更多国家采取贸易保护政策，限制国外产品对本国的出口，这使得中等收入国家面临更大的调整压力。高端产业门槛高、进入障碍大，而低端产业又有新的竞争对手不断涌入，从而导致中等收入国家进退失据、增长停滞乃至出现滑坡。

（二）国际分工锁定与价值链攀升瓶颈

在经济全球化时代，产品附加值的分配取决于产业链上的分工位置，如研发设计、科技金融等环节利润较高，而欠发达国家在从低收入行列迈入中等收入行列的过程中，长期在国际分工体系中处于技术水平低、附加值低、资源投入大、环境污染重的环节①。因此，中等收入国家向高收入国家跃升的出路在于转变经济增长方式，不断提升自身在全球产业链、供应链和价值链中的位置，获得更高的利润率和更多的附加值，这样才能持续提高国民收入水平。

然而，产业转型、结构升级面临两方面的困难。一是国内原生创新力不足。随着本国技术水平与国际先进技术水平之间的差距不断缩小，通过模仿学习发达国家成熟技术的方式不能继续支撑欠发达国家的技术进步，与此同时，受到本国教育水平、科研体系、制度环境等因素的掣肘，研发能力难以在短时间内迅速提升②。原生创新力依赖于综合科研能力的提升，需要理论探索、研发试验、加工工艺等环节的协同配合。在追赶阶段，欠发达国家得到提升的主要是生产工艺，甚至有些高端生产环节的工艺还未能完全掌握，至于上游研发更是经验空白。

---

① 田曦：《世界资本主义体系视域下"中等收入陷阱"的成因分析》，《思想理论教育导刊》2020 年第 5 期。
② A. Dingemans，"Trying to Stay Ahead of the Curve in Chile's Economic Development: Exploring a Way Out of the Middle-Income Trap through Pragmatic Export Development", *Development Policy Review*, 2016, 34（5）, pp.643-669.

知识产权保护不健全造成微观主体创新积极性缺乏，具有巨大风险的研发活动不能得到足够的经济收益以弥补成本。在技术不能突破瓶颈的前提下，全要素生产率和潜在增长率难以提升，国民收入水平亦无法大幅提高[1]。

二是发达国家严密的科技封锁。技术壁垒是发达国家获得超额收益的依托，因此发达国家将会坚决垄断最先进的核心技术，并对技术扩散采取严格限制措施。例如，发达国家跨国公司在欠发达东道国设立的研发中心规模小、层次低，且保密措施极为严格，并很少进行基础研究。又如，美国、欧盟等国家和地区打着"国家安全"的旗号，对许多民用设备和技术进行禁运封锁，以确保其在全球产业链与价值链上的垄断地位。

欠发达国家向高收入水平的发展跨越也受制于发达国家主导的国际贸易秩序。保持现有的全球产业链分工，将欠发达国家锁定在低回报率的加工装配环节，最有利于发达国家的利益。作为规则制定者，发达国家从其自身利益出发，对贸易规则和商品定价进行操控，使得国际市场中由发达国家控制的商品价格更贵而欠发达国家控制的产品价格更便宜[2]。全球化贸易直接掌握在跨国公司手中，通过会计账目、公司结构、产业布局等方式，跨国公司只将极少部分利润留给代工的欠发达国家，高端的研发、品牌

---

[1] F. G. Im, and D. Rosenblatt, "Middle-Income Traps：A Conceptual and Empirical Survey", *World Bank Policy Research Working Paper*, No.6594, 2013.

[2] 田曦：《世界资本主义体系视域下"中等收入陷阱"的成因分析》，《思想理论教育导刊》2020年第5期。

等环节则牢牢地掌握在母国，以低廉的价格购置初级工业品、以高价出售科技产品。

金融市场也是发达国家掠夺欠发达国家的重要工具。第二次世界大战后，无论是布雷顿森林系还是其后的牙买加体系，始终是以美元为中心，美国以其经济和军事实力支撑着美元的金融霸权。美元是唯一的主导型世界货币，其他国家在国际贸易活动中必须用美元进行结算。美国金融市场则成为全球的财富分配中心，各国不得不向美国缴纳"铸币税"，并被动承担美国向全球转移的金融风险。

（三）财富分化与改革受阻

按照库兹涅茨（Kuznets）针对发展与社会公平的关系提出的著名的倒"U"形曲线假说，在工业化发展初期，收入的不平等会随着经济的增长不断拉大，尤其在前工业化向工业化的过渡阶段，与"中等收入"阶段大致对应，收入不平等程度会进一步迅速扩大[①]。在低收入国家发展至中等收入国家的过程中，整个社会往往更加重视效率而相对忽视公平，法律制度建设不健全，国家财富快速增长，但财富分配严重不均，部分人利用法律空子或灰色地带积累了庞大财富，成为现有体制的既得利益者。大多数普通民众也在发展中获得了收益，但财富增长速度远低于高收入阶层，国内贫富差距不断拉大。

---

① S. Kuznets, "Economic Growth and Income Inequality", *The American Economic Review*, 1955, 45（1）, pp.1–28.

一方面，贫富分化会降低全社会有效需求，依照马克思主义政治经济学理论或凯恩斯主义消费倾向边际递减理论，拥有巨额财富的少数富人消费需求有限，而有着更高消费需求的大量穷人消费能力受限，致使总需求相对不足、生产相对过剩，供求失衡的经济危机由此产生，消费升级和产业升级的链条被阻断。

另一方面，既得利益集团掌握了大量财富，不愿向低收入群体分利让步，并通过垄断产业、医疗、教育等方式，控制着国家资源，极力推行有利于其阶层固化的社会制度，低收入阶层日渐丧失向上的流动渠道，失业者、赤贫者铤而走险，通过极端方式抢夺财富、报复社会，不稳定因素增多，甚至引发严重骚乱。执政者为了稳定政局，往往具有推进改革、提高效率、促进公平、强化教育的政策倾向，但受制于强大既得利益阶层的阻挠，改革成少败多，政局震荡不稳，反过来又制约了经济的长期发展。

在经济发展的不同阶段，需要有与之对应的制度体系进行配套。在经济发展水平较低的阶段，对制度的完善性和质量的总体要求不是很高，只要满足国家享有主权、社会比较稳定、产权得到基本保护等基础性保障，依靠后发优势，就可以实现较快的经济增长。但随着经济体向更高发展水平不断演进，专业化分工深化，产业链环节增多细化，经济系统的复杂性上升，对一国制度的健全程度和质量水平就会提出更高要求。提升制度质量、完善制度结构是一国跨越"中等收入陷阱"的必要前提①。

许多国家在由低收入阶段进入中等收入阶段后，受制于人才匮乏、政府执政能力不足、利益集团牵绊等因素，没有成功地推进适应性改革和创新。例如，没有处理好政府与市场的关系，以致市场失灵、政府失效、社会失范②；没有具有前瞻性和科学的经济结构转型升级规划，低效产能的无序重复；货币政策的不稳健，货币滥发引发的恶性通货膨胀；法治体制不健全，对私有产权和知识产权保护不足；收入分配不均，贫富严重分化；金融体系不健全，应对国际资本流动引发的汇兑波动乃至金融危机能力不足，等等。原有发展方式得不到根本性改变，制度和政策改革缓慢严重影响经济发展效率，甚至引发政治动荡和严重腐败问题，从而延迟了进一步的工业化进程③。

（四）系统性金融危机的爆发

金融系统庞大繁杂，发展中国家因制度滞后和人才匮乏等原因，金融体系往往都大幅滞后于产业发展。一方面，金融体系服务创新的能力不足。随着经济的发展，出现了新的业务模式和经济部门，这些新业务往往难以从传统金融体系中得到支持，只能寻求新的金融服务模式，甚至寻求国外金融机构的支持，由此催

---

① 张军扩、罗雨泽、宋荟柯：《突破"制度高墙"与跨越"中等收入陷阱"——经验分析与理论研究结合视角》，《管理世界》2019 年第 11 期。
② 田国强、陈旭东：《中国如何跨越"中等收入陷阱"——基于制度转型和国家治理的视角》，《学术月刊》2015 年第 5 期。
③ R. A. Duval, D. Puy, Y. Wu, and L. Zhang, "Growth Slowdowns and the Middle-Income Trap", *IMF Working Papers*, No.71, 2013.

生了各种形式的金融创新和影子银行，不断蔓延的金融自由化为金融危机的爆发埋下了种子。另一方面，对金融活动的监管能力不足。金融系统不仅体系复杂，金融工具也在不断变换创新。受经验和人才所限，大多数欠发达国家难以在较短时间内建立起完善的金融监管体系，应对层出不穷的金融工具和金融创新的能力严重不足，对国际资本流动的管理进退失据，因此往往容易沦为国际投机者狙击套利的对象，加大了爆发金融危机的风险。

　　欠发达国家的追赶模式中也隐含着金融失衡的风险。后发国家的追赶多是从产业发展开始，通过发挥本国的比较优势，承接了自发达国家转出的劳动或资源密集型产业，逐渐参与到发达国家主导的全球生产体系中，形成了出口导向型发展模式。在欠发达国家参与全球化的过程中，外国资本是不可或缺的因素，它们不仅能提供原始资本、技术和管理，更保障了产品的销售渠道。在发展中国家的快速增长期，会面临外资大量涌入的情况。出口导向型的发展模式在助推一国快速发展的同时，也容易使其形成对国际市场和国际资本的依赖。一旦国际形势发生波动，这些国家就会首当其冲，不仅产品出口受阻，外资大规模流出也将导致本币汇率和国内资产价格暴跌，从而进一步诱发外债危机和恶性通货膨胀。欠发达国家成为国际金融大鳄的猎食对象，多年积累的财富被金融危机洗劫一空的故事已经屡见不鲜。坐拥世界货币美元的美联储随着国内宏观经济形势的变化交替降息、加息，引发美元在世界各国大幅进出流动的潮汐周期，这既是美国"收割"全球财富的重要手段，也是造成众多发展中国家屡屡遭遇金融危机的深层次原因。

四、跨越陷阱：那些曾经的成功者与失败者

第二次世界大战后，迈入"中等收入"水平的国家不在少数，但最终实现了向高收入水平国家转型的国家，仅有日本和韩国等少数国家（地区）。对成功国家经验和失败国家教训的对比分析，可对我国跨越中等收入陷阱提供宝贵的经验借鉴（表2-1）。

表2-1 跨越"中等收入陷阱"成败国家和地区比较

	国家和地区	达到中等收入的年份	达到高收入的年份	中等收入持续时间
已跨越	日本	1960年之前	1975年	15年左右
	韩国	1971年	2009年	38年左右
	中国台湾	1960年之前	1997年	37年左右
	中国香港	1960年之前	1987年	27年左右
	新加坡	1960年之前	1991年	31年左右
未跨越	巴西	1960年之前	尚未	超过60年
	墨西哥	1960年之前	尚未	超过60年
	阿根廷	1960年之前	尚未	超过60年
	哥伦比亚	1960年之前	尚未	超过60年
	智利	1960年之前	尚未	超过60年
	马来西亚	1960年之前	尚未	超过60年
	菲律宾	1960年之前	尚未	超过60年
	印度尼西亚	1993年	尚未	29年左右
	泰国	1976年	尚未	46年左右

数据来源：郭金兴和胡映根据宾夕法尼亚大学国际比较中心世界表（PWT 8.0）整理[1]。

---

[1] 郭金兴、胡映：《拉美、东南亚和东亚经济体跨越中等收入陷阱的比较研究》，《学海》2015年第2期。

（一）成功者：日本与韩国

日本、韩国是第二次世界大战后成功跨越"中等收入陷阱"的两个代表性国家。第二次世界大战结束时，日本主要城市被炸为废墟，海外殖民地被解放独立，韩国同样受到了战争的严重破坏。第二次世界大战后，日本和韩国从劳动密集型产业开始发展。在达到"中等收入"水平后，日本和韩国根据自身比较优势，以提高创新能力和科技附加值为重点，大力优化和提升产业结构。在实施产业政策的同时，日韩两国也十分重视社会事业的发展，两国向教育、民生保障等领域投入了大量资源，稳定了社会秩序，积累了雄厚的人力资本，实现了经济持续快速发展，成功跨越了"中等收入陷阱"[①]。两国的经验可归纳为以下四点：

一是大力吸引外资支持与充分利用世界市场。日韩经济能够实现发展腾飞，其背景是得到了主要大国尤其是美国的支持和援助。第二次世界大战中，日韩经济社会受到重挫，物资供给困难，物价飞涨、通胀严重。战后，美国实际控制了日韩两国，在两国国内推行民主化改革，并通过经济援助等方式帮助两国重建。冷战中，尤其是朝鲜战争爆发后，为了遏制苏联和中国，美国大力扶持日韩发展。日韩主动融入美国主导的资本主义世界贸易体系，大力引进国外先进技术、资本和管理经验，成为第一批欧美产业转移的主要承载地，通过国际贸易积累了"第一桶

---

① 韩师光、李建柱：《日韩跨越中等收入陷阱的做法及启示》，《经济纵横》2013年第10期。

金",很快地实现了从低收入向中等收入的跨越①。达到中等收入水平后,日韩更加积极地参与国际贸易。相对于其庞大的生产能力而言,两国国内市场规模有限,只有广阔的世界市场才能充分消化其产出。早期日韩主攻欧美市场,针对欧美需求升级国内产业,在汽车、家电、电子等领域形成了巨大优势。在中国改革开放后,日韩加紧开拓中国市场和东南亚市场。国际贸易为日韩两国的经济腾飞奠定了坚实基础。外资对日韩的技术升级也做出了重要贡献。例如,在韩国,美国华尔街资本掌握着三星、LG、现代等关系国计民生的寡头企业的控股权或参股权,两者之间形成了利益共同体。美日科技交流频繁,各种理工类诺贝尔奖多次由美日科学家分享。

二是循序渐进推进产业升级。王丽莉等(2017)将日韩的产业发展过程概括为自下而上、从农村到城市、从轻工业到重工业,对应着乡村原始工业化、劳动密集型规模化轻工业、资本密集型规模化重工业三个阶段②。先是通过原始的乡村工业化奠定现代产业的入门基础,随后以承接发达国家产业转移的方式逐渐发展起规模化的劳动密集型轻工产品生产体系,接入国际贸易市场、赚取外汇收入,为重工业铺垫市场、积累资金,在此基础上实现产业的持续升级和向重工业化的稳步迈进,在不断提高人民大众生活水平的同时,也实现了工业体系的良性循环。例如,日

---

① S. N. Hardiana, and F. F. Hastiadi, *Overcoming the Middle-Income Trap: The Role of Innovation on Switching onto a Higher Income Group for ASEAN Member States*, Cham: Springer International Publishing, 2019.
② 王丽莉、文一:《中国能跨越中等收入陷阱吗?——基于工业化路径的跨国比较》,《经济评论》2017 年第 3 期。

本在 1965 年出口的具有比较优势的产品以船舶等交通工具、铁板、纺织品为主，到 1985 年则更新为以客运机动车、货运机动车、收音机及音响设备为主，1995 年开始出现微电子产品，其后一直保持以客运机动车、机动车部件和附件、微电子产品为主要出口品，其优势产业不断进化，不断集中。又如，韩国在 1965 年主要出口矿物、钢板铁板、木质板材、木片胶合板、棉织物、丝绸、鞋子、铁矿、蔬菜根茎、甲壳类和软体动物等初级产品，到 1975 年主要出口机械和运输设备，1995 年之后主要出口微电子产品、船舶等运输工具、客运机动车零部件及附件等[①]。

三是注重人力资本积累与创新能力提升。日韩无法像美国在第二次世界大战战后通过技术移民的方式提升科技水平，只能加强本土人才的培养。教育是公认的最重要的积累人力资本的手段。日本在注重基础和高等教育体系建设的同时，也从实用主义出发，实施偏重培养实用型人才的教育战略，大力发展与现代经济和高新技术紧密相关的学科专业，为经济腾飞提供了大量高水平技术人员[②]。韩国自 20 世纪 80 年代起就把终身教育原则写入宪法，通过大力发展职业技术教育，为实现工业化提供了优质人力资源。在公办学校之外，政府也大力提倡民间办学，尤其是职业教育和科研机构，鼓励大企业、大财团等经济组织出资兴办与

[①] 吴张玲琳：《中日韩产业结构升级与"中等收入陷阱"跨越》，《深圳大学》2019 年硕士学位论文。

[②] L. Glawe, and H. Wagner, "The Middle-Income Trap 2.0: The Increasing Role of Human Capital in the Age of Automation and Implications for Developing Asia", *Asian Economic Papers*, 2020, 19（3）, pp.40–58.

本行业相关的职业院校和高等研究院。这不仅解决了国民教育问题,也实现了受教育者与企业用人需求的高效匹配,私立教育对小学、大学及研究院的建设都有贡献[1],大企业的自办学校促进了产、学、研的紧密融合。除了对教育和基础设施的持续投资,日韩在国内产业基础较弱的时期,通过本币贬值、出口退税、限制进口等方式保护和扶持国内产业发展;在生产技术达到一定水平后,有计划地放宽外资准入门槛,以引进国外竞争者倒逼本土企业提升竞争力[2]。当国家基础薄弱时,引进外国先进技术;当国家经济日渐发展后,对引进的先进技术进行改良和本土化;其后,自主攻克高级技术难题,使国家成功地转型升级。在这一过程中,企业是两国技术创新的主体,企业的投入比重在全国研发经费占比中超过了70%[3]。

四是不断完善社会保障体系。虽然日本和韩国的阶层趋于固化,社会财富多由大财阀或大财团支配,但两国对普通民众的社会保障较为健全,成为维系社会稳定和经济持续发展的重要基石。在按照市场机制以个体能力和经济贡献作为分配标准的同时,日本和韩国也十分注重以税收等手段兼顾社会公平,保障基本民生和弱势群体的利益,对老年人、残疾人、失业和低收入人

---

[1] 柳翔浩:《跨越中等收入陷阱国家的教育发展经验及启示》,《清华大学教育研究》2017年第4期。
[2] 韩师光、李建柱:《日韩跨越中等收入陷阱的做法及启示》,《经济纵横》2013年第10期。
[3] 马雪峰:《日韩技术创新的经验及对中国的启示》,《亚太经济》2008年第1期。

员都推出了针对性的救助措施。例如，日本为了抑制快速发展导致的贫富差距，通过累进税率和社会保险等二次分配措施限制过高收入、补助低收入人群，并自1958年就开始建立普惠的医疗保险制度；1961年，日本又进一步实施国民健康保险和国民养老金制度。再如，韩国从20世纪60年代开始尝试建立社会保障体系，在《宪法》中明确了公民生存权和福利国家义务；20世纪70年代，韩国制订了《社会福利事业法》和《国民福利年金法》；到了80年代，开始实行全民医疗保险、国民年金、最低工资制；至90年代，韩国已基本形成了以社会保险、公共救济和社会福利为重要组成部分的社会保障体系。日本和韩国化解贫富差距的一系列举措保障了两国基尼系数在合理区间[1]，缓解了社会矛盾，是成功跨越"中等收入陷阱"的重要经验[2]。

（二）失败者：拉美与东南亚国家

拉美国家和东南亚国家在第二次世界大战后都曾创下过增长奇迹。在20世纪50年代至80年代的"黄金三十年"里，拉美国家年均增速超过5%，远高于同一时期发达国家的平均增长速度，80年代的地区经济总量比50年代增加了三倍[3]。同一时期，

---

[1] 檀明：《日本、韩国的跨越"中等收入陷阱"之路及其启示》，《商》2015年第18期。
[2] 韩师光、李建柱：《日韩跨越中等收入陷阱的做法及启示》，《经济纵横》2013年第10期。
[3] 鞠立新：《简析拉美国家的贫富悬殊及其对我们的警示》，《当代经济研究》2007年第11期。

泰国、马来西亚、菲律宾和印度尼西亚等东南亚国家的经济增长也表现亮眼,由此顺利地进入中等收入国家行列,被誉为"东亚四小虎"。然而,大多数拉美和东南亚国家在增长后期,都出现了停滞甚至倒退的情况,在"中等收入陷阱"中艰难挣扎[①]。其教训可概括为以下三点:

一是产业结构升级过于迟滞或过于超前。拉美国家的经济增长长期依赖于中低端产业,资源消耗大、科技含量低。例如,阿根廷、巴西、墨西哥等国家都是以利用农产品资源、劳动力资源和矿产资源优势发展的初级工业为主导产业,在发展初期,充分发挥本国自然资源和人力资源优势是恰当的策略,但达到中等收入阶段后,这些国家没能及时转变增长方式,原有产业的市场优势逐渐被其他起步更晚的、成本低的后发国家所取代。有的拉美国家曾以扭曲市场为代价实行进口替代,但并未达到预期效果,经济持续低迷[②]。东南亚国家也面临同样的困境,中低端产业转型乏力,如泰国早期依靠丰富的农业资源和廉价劳动力发展初级加工制造业,但因人才匮乏、技术滞后、教育体系薄弱、基础设施超负荷等问题难以解决,产业升级步履维艰;菲律宾曾是东南亚最早走上工业化道路的国家,但工业化水平一直不高。面对出口竞争力不断下滑的困境,菲律宾自20世纪70年代起开始了

[①] J. A. Alonso, and J. A. Ocampo, *Trapped in the Middle? Developmental Challenges for Middle-income Countries*, Oxford: Oxford University Press, 2020.
[②] E. Paus, "Latin America's Middle Income Trap", *Americas Quarterly*, 2011, 5(1), pp.70–76.

过早的"去工业化"进程,放弃了制造业的产业升级,而服务业却一直停滞在低端领域。马来西亚曾以出口导向战略获得快速发展,但因其产业结构单一、国内市场狭小,严重依赖国际市场,在外部冲击中屡次受挫[①]。

上述国家也都曾做出过一些转型尝试,但增长模式不明确,发展路径紊乱。例如,拉美国家曾先后用进口替代战略、"大推进"、"华盛顿共识"等理论来指导经济发展[②],没有充分遵循产业发展规律,在尚未充分挖掘出本国劳动密集型行业轻工产业潜力的情况下,过早地转向重工业。又因国内市场规模有限且缺乏国际竞争力,而多以失败告终,这都加剧了财政赤字。随后,这些国家又过于相信美国财政部、国际货币基金组织和世界银行背书的"华盛顿共识",在短时间内放开了资本市场管制,通过出售国有资产偿还政府债务,致使过早地"去工业化"和"去国家能力化",导致更加没有能力突破产业的转型升级[③]。

二是对国际市场与现代金融体系的适应能力不足。从低收入水平发展至中等收入水平的国家,无一例外都离不开对国际贸易的参与。贸易全球化赋予欠发达国家搭上发达国家产业和市场快车的机会。欠发达国家在得到技术和知识外溢、产业转移等发展

---

① 陆善勇、叶颖:《中等收入陷阱、比较优势陷阱与综合优势战略》,《经济学家》2019年第7期。
② 江时学:《新自由主义、"华盛顿共识"与拉美国家的改革》,《当代世界与社会主义》2003年第6期。
③ 王丽莉、文一:《中国能跨越中等收入陷阱吗?——基于工业化路径的跨国比较》,《经济评论》2017年第3期。

红利的同时，也不得不承担国际市场的相应风险。在全球经济稳定增长时期，欠发达国家与发达国家能够一起享受增量带来的繁荣。而当全球经济进入周期下行阶段，国家间爆发存量博弈，主导国际经贸金融秩序的发达国家会通过贸易规则、金融工具、政治制裁等手段攫取欠发达国家的利益以满足本国需要。众多拉美国家与东南亚国家的国内经济金融体系不健全，缺乏应对国际冲突的经验，尤其在复杂的金融领域，这些国家既缺乏人才又没有经验，且在坚持固定汇率的前提下过早地开放了资本账户，而常常沦为国际金融大鳄抢掠的"羔羊"或收割的"韭菜"。例如20世纪80年代爆发的拉美主权债务危机，以及20世纪90年代爆发的东南亚金融危机，就使得这些国家积累多年的财富付诸东流，发展水平严重倒退。

三是贫富分化严重。贫富差距过大严重威胁着经济的稳定增长，不仅会减少有效需求、阻滞改革进程、抑制新产业发展，而且还可能引发剧烈的社会动荡。自第二次世界大战结束后到2000年的50多年间，多数拉美国家不仅经济形势大起大落，而且收入分配长期不公，借助公共权力或依靠外国资本势力的少数人，逐渐占有了大部分的社会财富，民生保障体系严重不健全，失业、贫民窟等问题不断加剧，各国基尼系数普遍超过0.45，个别国家的基尼系数甚至长期超过0.5[①]。菲律宾、印度尼西亚、泰国等东南亚国家也面临着相似问题。

---

① 鞠立新：《简析拉美国家的贫富悬殊及其对我们的警示》，《当代经济研究》2007年第11期。

财富过度集中对经济的负面影响是多维度的：一是大幅削弱了社会有效需求，大量的有较高消费倾向的低收入人群没有能力消费，而高收入的富豪数量少、消费倾向低，财富越集中社会总需求就越萎缩；二是进一步延缓了人力资本积累，社会阶层之间缺乏流动性，教育机会越发不公，贫困"再生产"循环往复，低收入阶层由于看不到希望，对子女教育投资的积极性越来越低；三是市场机制会因日益强大的利益集团而严重扭曲，垄断或寡头组织将逐渐控制国家的经济命脉和政府体系，寻租、投机和腐败取代公平竞争，效率日益低下；四是社会改良难度越来越大，既得利益集团全面掌握了国家经济和政治资源，会全力阻挠有碍于其自身利益最大化的改革措施，致使社会弊病日积月累，积重难返；五是民主国家底层民众的抗争易诱发极端民粹主义，政党为在选举中当选，只能以高福利缓解社会压力，但政府财力又难以支撑，最终酿成巨额政府债务和恶性通货膨胀[①]。

五、走出"中等收入陷阱"

从本章的理论分析和案例研究中可以看出，劳动力成本上升、收入分配失衡加剧、资本边际回报率下降、全要素生产率增速下降、系统性金融风险、产业低端锁定等是制约欠发达国家进

---

① M. A. Arias, and Y. Wen, *Trapped: Few Developing Countries Can Climb the Economic Ladder or Stay There*, St. Louis: Federal Reserve Bank of St. Louis, 2015.

一步发展的重要障碍①。跨越中等收入陷阱，必须针对这些问题提出解决措施。

（一）确保劳动效率与收入水平同步提升

国民收入的提高最终得依靠生产效率的提高，只有单位劳动力产出的增幅超过或者至少不低于劳动力成本的增幅，才能保障本国的产业竞争力和国民收入的可持续增长。

首先，有序扩大教育领域公共支出。科技创新是一个复杂系统，必须有厚实的教育体系提供配套，才能结出尖端的科研成果，美欧日韩都为欠发达国家提供了成功的范例②。教育具备"公共物品"属性，需要政府投入，不仅要完善硬件设备设施，也应努力提高教师待遇与教师素质，尤其是加强农村偏远地区的师资建设，大力推进教育资源均等化，扩大通过教育培养选拔拔尖人才的覆盖面，增强本土科技研发能力。

其次，调动各方力量参与科教事业。在保证公益属性的前提下，鼓励企业、行业协会等社会组织发挥专长，兴办高质量、特色化职业技术教育与培训事业。作为公立教育的重要补充，培养更多实用性技能人才，推动加工技艺的革新提升。加大国际教育交流合作，输送人员到发达国家和领军企业接受先进教育，也积

---

① 张明：《跨越中等收入陷阱的国际经验》，《探索与争鸣》2013 年第 7 期。
② D. Bulman, M. Eden, and H. Nguyen, "Transitioning from Low-Income Growth to High-Income Growth: Is There a Middle Income Trap?", *World Bank Policy Research Working Paper*, No.7104, 2014.

极引进境外优质学校到本土合作办学,完善多层次的教育体系。

最后,要对劳动力工资水平进行合理调控,以与劳动生产率相匹配的速度增长。既要保障劳动者收入的合理增长,也要避免超越发展阶段的"福利陷阱"。增速过慢不利于提高劳动者的积极性,且会加剧资本所有者与普通劳动者之间的贫富差距;增速过快将致使生产成本和国际竞争优势的快速丧失,最终有损于经济的长期稳定发展[1]。

(二)改善收入分配失衡

改善收入分配失衡以增强社会阶层之间的流动性,是改善劳动力市场的长久之策,也是扩大有效需求、实现稳定发展的保障。

首先,保障教育对阶层流动的有效性。家庭对下一代的教育需要耗费数年才有可能变为有效产出,对低收入群体而言,需要看到较为确定的人力资本投资的未来收益预期,他们才能将较多收入用于人力资本投资,这就需要保证社会阶层之间有充分的流动性,低收入家庭的后代能够通过教育向高收入阶层跃升。

其次,保障教育和就业的公平性。推进公共服务均等化,为低收入阶层提供晋升渠道;通过财税等政策改善收入分配失衡,降低中低收入者税负,促进更多的农村居民和大学毕业生群体进入中产

---

[1] J. Felipe, "Tracking the Middle-income Trap: What Is It, Who Is in It, and Why?", *ADB Economics Working Paper Series*, No.715, 2012.

阶层；健全社会保障体系，强化对低收入阶层的生活支持，释放底层市场需求，维护社会和谐稳定。

最后，着力缩小城乡差距。持续加大"三农"投入，引导农业产业化和规模化经营，规范农村工业化集约发展，大力化解城乡二元经济矛盾，促进国内总需求稳定增长。

（三）技术创新和产业升级

无论是理论模型，还是正反两方面的经验教训，都说明技术创新和产业升级对提高资本回报率具有重要作用。

首先，制定符合实际的产业升级规划。基于本国资源禀赋、人口特征、国际环境和新兴产业方向，制定科学的、有前瞻性的产业政策，抢抓发达国家已经或即将失去的比较优势产业，引导市场主体形成较为稳定的预期，并与政府规划相向而行，合力推动产业结构升级。

其次，不遗余力地提升本土创新能力。提高财政支出中直接用于支持研发活动的比例，特别是对具有显著外部性的基础科学研究以及航天、生物、新能源等高科技领域的投入；建设科技园区、高科技产业都市等自主创新平台，以产业集聚促进技术进步，以税收优惠、财政补贴、贴息贷款等方式引导企业加大研发投入，增强自主创新能力[1]。

---

[1] T. T. Can, "How to Escape the Middle Income Trap: International Evidence from a Binary Dependent Variable Model", *Theoretical and Applied Economics*, 2015, 12（1）, pp.49–56.

再次，腾笼换鸟倒逼产业升级。打破传统发展方式的"路径依赖"对创新活动的挤出，对原有的高污染、高消耗、低附加值产业，借助内外危机倒逼淘汰或向上升级，为新产业、新业态腾出资源和空间，实现良性新陈代谢。

此外，还应完善创新支持体系。其一，技术创新的失败概率较高，此类高风险活动通常难以从银行获得足够的贷款支持，需要包括风险投资、产权交易平台、股票交易市场等在内的直接融资体系，以投资者与研发者风险共担、收益共享的方式，解决创新活动的资金来源。其二，对创新积极性的激励还需要建立健全产权保护制度，如完善专利制度、缩短侵权诉讼周期、加大保护知识产权的执行力度等，通过法律手段严格保护创新者获取足够的市场利润、让投资者获得合理的资本回报，才能实现创新的可持续性。其三，完善市场化科技成果转化体系，政府、军工部门、国有企事业单位和科研院所手中往往掌握大量的科技成果，受制于体制机制约束，许多成果不能转化落地为产业化项目，难以形成有效的生产力，造成了严重的创新资源错配浪费，打通成果转移转化通道对产业的创新发展将能达到事半功倍的效果，助推创新资源得到合理高效配置。

（四）双循环与突破"制度高墙"

经济社会制度不健全是中等收入国家继续增长的重要阻碍，只有突破"制度高墙"，为创新转型营造良好的制度环境和政策条件，才能进一步提高全要素生产率，持续增加国民收入①。

首先，完善要素市场化配置体制机制，深化包括利率与汇率在内的要素价格市场化改革，强化对私有产权的保护，完善企业破产制度，通过市场机制实现优胜劣汰，优化资源配置，倒逼国内产业升级。

其次，维护国内市场的统一畅通。完善交通、电力、通信等基础设施网络，保障能源的可靠供应，降低人员流动、货物运输和信息交互成本，促进生产要素和商品的自由流动，提高国内经济系统的统一性和稳定性，避免形成地理、社会、行政区划等因素造成的市场分割，以足够大的国内市场容量，保障产业升级所需的规模经济效应。

再次，完善法治体系，简化行政审批手续，降低政府对企业经营活动的直接干预，营造竞争充分、激励有效、创新导向的市场环境，增强微观主体活力；推进国有企业混合所有制改革，扩大电信、养老、金融等服务业领域对民间资本的开放程度，通过强化微观主体竞争的方式推动国内产业升级②。

最后，加强国际交流合作。进入中等收入阶段后，本国技术水平有所提高，但与欧美的最发达国家相比仍有差距，不仅是自然科学的"硬技术"，管理、金融等"软技术"也需要进一步引进学习。其一，采取市场换投资、市场换技术的互利策略，在吸

---

① 张军扩、罗雨泽、宋荟柯：《突破"制度高墙"与跨越"中等收入陷阱"——经验分析与理论研究结合视角》，《管理世界》2019 年第 11 期。
② 张明：《如何化解金融风险》，《中国经济信息》2017 年第 14 期。

引跨国公司的先进制造和研发环节进入国内的同时，也有助于提高民众的生活质量；通过对外兼并收购的方式获取国外先进技术，尤其在全球经济周期的下行阶段，许多有优质资产的企业因经营困难寻求出售，为低价买入通常会被技术封锁的"非卖品"提供了宝贵机会。其二，保障本国产业体系的良性循环也需要不断扩大国际市场，积极参与全球性和区域性的国际合作组织，针对欧美发达国家与亚非拉发展中国家提出不同的贸易对策；可将部分低端产业向更具比较优势的其他国家转移，但要谨防产业"空心化"的不良趋向。其三，在参与国际贸易的过程中，小国只能顺应规则，而大国可以影响规则，在后发国家具备一定的综合国力和国际影响力后，应团结广大发展中国家推动国际组织改革，调整隐性不平等的剥削性规则条款，创新区域合作机制，保障欠发达国家公平的发展权利。

（五）重视来自发达国家的"金融陷阱"

2013年艾亚尔（Aiyar）等人就提出，受金融危机拖累而陷入"中等收入陷阱"的国家不在少数，金融系统极为复杂，并随着经济和科技的发展不断迭代演化，需要欠发达国家采取系统性应对措施[①]。

首先，负债率应控制在合理范围内。无论是政府、企业或居民部门，过高的杠杆率都会造成抗风险能力的下降，必须将其控制在

---

① S. Aiyar, R. Duval, D. Puy, and Y. W. A. L. Zhang, "Growth Slowdowns and the Middle-Income Trap", *IMF Working Papers*, No.71, 2013.

适当的范围之内。尤其是政府债务，应完善制度性约束，避免过度的财政赤字诱发主权债务危机。

其次，保持应对国际金融波动的能力。资本账户的开放应审慎有序，避免在危机情况下，无力应对境外投机资本巨幅扰动的管制能力；适度提高汇率制度弹性，维护经常账户的合理均衡；维持适度充裕的外汇储备，并通过全球或区域性金融合作组织，拓宽紧急外汇贷款渠道，以有效防范货币危机。

再次，提升国内金融系统稳定性。货币政策应审慎科学，与不断变化的经济形势和政策传导机制相适应，在保障社会合理融资需求、助力经济增长的同时，也要避免长期过于宽松而导致信贷过度膨胀，造成泡沫和恶性通胀隐患；不断完善金融监管体制，提高对各类金融创新工具的应对能力，严控"影子银行"、表外业务等灰色地带的风险隐患；指导金融机构保持充足的资本金和适当的流动性，严控外债规模，保障金融系统的稳健性。

最后，正确处理金融与实体经济的关系。金融应为实体经济服务，适度创新的金融工具、一定程度的虚拟经济有助于活跃金融市场，吸引资本流向新领域新业态，金融机构可以有合理的利润，但应限制过高的超额收益引发过分投机，严防虚拟经济过度膨胀的泡沫化倾向，以保障金融秩序的稳定；也应避免出现资本、人才等优质要素向金融部门的过度集中，从而造成对实体部门的挤出。

（六）避免产业空心化

产业"空心化"是众多发达国家产业化过程中的普遍现象。资本有逐利的天性，正如马克思所言："资本是没有办法才从事物质生产这种倒霉的事情，它也不愿意去从事物质生产，它总希望有更快、更轻松的赚钱手段……"

举例而言，美国的产业升级过程也是一个产业不断轻量化的过程，将附加值低的工业生产环节大批地转移到劳动力低廉的发展中国家，本国则主要从事金融、研发、品牌等高附加值的高端服务业，虚拟经济泡沫化严重。美国虽然垄断了高科技和新技术，但制造业生产体系已被掏空，工业制成品严重依赖国际市场，在遇到类似新冠肺炎疫情等突发情况时，口罩、测温枪、防护服等简单的工业品都难以在短时间内实现自产，存在严重的国家安全和应急管理风险。制造业萎缩和产业空心化导致失业人口增加、社会矛盾加剧，民粹主义势力抬头，对政局稳定和国家理性发展提出了挑战。

国家需要不遗余力地发展必要的高端的第三产业，高度警惕虚假繁荣的泡沫经济。转型升级应摒弃此前过度推崇的"退二进三"理念，不一定第三产业占比越高，第一、二产业占比越低就越好，产业结构应有合理的配比，产业内部也应更重视质的提高而不仅是量的增加。例如，德国坚持实业兴邦，以高端制造业作为国民经济基石，为欠发达国家提供了较好的借鉴范例。

CHAPTER 03

金融危机：

百年启示录

2008年全球金融危机的爆发一度导致发达国家与新兴经济体相继出现流动性短缺、信贷紧缩与经济衰退，此后政策制定者开始集体反思金融体系背后的不稳定性。国际经验表明，即使是经济结构成熟、金融体系完善的发达经济体也依旧会出现监管缺失的现象，并最终导致金融危机的跨国传染。

事实上，从长期视角来看，金融危机的爆发并不罕见。近百年来，尽管各国经济结构、政治制度、社会体制历经多次转变与升级，但伴随着经济周期繁荣与萧条的更替，金融危机并未呈现消退之势。特别是最近40年以来，全球性或区域性金融危机可谓接踵而至，例如20世纪80年代爆发的拉美与非洲债务危机、1997年爆发的东南亚金融危机、2008年爆发的全球金融危机，以及2010年爆发的欧债危机。2020年暴发的新冠肺炎疫情更是引发了全球金融市场的剧烈动荡。

作为在改革开放以来迅速崛起的追赶型经济体，中国迄今为止并未爆发过严重的金融危机。尽管目前中国尚未实现资本账户完全可兑换，但随着经济持续增长与市场不断发展，中国必将全面开放资本账户。在实现金融市场进一步开放的同时，中国势必面临更多的金融风险。寻求有效防范化解系统性金融风险的对策，对中国实现高质量发展而言至关重要。

尽管国际金融危机的具体类型有所差异，但危机的缘起似乎遵循着相似的规律。例如，过于宽松的货币信贷、居高不下的私人与政府部门债务、累积的经常账户赤字在各次国际金融危机爆发前屡见不鲜。在较长的时间维度内，在不确定性背后寻找确定性，在周而复始的变化中寻找规律，有助于找到危机背后的内生性原因，并探求其演进逻辑。

本章将从时间与国别的双重维度出发，梳理近百年来金融危机爆发的特征事实，探索危机演进的共性规律，并从发达经济体、发展中经济体、全球层面三重视角出发，提出化解风险、防范危机的应对之策。

一、寻找金融危机爆发的共性规律

传统研究多从外生性角度解释金融危机爆发的原因，强调源自外部的负面冲击是导致金融危机爆发的直接原因。第一代金融危机模型认为，对采用固定汇率制的小型开放经济体而言，当一国货币需求处于稳定状态时，国内信贷加速扩张将导致外汇储备流失和经济基本面恶化，而外部投机性攻击将冲击固定汇率制，使其难以为继，最终导致危机爆发[1]。第二代金融危机模型强调市场预期在危机爆发中的关键作用，而危机的发生往往是政府、投机者与其他市场主体在相互博弈过程中从一个均衡过渡到另一个均衡的过程[2]。第三代金融危机模型强调道德风险、隐性赤字等负面冲击将会加剧金融体系脆弱性，从而最终在投机者攻击

---

[1] P. Krugman, "A Model of Balance of Payments Crises", *Journal of Money, Credit and Banking*, 1979, 11, pp.311–325.

[2] M. Obstfeld, "Models of Currency Crises with Self-fulfilling Features", *European Economic Review*, 1996, 40（3–5）, pp.1037–1047.

下引发危机[1]。

随着时间的推移，越来越多的研究认识到，外生性负面冲击可能仅是危机爆发的导火索或临界条件。在冲击发生之前，一国经济基本面与金融体系其实已经发生不利的结构性变化。例如，在 20 世纪 80 年代拉美债务危机发生前，多数国家面临高企的通货膨胀率、政府赤字率与外债负担。又如，在 2008 年全球金融危机爆发前，美国金融体系内存在严重的过度借贷行为，导致私人部门杠杆率急剧攀升。这些文献更加关注金融危机的内生性成因，并致力于研究危机爆发、传染与扩散的全过程。

在国际金融危机中，流动性机制、信贷机制、周期性机制与信息机制是金融危机传染与蔓延的基本机制[2]：

第一，流动性机制是引发银行危机与金融市场危机的常见途径。由于银行资产端与负债端存在固有的期限错配，一旦遭遇"恐慌性挤兑"，就容易引发银行流动性危机[3]。如果将投资者划分为知情投资者（Informed Investors）与非知情投资者（Uninformed Investors），探讨流动性触发危机并通过乘数效应引起危机蔓延的机制[4]，即会发现在不同的分割市场中，当某一市

---

[1] P. Krugman, "Balance Sheets, the Transfer Problem, and Financial Crises", *International Tax and Public Finance*, 1999, 6 (4), pp.459–472.
[2] 马勇：《现代金融危机的基本机制：文献述评》，《金融评论》2010 年第 6 期。
[3] D. W. Diamond, and P. H. Dybvig, "Bank Runs, Deposit Insurance and Liquidity", *Journal of Political Economy*, 1983, 91 (3), pp.401–419.
[4] G. Calvo, and E. G. Mendoza, "Rational Contagion and the Globalization of Securities Markets", *Journal of International Economics*, 2000, 51 (1), pp.79–113.

场中的知情投资者被要求追加保证金时,将被迫出售其他市场中的有价证券,而当这种行为被误读为其他市场流动性不足的信号时,非知情投资者将大量抛售有价证券,进而引发多个市场的流动性不足,甚至触发金融危机。

第二,信贷扩张常常通过制造资产价格泡沫而最终引发金融危机。信贷过度扩张导致国内资金大规模涌入资本市场,持续推升资产价格。一旦资产价格泡沫破灭,将导致个人与企业陷入财务困境,加剧银行不良贷款的形成,这就是所谓的"信贷紧缩-不良贷款"陷阱[1]。近几十年来全球范围内的金融危机大部分与资产价格泡沫有关,这些资产价格泡沫存在以下特征:一是泡沫通常与新技术有关(新技术价值被高估);二是持有金融资产的投资者更多是进行投机而非投资;三是经济繁荣时期市场上酝酿着过度乐观情绪;四是资产价格泡沫通常得到充足银行信贷的支持。

第三,金融危机的爆发经常伴随经济周期由繁荣到衰落的更替。金融加速器理论指出,货币冲击经由资产价格与信贷配给之间的相互作用而被不断放大,促使金融危机与经济周期更替相互交叠,而资产负债表渠道与银行渠道则是两个重要的传导机制[2]。一些经验证据也表明,从较长时间维度来看,银行危机、金融市场危机与经济周期之间存在着高度相关性。例如,对美国银行危

---

[1] F. Allen, and D. Gale, "Financial Contagion", *Journal of Political Economy*, 2000, 108 (1), pp.1–31.

[2] B. S. Bernanke, M. L. Gertler, and S. Gilchrist, "The Financial Accelerator and the Flight to Quality", *The Review of Economics and Statistics*, 1996, 78 (1), pp.27–48.

机的实证研究发现，市场恐慌通常在经济周期处于高峰或高峰前出现。博尔多（Bordo）的研究进一步表明，金融危机的爆发与信用周期也高度相关[1]。此外，金融体系的顺周期性也在一定程度上解释了经济波动与危机爆发的相互关系[2]。

第四，信息机制在危机传导中扮演着重要角色。在信息不对称假设下，市场主体存在不确定性预期。一旦金融市场真实信息无法有效传递，金融危机爆发的概率将显著增加。而当金融市场存在高度信息不对称时，集体性"羊群行为"将会引发显著金融风险。

制度因素引发的经济结构变动也被通常用来解释金融危机的成因，尤其是汇率制度安排、金融自由化程度与政府干预程度等。例如，固定汇率制度或缺乏弹性的汇率制度通常被视为脆弱性更高的制度安排。米什金（Mishkin）与奥伯斯法尔德（Obstfeld）认为，一国政府维持固定汇率制度的承诺可被视为针对存款人的隐形担保，这将引发信贷加速膨胀。而一旦该国货币显著贬值，就很可能引发银行危机[3]。张（Chang）和贝拉斯科（Velasco）探讨了一旦出现流动性挤兑，实施固

---

[1] M. Bordo, "An Historical Perspective on the Crisis of 2007~2008", *NBER Working Papers*, No.14569, 2008.

[2] C. Borio, and P. Lowe, "Asset Price, Financial and Monetary Stability：Exploring the Nexus", *BIS Working Papers*, No.114, 2002.

[3] F. Mishkin, "Understanding Financial Crises: A Developing Country Perspective", *BER Working Papers*, No.5600, 1997; M. Obstfeld, "Destabilizing Effects of Exchange Rate Escape Clauses", *Journal of International Economics*, 1997, 43(12), pp.61–67.

定汇率制度国家的政策选择。他们认为,在流动性约束下,中央银行面临两难选择:如果介入并提供支持,将耗费巨大的外汇储备;如果放任不管,则银行破产概率将大大提升甚至容易引发系统性金融危机[①]。相比之下,采取浮动汇率制的国家能够充分实现中央银行的最后贷款人功能,避免预期自我实现的银行挤兑。

自20世纪70年代起,随着金融自由化在全球范围内的推进,一些新兴经济体过早地实现资本账户自由化,导致投机资本短时间内大量流入、债务激增与资产泡沫膨胀。福布斯(Forbes)和沃诺克(Warnock)的研究表明,大规模跨境资金涌入将导致一国宏观经济稳定性下降,这一过程通常伴随着汇率升值、通货膨胀、资产价格大幅波动、经常账户恶化等。随着银行放贷的激增,风险贷款与不良贷款的比例扩大,金融体系的脆弱性显著上升。一旦面临外生性冲击或资本流入急停甚至逆转,将会引发汇率危机[②]。

政府是否干预同样关乎危机的爆发、传染与扩散。例如,德科勒(Dekle)和克莱泽(Kletzer)构建了包含金融中介部门的动态随机一般均衡(DSGE)模型,结果显示政府监管不力是危机爆发的根本原因,而政府对银行部门干预过晚则是危机爆发的直接原

---

① R. Chang, and A. Velasco, "The Asian Liquidity Crisis", *NBER Working Papers*, No.6796, 1998.
② K. J. Forbes, and F. E. Warnock, "Capital Flow Waves: Surges, Stops, Flight, and Retrenchment", *Journal of International Economics*, 2012, 88(2), pp.235–251.

因[1]。克鲁格曼（Krugman）则将政府存款保险制度当作东亚金融危机爆发的根本原因[2]。这是由于政府的过度保护使得储户放弃对银行行为的监督，造成银行的过度风险承担，最终导致危机爆发。

金融危机的爆发常常伴随着一些宏观先行指标的变动，且不同类型的危机往往在爆发之前具有不同的先行指标预警。卡明斯基（Kaminsky）和莱因哈特（Reinhart）通过信号分析法比较了不同类型危机的早期预警，发现实际汇率与实际房价的变动能够有效预测银行危机[3]。在预测货币危机方面，实际房价变动不如实际汇率、银行危机、经常账户余额等指标有效。信号分析法尽管对危机爆发具有一定的预测作用，却不能准确预测泡沫破灭的时间、危机的严重程度和持续时间。这是因为政策制定者总是倾向于将危机信号作为旧框架下的无关扰动项，因此真正的危机预警还有赖于国际机构的监测。

值得指出的是，关于危机爆发成因的解释，无论是外生性冲击还是内生性冲击，大多都仅仅针对特定时期的特定事件，时间跨度有限。关于危机类型的研究，多数文献对货币危机与银行危机进行深入探索，而对其他类型危机的研究浅尝辄止。关于危机预警，多

---

[1] R. Dekle, and K. Kletzer, "Financial Intermediation, Agency and Collateral and the Dynamics of Banking Crises: Theory and Evidence for the Japanese Banking Crisis", Federal Reserve Bank of San Francisco, *Conference on Financial Issues in the Pacific Basin Region*, 2002, September, pp.26–27.

[2] P. Krugman, "Bubble, Boom, Crash: Theoretical Notes on Asia's Crisis", *MIT Working Paper*, Cambridge, Massachusetts, 1998.

[3] G. Kaminsky, and C. Reinhart, "The Twin Crisis: The Causes of Banking and Balance of Payments Problems", *American Economic Review*, 1998, 89（3）, pp.48–64.

数研究仅给出了早期预警指标。

换言之,迄今为止关于金融危机的研究缺乏长时段的考察,缺乏针对各种类型危机共性规律的深入探索。如果能够找到危机爆发的共性规律,就有望更好地防范和化解金融危机。

二、国际金融危机百年百态

自20世纪初至今,全球范围内已爆发了数百次林林总总的金融危机。这些危机分散在全球各大地区,波及的国家或多或少,持续的时间或长或短。在梳理国际金融危机演进的特征事实之前,有必要对金融危机的类型做出区分。根据莱因哈特和罗格夫(Rogoff)的研究,可将金融危机划分为两类:第一类是可量化定义的危机,包括汇率危机、通货膨胀危机与货币减值(通货膨胀),可以根据货币贬值的程度、国内物价上涨的程度等来判断是否爆发危机;第二类为以事件定义的危机,包括银行危机、外债危机与国内债务危机等,可以根据银行是否发生大面积倒闭或挤兑、外债是否违约、国内债务是否出现大面积违约或展期来判断是否爆发危机[1]。相比之下,主权债危机、银行危机和汇率危机爆发频率更高,更具有跨国传染性,也更容易引爆金融危机。本节将重点梳理近百年来全球范围内这三类金融危机爆发的特征事实。

---

[1] C. Reinhart, and K. S. Rogoff, "The Aftermath of Financial Crises", *NBER Working Papers*, No.14656, 2009.

（一）主权债危机

主权债务违约是金融危机爆发的常见形式。近百年来，全球范围内主权债务违约事件层出不穷（如图3-1）。全球范围内发生过两次集体性外债违约事件。第一次发生在第一次世界大战与第二次世界大战之间，诸多国家为偿还战争赔款而借入大量外债，最终酿成20世纪30年代的新兴市场国家债务危机。第二次是发生在20世纪80年代的拉美债务危机。诸多拉美国家面临财政与经常账户双赤字、居高不下的通货膨胀、跨境资本异常流入与本币显著高估，并积累了大量外债，最终导致多国集体性主权债务违约。

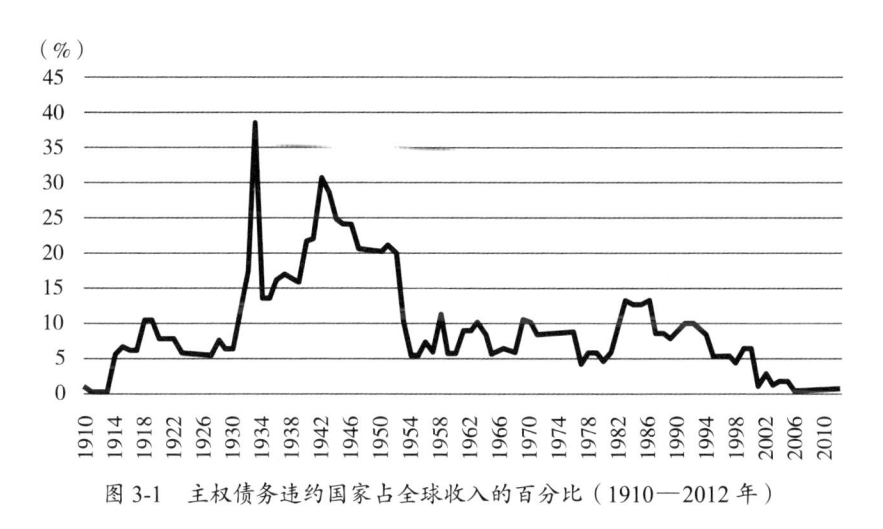

图3-1　主权债务违约国家占全球收入的百分比（1910—2012年）

数据来源：标准普尔。

从国别来看，除战争时期外，发生主权债务违约的国家主要是新兴经济体。首先，就违约频次而言，主权债务大范围违约大多发生在低收入国家与新兴市场国家中，例如 20 世纪 30 年代的新兴市场国家债务危机、20 世纪 80 年代拉美债务危机与 20 世纪 90 年代的东亚金融危机均为源于新兴经济体并进一步向外蔓延的重大外债违约事件。

其次，债务不耐（Debt Intolerance）始终是新兴经济体爆发危机的根源[1]。特别是对某些具有薄弱制度结构和不成熟政治体系的发展中国家而言，其政府容易将外债作为一种避免支出和税收两难抉择的诱人工具。而国际货币基金组织（IMF）指出，当新兴市场国家公共债务与 GNP 比值超过 35% 时，债务违约就开始显著增加[2]。

最后，近几十年来，国际资本周期性流动也是导致新兴市场国家主权债务违约高企的重要因素。新兴市场国家的国际资本流入具有显著的顺周期性，繁荣时期流入激增，经济衰退期间流入减少。上述规律导致新兴市场国家在经济衰退时期容易出现一系列违约。

（二）银行危机

图 3-2 刻画了近百年来银行危机与国际资本流动之间的关系。不难看出，在资本流动程度越高的时期，发生银行危机的国家占比就越高。换言之，在国际资本流动活跃的时期，银行危机

---

[1] K. S. Rogoff, M. A. Savastano, and C. Reinhart, "Debt Intolerance", *Brookings Papers on Economic Activity*, 2003, 34, pp.1–74.
[2] IMF, "Assessing Sustainability", *IMF Policy Paper*, No.11, 2002, http：www.imf.org/ external/np/pdr/sus/2002/eng/052802.htm.

的爆发具有较高的跨国传染性。例如，在 20 世纪 90 年代前后国际资本流动一度达到峰值，该时期内爆发了大范围的银行危机。该时期银行危机频发的另一个重要原因，是自 20 世纪 70 年代起很多新兴经济体先后开启了金融自由化进程，资本账户开放程度显著提高，却未及时完成汇率市场化改革与国内经济体制改革，缺乏应对外部风险的缓冲器，导致跨境资本大进大出，并最终引发银行危机。

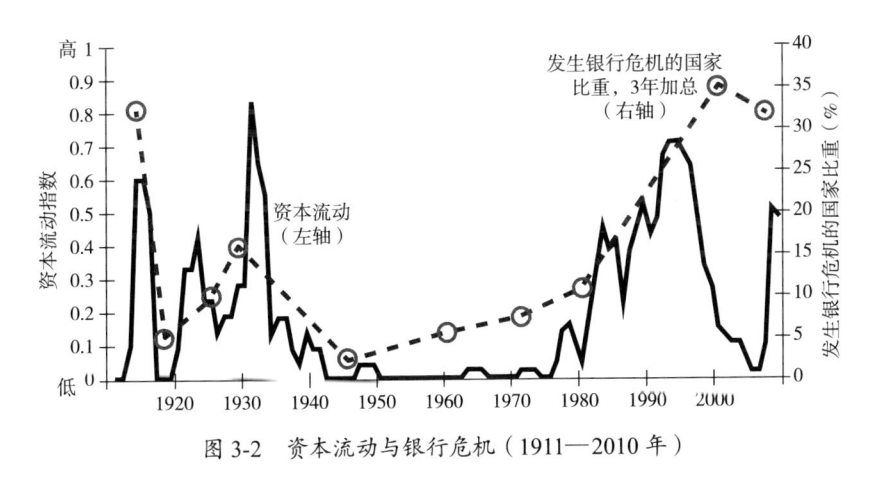

图 3-2 资本流动与银行危机（1911—2010 年）

数据来源：Kaminsky、Reinhart、Bordo、Obstfeld、Rogoff[1]。

---

[1] G. Kaminsky, and C. Reinhart, "On Crises, Contagion, and Confusion", *Journal of International Economics*, 2000, 51（1）, pp.145–168；M. Bordo, "An Historical Perspective on the Crisis of 2007~2008", *NBER Working Papers*, No.14569, 2008；M. Obstfeld, J. C. Shambaugh, A. M. Taylor, "The Trilemma in History：Trade-offs among Exchange Rates, Monetary Policies and Capital Mobility", *Review of Economics and Statistics*, 2005, 87（3）, pp.423–438；C. Reinhart, and K. S. Rogoff, "Is the 2007 US Sub-prime Financial Crisis so Different？ An International Historical Comparison", *American Economic Review*, 2008, 98（2）, pp.1–56.

与主权债危机不同，银行危机并无显著的国别特征。表3-1记录了各经济体自独立以来爆发银行危机的年份占比与危机数量。不难发现，银行危机在全球各大地区均有一定的爆发概率，在发达国家与新兴经济体组别中银行危机爆发数量几乎不相上下。

表3-1 银行危机发生频率与次数（各国自独立至2008年）

地区或组别	自独立以来银行危机的年份占比	银行危机数量
非洲	12.3%	1.3
亚洲	12.4%	1.8
欧洲	7.1%	1.4
拉丁美洲	9.7%	2
阿根廷、巴西与墨西哥	13.5%	3
北美洲	8.6%	1.5
大洋洲	7.0%	1.5
发达国家	7.0%	1.4
新兴市场国家	10.8%	1.7

资料来源：Reinhart 和 Rogoff[1]。

银行危机爆发与一国国内资产价格轮动之间存在着密切联系。银行危机往往爆发在实际房价的最高点或房价下跌崩塌后。股价一般在银行危机爆发一年前达到顶峰，而随着危机来临，股价下跌通常持续两至三年。

---

[1] C. Reinhart, and K. S. Rogoff, *This Time Is Different: Eight Centuries of Financial Folly*, Princeton University Press, 2008.

(三)汇率危机

一国对内币值稳定与对外汇率稳定通常是"镜像"关系。在大多数时候,通货膨胀与汇率危机均是一国政府滥用货币发行权,发行过多货币的结果。由图 3-3 及图 3-4 可知,在汇率危机爆发最频繁的 1970 年至 2000 年的 30 年间,各国平均通货膨胀率也一度达到顶峰。这说明根据汇率传递效应(Pass-Through Effect),汇率变动能够引发通货膨胀率的变动。

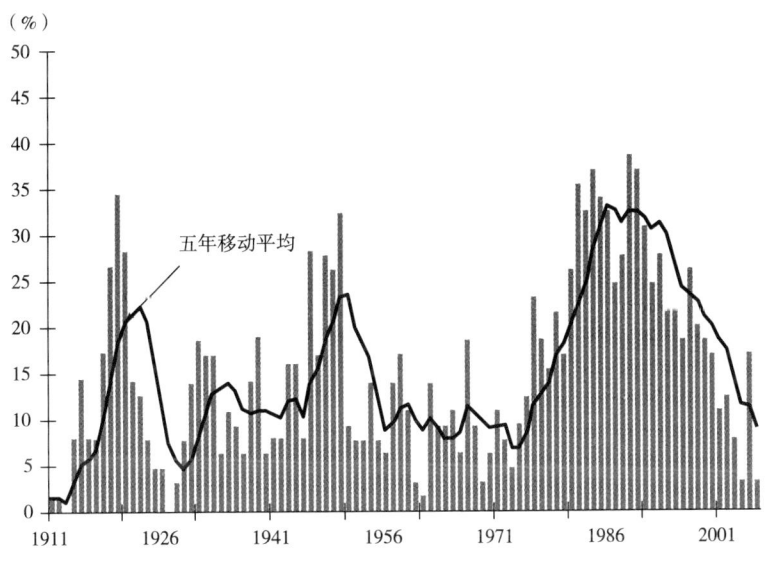

图 3-3 1911—2008 年货币贬值超过 15% 国家占比

数据来源:IFS(国际金融统计)及 Reinhart 和 Rogoff[1]。

---

[1] C. Reinhart, and K. S. Rogoff, *This Time Is Different: Eight Centuries of Financial Folly*, Princeton University Press, 2008.

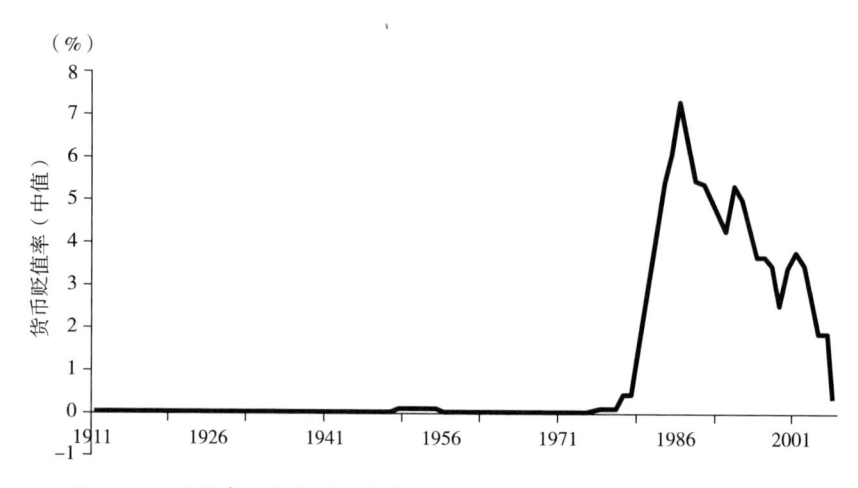

图 3-4　全球所有国家货币贬值率中值的五年移动平均（1911—2008 年）

数据来源：IFS 及 Reinhart 和 Rogoff[①]。

遭遇汇率危机与恶性通胀的国家常常面临货币转换的巨大成本。近百年来，不少国家选择了将货币与债务"美元化"以化解危机。然而，成功的反通胀政策并不意味着美元化程度将会显著下降。一国当前的美元化水平与该国历史上对外汇管制的依赖之间存在着紧密联系，而一国负债高度美元化，将使该国容易面临收入与债务货币错配的风险。

（四）如果中国爆发系统性金融风险

近百年来，全球范围内爆发了数次系统性金融危机，波及诸多地区。从历史经验来看，系统性金融危机的传导总是遵循着一

---

① C. Reinhart, and K. S. Rogoff, *This Time Is Different：Eight Centuries of Financial Folly*, Princeton University Press, 2008.

定的顺序。莱因哈特和罗格夫对近百年来严重金融危机的梳理发现：第一，在金融自由化进程中，一旦遇到外生性冲击，系统性金融危机的爆发与传导总是遵循着银行危机开启—货币崩溃—通货膨胀上升—银行危机白热化—国内与国外债务违约的路径；第二，系统性金融危机伴随着大量国内外债务违约，并可能引发恶性通货膨胀；第三，在危机传导中，国内外债务违约两者之间并没有确定的先后顺序。而在银行危机向债务危机的传导过程中，一国通常会开启资本管制或者增强金融抑制程度[①]。

笔者对中国系统性金融风险的爆发进行了模拟情景分析，总结出危机爆发六大传导步骤：第一，在国内利率显著上升或者国内经济增速显著下降的情况下，中国的私人部门与地方政府部门将被动"去杠杆"，违约事件将在房地产企业与地方政府之间交织累积，并不断放大；第二，随着借款主体违约加剧，借款者难以获得直接融资与间接融资，导致债务无法展期，造成更大面积的违约事件；第三，私人部门与地方政府部门违约加剧，将导致中国银行体系出现大量坏账，规模较小、资本充足率较低的中小商业银行将出现挤兑与危机，并蔓延至整个银行体系；第四，为避免银行危机进一步扩散，中央银行将承担最后贷款人角色，为商业银行提供担保与资本金支持，私人部门、地方政府部门的被动"去杠杆"将转化为中央政府的"加杠杆"；第五，中央银行"加

[①] C. Reinhart, and K. S. Rogoff, "Is the 2007 US Sub-prime Financial Crisis so Different? An International Historical Comparison", *American Economic Review*, 2008, 98（2）, pp.1–56.

杠杆"将造成未来加税或通胀上升的预期，这将导致资本外流并加剧人民币贬值压力，而人民币贬值反过来又将导致资本持续外流；第六，为避免资本持续外流，中央银行将提高政策性利率，这将进一步导致私人部门与地方政府部门出现更大规模的债务违约，从而引发恶性循环[①]。

三、探寻国际金融危机演进规律

通过梳理国际金融危机的百年动态，不难发现，金融危机的爆发与国际资本流动方向、经济与金融周期、经济体类型、资本管制程度密切相关。笔者将以国别视角梳理国际金融危机演进的一般趋势，特别是进入 21 世纪以来国际金融危机演进的普遍规律。

（一）数量：金融危机爆发的集聚性显著上升

自 20 世纪 80 年代以来，国际金融危机的爆发越来越呈现出全球性与区域性的特征。尽管和大萧条与第二次世界大战时期相比，金融危机爆发次数有所下降，但危机严重程度、持续时间和波及区域均显著扩大，例如，20 世纪 80 年代的拉美与非洲主权债务危机、1997—1998 的东亚金融危机、2008—2009 年由美国次贷危机引发的全球金融危机，以及 2010—2012 年的欧债

---

① 张明：《中国宏观杠杆率的演进特点、部门轮动与应对之策》，《上海金融》2020 年第 4 期。

危机。导致国际金融危机爆发的集聚性显著上升的原因大致包括：

其一，自20世纪70年代至80年代以来，随着拉美国家与非洲各国加快了贸易与金融自由化进程，全球贸易网络与金融网络的密度逐渐攀升。全球各区域间的商品与服务贸易、资金往来不断深化，逐渐形成了全球与区域范围内的"中心—外围"体系。一旦中心国与节点国家爆发债务危机、银行危机或货币危机，将通过贸易渠道、资产价格渠道、跨境资本流动渠道传递至网络内其他国家。

其二，近年来全球经济金融周期的影响愈发显著。随着各国经济增长协同性的增强，各国间经济指标变动也开始具有同步性特征。例如，失业率、住房价格指数、进出口与货币供应量的变动在国家间或区域间呈现出相似趋势，这就意味着由周期性因素或外生性冲击引致的金融危机可能在各国接连爆发。经济指标变动的协同性能够在一定程度解释近年来国际金融危机爆发的集聚性。

其三，中心国经济政策的溢出效应是导致近年来全球金融不稳定的重要因素之一。例如，美日欧英等发达经济体集体实施超级宽松货币政策在一定程度上推高了新兴经济体非金融部门杠杆率，加剧了后者对外部门的经济脆弱性。又如，发达国家经济政策特别是贸易政策的不确定性将会加剧新兴经济体出口部门的不确定性，导致经常账户波动性上升与逆转概率加剧。倘若新兴经济体本就面临严重的外生性冲击或国内基本面严重恶化，发达国家经济政策的负面溢出效应无疑会使该国雪上加霜，危机爆发的概率自然会显著上升。

（二）地域：源于发展中国家的危机更多，但是源于发达国家的危机更具破坏力

近百年来，除银行危机外，货币危机与债务危机在发展中国家的爆发次数显著高于发达国家。但是，源于发达国家的金融危机更具破坏性。

第一，从危机类型来看，近百年来的债务危机多在新兴经济体爆发。在新兴经济体转型为发达经济体的过程中，债务违约似乎是普遍现象。货币危机也多在新兴经济体爆发。这是由于新兴经济体在汇率制度方面多采取固定汇率制或爬行盯住汇率制，从而使得本国货币在受到投机者攻击时难以充分运用政策工具予以应对。

第二，经济全球化加速了贸易网络化与货币网络化，这就使得新兴经济体容易受到发达国家风险因素的冲击，而前者难以找到充足的政策工具予以应对。反过来，由于处于国际分工的外围，这就导致源于新兴经济体的金融危机的全球破坏力较为有限。

第三，从金融危机的传导渠道来看，金融渠道的传导作用远大于贸易。新兴经济体金融自由化程度不高，金融抑制现象明显，源于新兴经济体的金融危机难以通过全球化网络对全球构成系统性冲击。相比之下，源于发达国家的金融危机外溢效应更大、传播速度更快，容易造成全球系统性危机。例如，近百年来最严重的两次全球性金融危机——1929 年大危机与 2008 年全

球金融危机均是源于发达国家，并通过金融网络广泛快速传播的。在金融危机传导过程中，中心国家的溢出作用大于节点国家，节点国家的溢出作用则大于外围国家。

（三）转嫁：发达国家能够将危机成本转嫁给新兴经济体

发达国家在一定程度上能够将金融危机成本转嫁给新兴经济体，这也是源于发达国家的金融危机最终能够演化为全球金融危机的原因之一。发达国家转嫁危机成本主要依靠以下四个渠道：

第一个渠道是资产价格渠道。一旦发达国家爆发金融危机，将引起股市、债市、楼市价格剧烈下跌，资产价格波动性显著上升，而资产价格下跌的成本的很大一部分最终转嫁给全球投资者。

第二个渠道是利率渠道。当发达国家遭遇金融危机时，一旦常规货币政策空间受限，就可能采用量化宽松等非常规货币政策。发达国家大量释放流动性将会降低新兴经济体的融资成本，导致后者大量举债，显著推升后者各部门杠杆率。而随着发达国家在危机结束后实行货币政策正常化，新兴经济体就可能遭遇短期资本大量外流、本币显著贬值、资产价格泡沫破灭、外债负担加剧等冲击。

第三个渠道是汇率渠道。新兴经济体中仍有相当比例的国家采用固定汇率制度，而发达国家货币常是新兴经济体货币篮中的重要锚定货币。一方面，一旦由于金融危机爆发导致发达国家货币贬值，新兴经济体的汇率也将发生巨幅振荡。对外汇储备并不充足的国家而言，甚至存在引发货币危机的风险；另一方面，新兴经济体通常是发达国家的重要外部债权人，当发达国家金融危机爆发造成本币贬值时，新兴经济体的债权将严重受损。

第四个渠道是跨境资本流动渠道。在发达国家遭遇金融危机时，避险效应将导致国际资本大量流入新兴经济体，这部分资金多以短期投机资本为主。发达国家经济复苏将会导致国际资本流向逆转，资本从新兴经济体迅速抽离就可能引发危机。莱因哈特等指出，资本无序流动是新兴经济体金融体系不稳定的重要来源[1]。

四、各不相同的国际金融危机爆发深层原因

如前所述，国际金融危机的演进具有显著的国别特征与时间异质性。梳理不同类型国家金融危机爆发的深层原因，无疑有助于更好地防范化解系统性金融风险，并降低金融危机的负面影响。

（一）新兴经济体：监管薄弱与国际环境

第一，金融体系缺乏稳定性与脆弱性程度较高是新兴经济体爆发危机的重要原因。在监管薄弱的前提下，新兴经济体普遍存

---

[1] C. Reinhart, G. Kaminsky, and Vegh, C. "When it Rains, it Pours: Procyclical Capital Flows and Macroeconomic Policies", *NBER Working Papers*, No.10780, 2004.

在过度借贷问题，并将外部贷款视作避免政府支出与税收两难选择的工具。世界银行 WDI 数据显示，一些新兴经济体近百年来有近 1/3 的年份通货膨胀率超过 20%，而诸如阿根廷、玻利维亚、墨西哥等国家的通货膨胀问题更加突出。在爆发金融危机前，新兴经济体通常面临滞胀局面，再加上过早开放资本账户、外汇储备严重不足、银行体系资本充足率较低，这就导致外部冲击的负面效应容易在新兴经济体内部被放大。

第二，新兴经济体金融危机持续时间较长的重要原因是债务重组成本较高。新兴经济体之所以陷入债务违约，通常不是由于流动性不足，而是由于偿付能力有限。奥笛兹（Oudiz）和萨克斯（Sachs）的研究表明，假如一国借款是由多个贷款人提供，且单个贷款人金额较小，那么短期债务展期可能更符合贷款人利益[1]。但假如所有贷款人都拒绝债务展期，那么借款人将被迫违约。这个例子说明，如果债务人偿付能力不足，那么它将面临违约与不违约的多重均衡结果，而债务重组并不在任何均衡中。换言之，如果债权人认为债务人具有偿还能力，那么债务将会展期；如果债权人不相信债务人具有偿还能力，那么债务将会崩盘。

第三，国际资本流动的顺周期性是新兴经济体爆发危机的重要外部原因。在经济繁荣阶段，国际资本大量涌入新兴经济体。在经济衰退阶段，国际资本迅速大量回撤。这一规律导致新兴经济体在经济下行时容易出现流动性危机、债务违约与汇率大幅贬

---

[1] G. Oudiz, and J.Sachs, *International Policy Coordination in Dynamic Macroeconomic Models*, Social Science Electronic Publishing, 1984.

值，甚至引爆金融危机。

第四，政策工具缺失也是新兴经济体爆发危机且危机持续时间较长的重要原因。根据丁伯根法则，要实现 N 种经济政策目标，需要使用 N 种政策工具予以应对。例如，一些新兴经济体在过早开放资本账户的同时保留了固定汇率制度，在遭遇热钱大规模外流时，这些国家由于缺少足够的政策工具予以应对，最终不得不放弃固定汇率制度并陷入危机。

第五，以国际货币基金组织和国际清算银行（BIS）为代表的多边金融机构在危机预警、危机应对与危机救助方面依然存在较多缺陷，是新兴市场国家金融危机频发的重要原因。其一，尽管国际货币基金组织拥有大约 1 万亿美元可贷资金，但由于 IMF 贷款总处在发放与偿还过程中，实际上可贷资源没有表面上看起来那么多。其二，IMF 的贷款具有较强的针对性。满足紧急国际收支需求、用于危机应对的贷款额度相对较低。其三，IMF 成员国获得贷款，需要完成一个较长的工作流程，包括成员国政策当局提出申请、国际货币基金组织专家团队评估并提交包括债务可持续性（DSA）在内的评估报告、国际货币基金组织执董会审议等程序才能获批贷款。其四，国际货币基金组织的贷款具有很强的条件性。通常成员国要推行相关的财政、金融、结构性改革，且 IMF 执董会将每隔 3 个月或半年对改革进行审议，以决定发放贷款的持续性[1]。这就

---

[1] 蒋旭峰：《透析 IMF 全球危机救助工具箱》，《中国金融》2020 年第 11 期。

意味着，最终能够通过多边贷款成功应对金融危机的案例非常有限。

（二）发达经济体：过度膨胀与国际资本流动

第一，金融市场与产品过度创新、金融体系过度膨胀、资金大规模脱实向虚是发达国家爆发危机的重要原因。发达国家金融体系过度膨胀，过分依赖杠杆融资时，金融市场将变得越来越脆弱且容易遭受信心冲击。尤其是在经济繁荣时期，金融机构、高度负债的政府与企业倾向于将大量债务进行展期而不用担心偿付问题，这就导致了严重的债务期限结构错配以及总体杠杆率不断攀升，以至于最终酿成金融危机。

第二，私人部门高负债率与低储蓄率导致一些发达国家缺少应对危机的有效缓冲器。要在低储蓄率的前提下维持高水平的消费，居民部门就不得不大量举债。而经济衰退、资产价格大幅下跌、失业率显著上升，通常会导致居民部门偿债资金链条断裂，最终引发危机。

第三，国际资本流动大进大出也是导致发达国家爆发金融危机的重要原因。进入21世纪以来，尤其是2008年金融危机爆发后，国际资本流动的避险属性显著增强。这就导致发达经济体可能面临与新兴经济体一样的跨境资本大起大落，这也将提高发达国家爆发金融危机的概率。

五、苦口的良药：如何防范金融危机？

要更好地防范化解金融危机，各经济体除了完善自身金融体系、增强国内基本面稳定性、管理跨境资本流动之外，还需依靠区域与全球层面的协调与合作。

（一）开给新兴经济体的药方

首先，要避免债务危机爆发，必须有效约束政府举债行为，政府应规避过度依靠债务进行融资（无论是国内债务还是国外债务）。经验证据表明，持续的财政盈余、相对较低的负债水平、以长期借贷为主、没有过多的隐性负债，是降低债务危机爆发的良方。

其次，新兴经济体中央银行应建立独立科学的货币政策操作框架，克服财政赤字货币化的诱惑。近五十年来的历史表明，通货膨胀失控是导致货币危机爆发的重要原因之一。保持央行的独立性与建立通货膨胀目标值，是避免恶性通胀与汇率危机的重要手段。

再次，私人部门（企业和家庭部门）应避免过度负债。新兴经济体仍需重视国内储蓄及外汇储备在抵御金融危机时的缓冲器作用。

最后，应通过完善跨境资本流动监测体系、建立宏观审慎监管框架、保留合理的资本管制措施来应对跨境资本异常流动造成的负面冲击。

（二）开给发达经济体的药方

首先，发达经济体应警惕金融创新背景下信用体系过度扩张、高度杠杆化、影子银行加速扩张及资金脱实向虚等风险。这意味着要强化逆周期金融监管体系，消除监管漏洞，避免利益集团对监管部门的俘获等。

其次，政府应该约束公共财政支出，避免政府杠杆率过快上升。相应财政规则约束包括债务规则、预算平衡规则、支出规则与税收规则等。发达经济体可以在限定政府总体支出规模的同时，引入数量型财政规则，建立预警系统监测财政预算平衡情况。

最后，中央银行货币政策操作在关注通货膨胀的同时还应考虑资产价格的异常变动，并与宏观审慎工具搭配使用以进行逆周期调控。此外，央行应尽量克服现代货币理论（Modern Money Theory）的诱惑，不要实施大规模的财政赤字货币化，毕竟这会在中长期内损害该国货币的国际声誉。

（三）注重区域与全球层面的协调

首先，应更加充分地发挥国际组织与第三方机构的作用，并加强全球和区域层面的协调合作。国际组织与第二方机构应提高各成员国报告数据的透明度并强化监管。国际社会应充分关注中心国国内政策的负面溢出效应，并采取有效政策进行应对。

其次，多边性金融机构应建立更广泛的危机预警指标体系，并对不同收入水平和发展程度的国家采取不同的监测与监管方案[①]。例如，国际货币基金组织亟须针对不同汇率制度、不同经济发展程度的国家量身定制跨境资本流动预警指标，并制定针对异常跨境资本流动的监测方案。

最后，应构建更完善的全球金融安全网并加强国家间与区域间的政策协调。有效管理跨境资本流动有助于遏制金融风险的跨国传染。各国在制定跨境资本流动管理政策时，应充分考虑到他国政策的外溢性与母国政策的负外部性。奥斯瑞（Ostry）等对此提出了更加具体的政策建议：一是资本管制政策不能替代必要的内外部调整；二是各国不能完全寄希望于通过市场力量自发调节内外部均衡；三是多边金融机构应同时对资金来源国与流入国加强监测与管理；四是跨境资本频繁出入的国家应加强区域层面管制资本流动的协调与合作[②]。

---

① A. Korinek,"Managing Capital Flows：Theoretical Advanced and IMF Policy Frameworks", *IEO background paper*, BP/20–02/01, 2020.
② J. Ostry, A. Ghosh, and A. Korinek,"Multilateral Aspects of Managing the Capital Account", *IMF Discussion Note*, 2012, 12（10）.

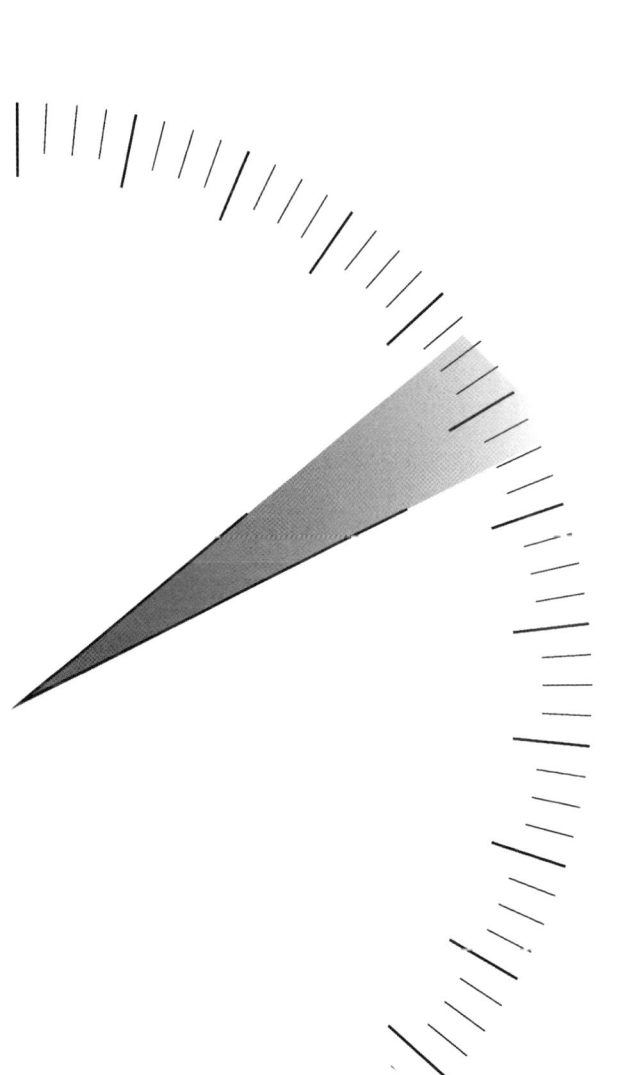

CHAPTER 04

警惕发达国家的跨国公司:

数字经济时代的东印度公司

在全球化的今天，跨国公司作为"无国籍的世界公民"，已成为影响世界经济政治走向的重要力量。有些跨国公司的经济实力已超越了很多国家。例如，一些大型跨国公司的内部贸易规模足以替代国家之间的贸易往来；再如，在世界 500 强跨国公司的排名中，排在前十的跨国公司的销售额均超 1000 亿美元，这已远超世界上许多中小国家的 GNP 水平。拥有强大经济实力的跨国公司在世界经济领域发挥了举足轻重的作用[1]。跨国公司有两个方式来控制全球市场、影响全球化转型：一是控制全球具有战略意义的部门；二是进行跨国公司间的联合[2]。从全球秩序治理而言，跨国公司可与主权国家比肩，成为影响世界秩序的重要力量，甚至具备以非暴力方式侵犯主权国家的能力。例如，在冷战期间，在中情局对东道国政权的颠覆中，来自美国的跨国公司就扮演了"帮凶"的角色。

人工智能、大数据的发展对世界政治产生了强大的冲击，技术变化正在深刻改变世界权力的结构。掌握大量人工智能技术的科技型跨国公司对技术的垄断，增加了跨国公司的政治性权力[3]。黄益平（2021）指出，随着数字经济的发展，数据变成一种新的生产要素。相对于土地、资本和人力资本这类需要一定积累的

---

[1] 黄河：《全球化转型视野下的跨国公司与全球治理》，《国际观察》2017 年第 6 期。
[2] 向红：《全球化与反全球化运动新探》，中央编译出版社 2010 年版，第 237 页。
[3] 许开轶、部彦君：《人工智能推动国际权力扩散的路径探析》，《江海学刊》2021 年第 1 期。

传统生产要素,数据生产要素给后进国家提供了"弯道超车"的机遇①。

技术创新对世界政治经济构成的冲击,往往是经由跨国公司产生影响。快速进步的技术、跨国公司对市场份额的垄断及科技公司的全球化特征,使得监管者很难对其进行监管②。目前,鲜有文献专门刻画过去三十年来跨国公司的发展趋势和动态演变,特别是互联网平台跨国公司对世界政治经济的新影响。本章旨在回顾过去三十年全球跨国公司的发展趋势,梳理跨国公司在各重要方面的潜在影响,并在此基础上提出治理建议。

一、发达国家跨国公司的强大影响力

跨国公司早已成为影响世界政治经济走向的一股强大力量。跨国公司凭借其在全球市场上的垄断势力而不断发展壮大,对世界各国经济社会文化发展产生了不确定的影响③。

(一)推动技术溢出

跨国公司对推动全球技术进步有着重要影响。跨国公司的海

---

① 黄益平:《数据治理与反垄断需要新思路》,CF40公众号,2021年8月10日。
② 梯若尔:《数字时代的竞争与产业挑战》,中国经济报告公众号,2021年8月27日。
③ 史丹、余菁:《全球价值链重构与跨国公司战略分化——基于全球化转向的探讨》,《经济管理》2021年第2期。

外投资行为会产生包括技术溢出等外部性[①]。技术溢出是指跨国公司在海外生产经营过程中，其技术成果被其他经济体无成本地获取的过程[②]。在新兴市场国家跨国公司兴起之前，以发达国家跨国公司为中心节点的技术溢出网络和技术传导格局，是技术溢出的主要表现形式。

新兴市场国家跨国公司改变了这一格局。新兴市场国家通过主动介入发达国家主导的技术溢出网络来获取更多的技术。当前，技术溢出扩散方向主要是从发达国家向其他国家扩散。但新兴市场国家跨国公司增加了技术溢出的网络节点数量和网络节点之间的联系。由此，新兴市场国家跨国公司的兴起改变了全球技术溢出格局[③]。

（二）全球垄断影响世界经济

垄断是跨国公司影响世界经济的重要手段，而全球价值链是跨国公司对世界经济产生影响的重要路径。

[①] Perri，Alessandra，and Enzo Peruffo，"Knowledge Spillovers from FDI：a Critical Review from the International Business Perspective"，*International Journal of Management Reviews*，2016，18（1），pp.3–27；符磊、朱智洺：《新兴国家跨国公司与技术溢出：研究框架与热点问题》，《世界经济与政治论坛》2019年第4期。

[②] Perri，Alessandra，and Enzo Peruffo，"Knowledge Spillovers from FDI：a Critical Review from the International Business Perspective"，*International Journal of Management Reviews*，2016，18（1），pp.3–27.

[③] 符磊、朱智洺：《新兴国家跨国公司与技术溢出：研究框架与热点问题》，《世界经济与政治论坛》2019年第4期。

1. 垄断

笔者将从非股权经营安排和技术垄断两方面来展开分析。

非股权经营安排是介于直接投资和贸易之间的一种经营方式，跨国公司对东道国公司的控制通过签订合同协议获得[①]。代表性的非股权经营安排有特许经营、服务外包等。跨国公司采取非股权经营安排的方式，是对东道国进行控制的基础，是跨国公司对技术和市场进行垄断的方式之一。

技术垄断是跨国公司的另一种垄断形式，由此形成"技术－工业"依附[②]。跨国公司向不发达国家的工业部门进行投资是形成"技术－工业"依附的重要表现形式[③]。"技术－工业"依附也给东道国带来三个问题：一是影响东道国的资本积累。跨国公司会把从东道国赚取的利润汇回母国，这不利于东道国的资本积累，同时跨国公司也会对东道国的经济形成一定的控制力。二是东道国会通过提供优惠的投资政策来吸引跨国公司的投资，甚至接受不太合适的条款。三是东道国在引进跨国公司的技术和专利时所产生的费用，及跨国公司收益的汇进汇出，都会影响东道国的国际收支状况。

---

① 陈子烨、李滨：《中国摆脱依附式发展与中美贸易冲突根源》，《世界经济与政治》2020年第3期。
② 陈子烨、李滨：《中国摆脱依附式发展与中美贸易冲突根源》，《世界经济与政治》2020年第3期。
③ ［巴西］特奥托尼奥·多斯桑托斯：《帝国主义与依附》（修订版），杨衍永等译，社会科学文献出版社2017年版，第263页。

2. 全球价值链

跨国公司是推动全球价值链分工的主体[①]。根据联合国贸发会议（UNCTAD）发布的《世界投资报告》（2014版）公布的数据，全球跨国公司80%的总附加值份额是由2%的大型跨国公司所创造的。从全球贸易来看，跨国公司对全球贸易额的贡献较大，仅跨国公司内部贸易的交易额便已占据了全球贸易份额的33.2%[②]。

全球产业链分工导致跨国垄断资本大规模的扩张[③]。来自西方发达国家的跨国公司拥有核心垄断优势，其在全球生产链中占据主导地位。全球价值链的分工格局也影响到了不同经济体的利益获取，高额附加值往往被发达国家的跨国公司所获取，发展中国家的跨国公司获得的附加值却较少。此外，跨国公司的转移定价行为进一步压缩了来自发展中国家跨国公司的附加值份额。

在跨国公司主导的全球价值链分工格局下，收入不平等问题日益凸显。这不仅体现在国家与国家之间的收入不平等，也体现在一个国家内部不同群体之间的收入不平等。这也导致国家的社会内部发生撕裂，民粹主义与保守主义崛起，同时加剧了国际经

[①] 葛琛、葛顺奇、陈江滢：《疫情事件：从跨国公司全球价值链效率转向国家供应链安全》，《国际经济评论》2020年第4期。
[②] UNCTAD, *World Investment Report 2013*：*Global Value Chains*：*Investment and Trade for Development*, New York：United Nations, 2013.
[③] 陈子烨、李滨：《中国摆脱依附式发展与中美贸易冲突根源》，《世界经济与政治》2020年第3期。

贸摩擦。

（三）政治寻租影响国际政治

跨国公司采用经济力量来影响政治决策。一方面，跨国公司的高层表现出了政治家化的特征，其常对与公司经营无关的公共议题进行有意表态①。2015 年，查特吉（Chatterji）和托菲尔（Toffel）提出了"首席执行官行动主义"（CEO Activism），即公司高管会对与公司经营事务无关的公共事务表达立场，进行价值判断，运用经济力量干预政治。

另一方面，"旋转门"是跨国公司影响政治决策的另一种形式②。"旋转门"是利益集团牟取私利的一种机制，指个人在私人部门和公共部门之间的职业转换。"旋转门"的形式包括公司高管和商业利益集团游说者进入政府部门担任要职，也包括政府部门官员到私人部门担任高管职位③。以美国为代表的跨国公司常通过"旋转门"来参与政策制定，为自身经营谋取利益，通过设定行业法规和管制政策来限制竞争对手。例如，美国电话电报公司作为美国老牌的跨国电信公司和电信业重要利益集团，主要通过如下三种方式参与政治：一是成立专门的政府事务部门吸纳"旋

---

① 郝诗楠：《"自由"与"不自由"：高科技跨国公司的政治化与国家化》，《国际展望》2021 年第 3 期。
② 石培培：《大数据视角下的美国"旋转门"关系网——基于 1.6 万余名美国公职人员的数据分析》，《当代世界》2017 年第 9 期。
③ 石培培：《大数据视角下的美国"旋转门"关系网——基于 1.6 万余名美国公职人员的数据分析》，《当代世界》2017 年第 9 期。

转门"人物；二是维系或支持政治行动委员会；三是利用"旋转门"人物开展游说。

跨国公司受到国内制度和国际规则的双重制约，跨国公司领导人必须同时与外国政府和国内政府打交道[①]。因此，跨国公司在一国经济中所占经济份额越大，介入政治政策的可能性就越大。

以财阀著称的日韩跨国公司将强化政治纽带作为商业战略[②]。这些跨国公司的发展受益于国家资本的高度集中，而通过权力寻租获得高额利润。东亚大型跨国公司的发展模式在一定程度上经历着西方国家曾经走过的历程，但前者在国内政治寻租过程中表现得更为淋漓尽致。

二、来自中国的抗衡：跨国公司的新变化

过去 30 年以来，随着经济与金融全球化的深入以及技术进步的变迁，全球跨国公司及其投资行为发生了重大变化。

（一）国际直接投资主导世界

1990 年至 2019 年期间，国际直接投资增长迅速。从 20 世纪 90 年代起，国际直接投资受到技术进步、生产过程精细化、

[①] 张屹：《东亚跨国公司主体性建构与国家转型》，《湖北社会科学》2018 年第 6 期。
[②] 张屹：《东亚跨国公司主体性建构与国家转型》，《湖北社会科学》2018 年第 6 期。

跨境供应链发展的推动，跨国公司的生产经营日益嵌入到全球价值链当中。跨国公司成为国际投资与生产的主要承担者，几万个跨国公司就可以"主导一切"[①]。相对于1990年，2000年至2020年，跨国公司的海外直接投资的流量、存量和销售额等都呈现出了迅猛发展的趋势（见表4-1）。

表4-1　1990年至2020年跨国公司经营情况对比

项目	按现行价格计算的价值（10亿美元）					
	1990	2005—2007危机前平均水平	2017	2018	2019	2020
直接外资流入量	205	1425	1647	1437	1530	999
直接外资流出量	244	1464	1605	871	1220	740
内向直接外资存量	2196	14607	33162	32784	36377	41354
外向直接外资存量	2255	15316	32851	31219	34351	39247
内向直接外资的收入	82	1119	2084	2375	2202	1745
内向直接外资收益率（%）	5.4	8.8	6.3	6.9	6.2	4.7
外向直接外资的收入	128	1230	2101	2330	2205	1802
外向直接外资收益率（%）	7.6	9.5	6.4	6.8	6.3	4.9
跨境并购	98.0	729.2	694.0	815.7	507.4	475.0
外国子公司销售额	7615	28444	30866	33203	–	–
外国子公司的增加值（产值）	1588	6783	8244	8254	–	–
外国子公司总资产	7305	70643	114441	110220	–	–

[①] 程恩富、鲁保林、俞使超：《论新帝国主义的五大特征和特性——以列宁的帝国主义理论为基础》，《马克思主义研究》2019年第5期。

（续表）

项目	按现行价格计算的价值（10亿美元）					
	1990	2005—2007 危机前平均水平	2017	2018	2019	2020
外国子公司员工数（千人）	30861	68057	82600	85504	—	—
生产总值	23627	52546	80834	85893	87345	84538
固定资本形成总额	5748	13009	20938	22743	23090	22260
特许权和许可证收费	31	179	391	427	419	394

资料来源：UNCTAD[①]。

在 1990 年至 2000 年期间，发达国家之间的相互投资形成了全球三大投资圈，其分别为北美投资圈（以美国为中心）、欧盟投资圈（以德国为中心）、亚洲投资圈（以日本为中心）。从投资行业来看，石油化工、机械制造、电子设备等是该阶段跨国公司的主要投资领域。

在 2001 年至 2018 年期间，国际直接投资进入波动上升阶段，国际直接投资规模较大。在 2008 年金融危机的冲击之下，国际直接投资的增长出现出波动盘整状态。从投资行业来看，全球跨国公司在 2001 年主要聚焦于石油化工、汽车、电信、电气和电子设备等行业，而 2018 年则主要聚焦于高科技、生物制药、自动化、电信、建筑等行业。

根据联合国贸发会议发布的《世界投资报告》（2020 年版）

---

① UNCTAD, "New York and Geneva：United Nations Conference on Trade and Development", *World Investment Report*, p.40.

统计资料来看,有三大因素推动了 1990 年至 2010 年间国际直接投资的快速增长。这三大因素分别为:一是贸易自由化和出口导向型增长政策;二是要素成本差异和贸易成本下降;三是技术进步。而在 2010 年之后,国际直接投资增长放缓的主要原因在于:一是保护主义的回归和政策的不确定性;二是国际直接投资回报率下降;三是数字技术有利于轻资产形式的国际生产(表4-2)。换言之,推动国际生产早期增长的相同因素,即政策(自由化和出口导向型增长政策)、经济(贸易成本下降)和技术(允许生产过程的精细化和跨国界供应链协调的进步),在 2010 年之后开始向相反的方向起作用,成为国际直接投资增长发生波折的主要原因。

表 4-2　国际生产增长和放缓关键因素分析

因素	1990—2010 年:增长的驱动力	2010 年至今:经济放缓的原因
政策	贸易自由化和出口导向型增长政策	保护主义的回归和政策的不确定性
经济	要素成本差异和贸易成本下降	国际直接投资回报率下降
技术	技术进步	数字技术有利于轻资产形式的国际生产

资料来源:UNCTAD[①]。

(二)中国的对外直接投资异军突起

2000 年至 2019 年,发达国家国际直接投资的占比虽然逐

---

① UNCTAD, "New York and Geneva: United Nations Conference on Trade and Development", *World Investment Report 2021*, p. 40.

渐下滑，但其依然是国际直接投资和全球化生产的主导力量。

1990年，发达国家投资在全球国际直接投资流量的占比高达95%，发展中国家投资占比仅为5%。2018年，来自发达国家的国际直接投资流量占比下降为55%，而发展中国家的占比攀升至41%并达到历史性峰值。2019年，发达国家国际直接投资占比反弹至70%，而发展中国家占比相应下降至28%（图4-1）。

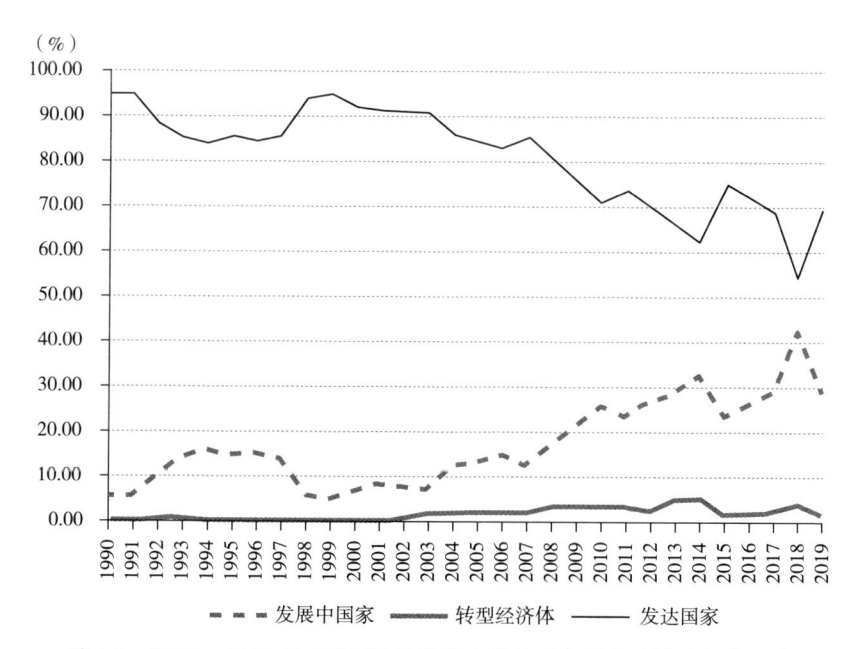

图4-1 1990—2019年不同经济体国际直接投资来源占世界总投资比重

数据来源：UNCTAD[①]。

从国别来看，美国、英国、荷兰、日本、加拿大和中国是最主

---

① UNCTAD, "New York and Geneva: United Nations Conference on Trade and Development", *World Investment Report 2021*, p. 40.

要的投资来源国。在2000年到2019年的20年时间里，除2005年和2018年之外，美国都是全球第一大对外直接投资国。荷兰和日本分别在2005年和2018年位居全球第一大对外直接投资国。

（三）跨国公司大跃进

在过去30年内，跨国公司变得越来越国际化，其在海外的资产、销售额和雇员份额稳步增长。从联合国贸发会议构造的跨国指数来看，1990年至2010年，排名前100家跨国公司的平均跨国指数（TNI）增长迅速，即它们的海外资产、销售额和员工的相对份额呈现快速上升趋势。在2010年之后，跨国指数（TNI）趋于平稳，保持在65%的水平，这与全球国际直接投资演进的情形大致相近。跨国指数（TNI）不再增长的部分原因是前100家跨国公司的名单组成发生了变化。由于新兴市场国家的跨国公司国际化水平相对较低，新兴市场国家跨国公司兴起，拉低了跨国指数（TNI）。

（四）中国正主导跨国公司新变革

根据美国《财富》杂志世界500强排行榜，全球跨国公司的国别分布在1995年至2019年间呈现出三大趋势（图4-2）：一是来自美国和日本的跨国公司一直雄踞世界500强榜单前列。但近年来，来自美国和日本的跨国公司数量有所下降。二是从2009年起，来自中国的跨国公司数量在榜单中呈现快速攀升态势。2019年，有124家跨国公司来自中国内地与中国香港地区，这在历史上第一次超过美国（121家）。2020年，中国企业上榜数量进一步超越美国，来自中国内地与中国香港地区的跨国公司数量突破135家，加上中国台湾地区的跨国公司，上榜企业达到了143家。三是来自法国、德国、英国、韩国等发达国家的跨国公司数量在世界500强榜单中一直比较稳定。

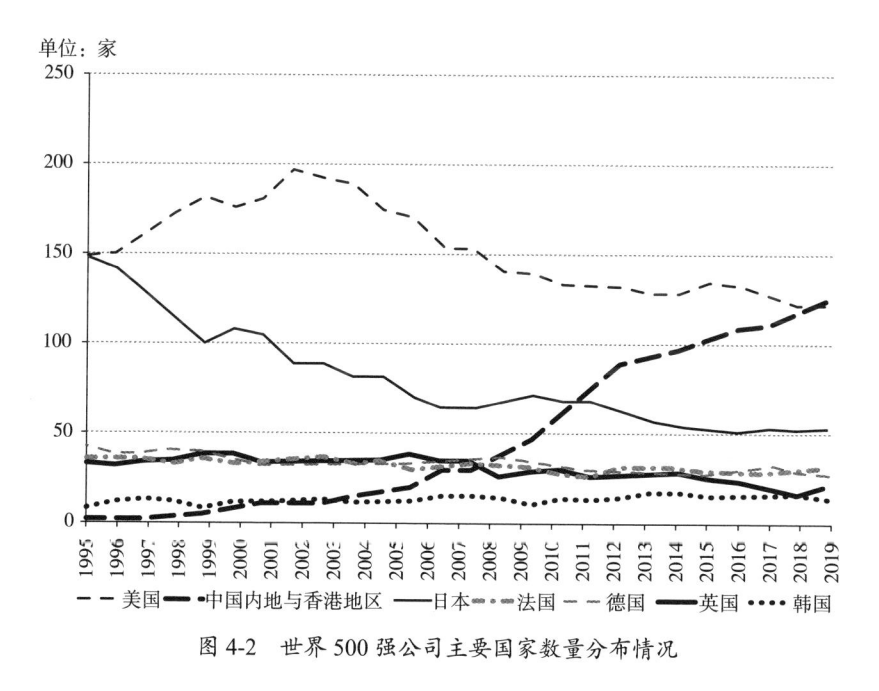

图4-2 世界500强公司主要国家数量分布情况

数据来源：财富中文网。

近年来，新兴市场国家跨国公司开始崛起（图4-3）。根据美国《财富》杂志世界500强企业排行榜来看，在1994年至2019年间，来自新兴市场国家跨国公司数量在逐年增加。在1994年，仅有15家来自新兴市场国家的跨国公司跻身世界500强榜单。到了2019年，有超过174家世界500强跨国公司来自新兴市场国家。与此对应的是，来自发达国家及其他国家的跨国公司数量在逐年下降，截至2019年，有326家世界500强跨国公司来自发达国家及其他国家。

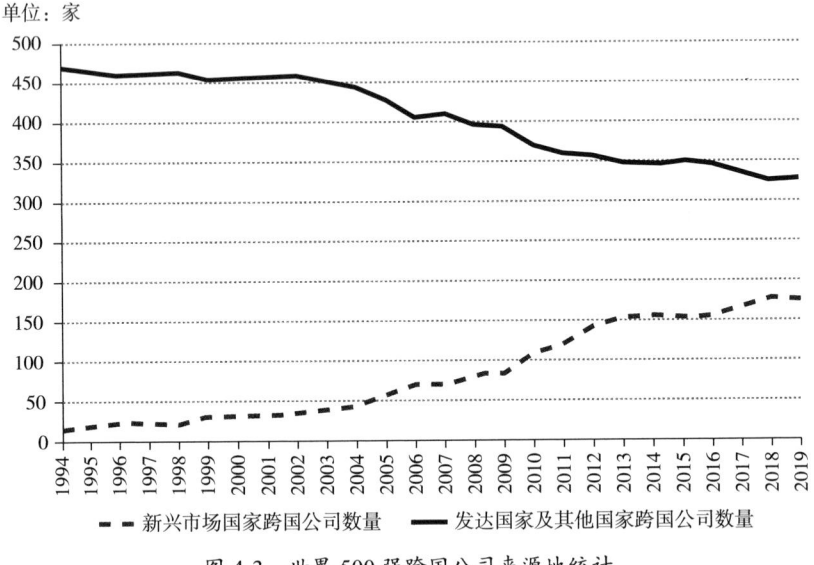

单位：家

图4-3 世界500强跨国公司来源地统计

数据来源：财富中文网。

（五）凌驾于美国GDP的世界500强

大型跨国公司的经营收入往往可以与一国的GDP匹敌。从美国《财富》杂志世界500强排行榜公司历年的经营数据来看（图4-4），从1995年至2019年，世界500强跨国公司的营业收入持续高于美国的GDP。但在2008年全球金融危机爆发后，有些跨国公司经营状况恶化，经营一度跌入低谷，但随后发生了强劲反弹。2019年，世界500强跨国公司的总营业收入总和，接近33万亿美元。这一数字近乎中国和美国两个国家GDP

的总和，这也创下了历史新高。2020 年，沃尔玛位居世界 500 强第一位，其营业收入高达 5591.51 亿美元，这超过了瑞典在 2020 年的 GDP（5376.10 亿美元）。

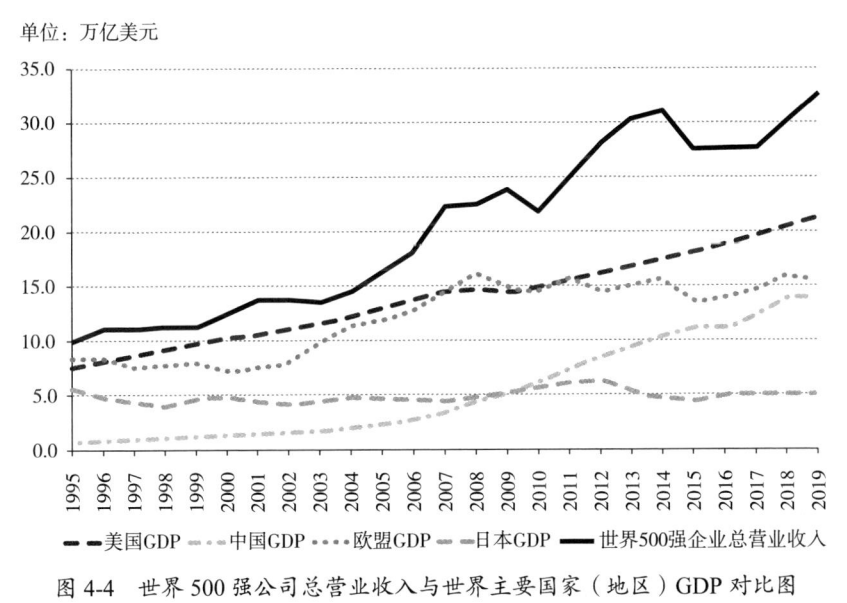

单位：万亿美元

图 4-4　世界 500 强公司总营业收入与世界主要国家（地区）GDP 对比图

数据来源：世界银行、财富中文网。

（六）跨国公司行业新变化

过去十年来，数字技术在生产和生活中的普及造就了服务贸易的繁荣，数字和技术型跨国公司开始崛起。随着数字经济的发展，跨国公司海外业务对实物资产投资的依赖程度越来越低。2020 年的《世界投资报告》披露，在该年度 100 家最大跨国公司排名中，轻资产科技跨国公司的数量从 2010 年的 4 家增加到 2020 年的 15 家。相比之下，制造业跨境绿地投资的占比显著下降，即使在亚洲也是如此。

"非数字化"跨国公司（尤其是制造业公司）供应链的数字化转型刚开始。传统跨国公司供应链的数字化转型在很大程度上已经与它们现有的国际生产配置结合起来。不过，对于大多数行业和公司来说，产品的设计地点、零部件的制造地点和组装地点尚未发生根本变化。

世界 500 强跨国公司在行业分布上的特征，佐证了 2020 年《世界投资报告》。银行业、石油冶炼、机动车辆及零件、食品及药品商店、保险业仍是跨国公司的主要分布行业。但在 2001 年之后，互联网服务及零售业、网络及其他通信设备行业的大型跨国公司逐渐涌现并呈现显著上升趋势（图 4-5）。

图例：
— 银行：商业和储蓄
— 石油冶炼
-·- 机动车辆及零件
-- 食品及药品商店
-- 保险：人寿、健康（股票）
…… 互联网服务及零售业、网络及其他通信设备
-- 电信

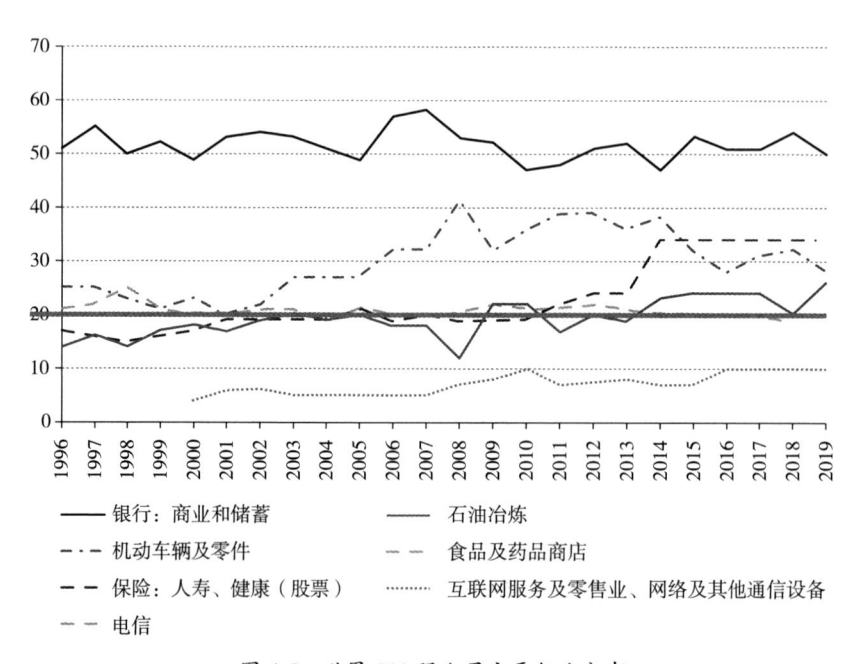

图 4-5 世界 500 强公司主要行业分布

数据来源：财富中文网。

伴随着行业分布的变化，1990年至2019年，全球市值排名前十的跨国公司也发生了巨大的变化（见表4-3）。在1990年，

表4-3 1990—2019年全球市值前十跨国公司变迁

国家	1990	行业	国家	2000	行业
日本	日本电信电话公司	通信及硬件	美国	微软	互联网软件
日本	东京三菱银行	金融投资	美国	通用电气	通信及硬件
日本	日本兴业银行	金融投资	日本	NTT Domoco	通信及硬件
日本	三井住友银行	金融投资	美国	思科	通信及硬件
日本	丰田汽车	大众消费	美国	沃尔玛	大众消费
日本	日本富士银行	金融投资	美国	英特尔	通信及硬件
日本	日本第一劝业银行	金融投资	日本	日本电信电话公司	通信及硬件
美国	IBM	通信及硬件	美国	埃克森美孚	石油
日本	日本联合银行	金融投资	美国	朗讯	通信及硬件
美国	埃克森美孚	石油	德国	德国电信	通信及硬件
国家	2010	行业	国家	2019	行业
中国	中国石油	石油	美国	微软	互联网软件
美国	埃克森美孚	石油	美国	苹果	互联网软件
美国	微软	互联网软件	美国	亚马逊	互联网软件
中国	工商银行	金融投资	美国	谷歌	互联网软件
美国	沃尔玛	大众消费	美国	脸书	互联网软件
中国	建设银行	金融投资	美国	伯克希尔哈撒韦	金融投资
澳大利亚	必和必拓	石油	中国	阿里巴巴	互联网软件
英国	汇丰银行	金融投资	中国	腾讯	互联网软件
巴西	巴西国家石油	石油	美国	强生	大众消费
美国	苹果	互联网软件	美国	JP摩根	金融投资

资料来源：通过网络手工收集获得，见https://xueqiu.com/6288156821/125776329?from=singlemessage。

来自金融投资、通信及硬件、大众消费和石油行业的公司占据了榜首。在 2000 年，来自通信及硬件行业公司占据了主要份额。在 2010 年，来自石油、金融投资、互联网软件行业的企业名列前茅。但到了 2019 年，来自互联网软件行业的科技巨头跨国公司（Big Tech）占据了主要位置，具体包括微软、苹果、亚马逊、谷歌、脸书、阿里巴巴和腾讯。

（七）中国深度入场跨境投资

近三十年来，国家主导的跨境投资变得越来越普遍。国家主导的主权财富基金在管理结构和运营模式上与养老金、捐赠基金和基金会相差无几。所有这些机构也都依赖全球金融市场来获得投资收益。国家资本国际化背后无疑会涉及地缘政治利益。国家可以被理解为市场创造者、监管者或资本（国内）的代表等不同角色，而且国家在经济事务中的角色也随着历史发展而变化。但无论如何，国际市场对国家资本主导的跨境并购还是充满了警惕与疑虑情绪。

从国别来看，德国、阿拉伯联合酋长国、沙特阿拉伯、法国、中国、俄罗斯的国际投资更具代表性。就具体投资项目而言，国家主导的跨境投资规模通常较为庞大。例如，2017 年 5 月，中国化工以 430 亿美元收购瑞士农化巨头先正达（Syngenta），这是中国有史以来最大的单一对外直接投资。2017 年 8 月，俄罗斯石油（Rosneft）以 130 亿美元收购印度的爱萨石油（Essar Oil），这是俄罗斯有史以来最大的跨境投资项目。这两个具有里程碑意义的跨境投资案例都引发了来自政治界和媒体界的强烈关注甚至顾虑。在中国化工的投资落地后，先正达的 CEO 快速出面澄清："这只是一个正常的金融交易。"印度的国安和情报机构更是对俄罗斯石油公司的并购提出了安全警告。

三、光鲜的背后：揭密高科技跨国公司影响世界政治经济的手段

跨国公司的快速发展，特别是科技巨头、互联网平台跨国公司的崛起，对世界政治经济产生了重要影响。

（一）技术垄断影响世界

大型跨国科技巨头掌握了人工智能等核心技术，这些跨国公司通过技术垄断和市场壁垒来创造财富[1]。威廉·罗宾逊（2009）指出，跨国公司政治性权力可以通过其对资金和技术的垄断而隐性地增加[2]。大型科技平台和科技巨头通过技术垄断、数据垄断、成立标准联盟等方式来维护自身的国际地位，以此来提升政治权力。

---

[1] 许开轶、部彦君：《人工智能推动国际权力扩散的路径探析》，《江海学刊》2021年第1期。
[2] ［美］威廉·罗宾逊：《全球资本主义论：跨国世界中的生产、阶级与国家》，高明秀译，社会科学文献出版社2009年版，第48页。

1. 技术垄断

技术是知识权力的一个部分。当知识权力被企业和国家等国际行为体所用，并超越国界发挥作用时，将给国际政治经济带来深远的影响①。

在信息时代，技术创新的高投入，规模效应缔造的寡头垄断市场及经济全球化，极大地便利了技术领先者在全球层面攻城略地，鼓励"赢者通吃"②。跨国公司通过严密的垄断战略进行技术控制和利润榨取。具体而言：一是技术创新保护。跨国公司会通过大规模的研发投入、将研发活动国际化和联盟化、滥用知识产权法等方式来实现。二是内部技术垄断。跨国公司通过限制和控制核心技术在母公司和子公司之间的内部技术转移，对技术方面的贸易进行垄断，特别是对核心技术进行出口控制③。三是跨国公司通过对外直接投资严格控制技术应用。在对外直接投资过程中，跨国公司通过专利技术保护、特许使用权等方式，限制和保护跨国公司核心技术外溢。

---

① U. Pagano, "The Crisis of Intellectual Monopoly Capitalism", *Cambridge Journal of Economics*, 2014, 38（6）, pp.1409–1429; C. Durand, and W. Milberg, "Intellectual Monopoly in Global Value Chains", *Review of International Political Economy*, 2020, 27（2）, pp.404–429; 李巍、李玙译：《解析美国对华为的"战争"——跨国供应链的政治经济学》，《当代亚太》2021年第1期。
② 李巍、李玙译：《解析美国对华为的"战争"——跨国供应链的政治经济学》，《当代亚太》2021年第1期。
③ 陆夏：《当代国际垄断资本的形态演化与技术全球垄断新战略》，《马克思主义研究》2016年第11期。

此外，与知识产权保护有关的制度成为保障高新技术企业收益的一种有效国际制度①。为了维持跨国公司的技术垄断，在发达国家的推动下，知识产权保护制度，表现出了过度保护的倾向。

2. 数据垄断

在数字经济时代，数据已成为一种重要的生产要素。大型互联网跨国公司的垄断体现在对数据生产要素的垄断。科技巨头对数据生产要素的垄断行为包括：其一，科技巨头利用数据垄断杠杆实现跨市场领域的垄断；其二，科技巨头通过扼杀式并购来聚集数据，强化其"数据霸权"地位；其三，科技巨头利用其"数据霸权"地位，在市场中形成支配地位；其四，科技巨头通过反不正当竞争法对数据进行绝对性的控制。②

3. 标准联盟

技术标准正成为国际规则制定权之争的重点，拥有最大技术优势的国家具有最大的技术标准制定权③。陆夏（2016）指出，在跨国技术合作上，跨国公司采取"标准联盟"战略④。标准联

---

① 李滨、陈怡：《高科技产业竞争的国际政治经济学分析》，《世界经济与政治》2019 年第 3 期。
② 胡继晔：《数据生产要素的反垄断困境及破解对策》，《人民论坛》2021 年第 19 期。
③ 阎学通：《美国遏制华为反映的国际竞争趋势》，《国际政治科学》2019 年第 2 期。
④ 陆夏：《当代国际垄断资本的形态演化与技术全球垄断新战略》，《马克思主义研究》2016 年第 11 期。

盟是指技术标准的倡导者组建的一种战略联盟，目的是创立技术标准、获得市场认可。① 一个标准联盟代表了一个利益集团②。技术标准联盟的形式可以有力地控制市场，联盟内部成员利益共享。例如，国际商业机器公司（IBM）的兼容机和苹果公司的麦金塔机（Macintosh）是微机架构系统的两大标准联盟。全球的微机生产企业必须二选一，从而形成了技术领域的两大寡头③。

（二）结盟国家强化国际话语权

人工智能的发展使得国家主权从领土、领海、领空进一步扩展到数据、算法等新兴领域，赋予了国家主权新的内容④。人工智能的发展增加了国家完全保有其主权的难度。人工智能发展所致的权力门槛的下降，使国家、跨国公司等主体拥有了更多成为国际权力扩散的受益者的技术契机⑤。

凭借人工智能的赋能效应，跨国科技巨头公司吸纳了更多的资金与国际话语权。跨国科技巨头公司不断地将其在科技领域的

---

① 张米尔、冯永琴：《标准联盟的兴起及诱发技术垄断的机制研究》，《科学学研究》2010年第5期。
② 陆夏：《当代国际垄断资本的形态演化与技术全球垄断新战略》，《马克思主义研究》2016年第11期。
③ 陆夏：《当代国际垄断资本的形态演化与技术全球垄断新战略》，《马克思主义研究》2016年第11期。
④ 许开轶、部彦君：《人工智能推动国际权力扩散的路径探析》，《江海学刊》2021年第1期。
⑤ ［英］苏珊·斯特兰奇：《权力流散：世界经济中的国家与非国家权威》，肖宏宇等译，北京大学出版社2005年版，第44页。

权力优势，转换为政治领域的优势，以此来实现其自身权力意图。魏南枝（2020）指出，由于跨国公司势力过于强大，主权国家都需要和跨国公司进行联合[①]。跨国公司这类非国家性质主体在国际政治经济中的作用日益凸显。例如，达沃斯论坛的主体是跨国公司，而达沃斯论坛常被称为"经济联合国"和"世界经济风向标"[②]。

（三）打压发展中国家，保持自身地位

高科技跨国公司实力日渐强大，触及不同经济体的利益，引发国家间的贸易战、科技战等冲突。如今，大国竞争已不再局限于军备竞赛和 GDP 数值的较量，更多体现于数字经济与数字资源的竞争，国家需要采取安全化手段，来不断地增强其自身在数字领域中的话语权[③]。例如，在制定人工智能发展战略时，美国政府竭力防止中国在该领域获得领先地位，视中国为竞争者[④]。

技术已成为大国政治权力的核心来源[⑤]。中国在量子计算、人

[①] 魏南枝：《世界的"去中心化"：霸权的危机与不确定的未来》，《文化纵横》2020 年第 4 期。
[②] 魏南枝：《世界的"去中心化"：霸权的危机与不确定的未来》，《文化纵横》2020 年第 4 期。
[③] 毛维准、刘一燊：《数据民族主义：驱动逻辑与政策影响》，《国际展望》2020 年第 3 期。
[④] 周琪、付随鑫：《美国人工智能的发展及政府发展战略》，《世界经济与政治》2020 年第 6 期。
[⑤] 李巍、李玙译：《解析美国对华为的"战争"——跨国供应链的政治经济学》，《当代亚太》2021 年第 1 期。

工智能等关键领域，已突破美国等发达国家的垄断和围堵[①]。中国在技术领域从中低端向高端转型升级的过程中，会面临来自发达国家的阻挠[②]。

西方国家开始打压新兴市场国家的跨国公司。例如，美国从需求端和供给端对华为进行打压[③]。在需求端的打压表现为：一是封锁华为的美国市场，通过直接和间接手段破坏、禁止华为在美国的各种活动，竭力将华为驱逐出美国市场；二是美国运用舆论和外交手段，构建排斥华为的国际统一战线。在供给端的打压表现为：一是阻止华为收购美国的公司，成立外国投资审查委员会（CFIUS），以国家安全为由直接介入华为的商业活动；二是限制华为的产品采购，尤其是芯片断供。

四、中国双循环：新兴国家应对跨国公司挑战的成功模版

跨国公司已对世界政治经济产生深刻影响。在此大背景下，对于那些虽然基础设施和工业发展相对落后，但积极追赶发达国家且自身经济增速较快的新兴市场国家而言，该如何应对该局面，成为当前学术界面临的重要议题。

---

① 魏南枝：《世界的"去中心化"：霸权的危机与不确定的未来》，《文化纵横》2020年第4期。
② 李滨、陈怡：《高科技产业竞争的国际政治经济学分析》，《世界经济与政治》2019年第3期。
③ 李巍、李玙译：《解析美国对华为的"战争"——跨国供应链的政治经济学》，《当代亚太》2021年第1期。

（一）外循环：积极融入世界

1. 参与和建立反垄断规则

随着新兴市场国家的崛起，在国家力量博弈和抗衡的过程中，局势越来越有利于新兴市场国家，新兴市场国家在国际规则制定方面的话语权在增加[①]。在面对科技巨头的垄断行为时，新兴市场国家应该参与建立反垄断规则的制定和实施。新兴市场国家应建立反垄断数字规则，为数字经济划出更为精准的规则，将垄断、侵犯用户隐私设为互联网平台公司们的禁忌之地。

在数据生产要素反垄断的破解思路方面可以采取如下措施：其一，建立数据产权制度，准确地规范数据垄断；其二，构建用户数据可携权制度，弱化互联网平台跨国公司的锁定效应，实现数据生产要素反垄断的目的；其三，完善反垄断法，在反垄断法中设立数据要素反垄断规则，建立数据的强制共享制度。[②]

2. 采取安全化手段增强话语权

在管制体系中，国家与政府应提升其权威性[③]。毛维准（2020）指出，地缘政治、国家安全和民族主义问题也随着数字

---

① 齐兰、曹剑飞：《当今垄断资本主义的新变化及其发展态势》，《政治经济学评论》2014年第2期。
② 胡继晔：《数据生产要素的反垄断困境及破解对策》，《人民论坛》2021年第19期。
③ 毛维准、刘一燊：《数据民族主义：驱动逻辑与政策影响》，《国际展望》2020年第3期。

经济的发展而日益凸显,国际投资政策管制、大国战略竞争所导致的国际政治环境的变化,也使得高科技型跨国公司的发展,面临越来越多的压力和束缚①。

在数字经济领域,新兴市场国家可采取安全化手段增强自身话语权②。制造安全理由与塑造敌对话语是采取安全化手段的策略③。诉诸数据民族主义或倡导数据主权是其他国家应对美国数据霸权的方式④。相对于以美国为代表的发达国家而言,中国作为一个新兴市场国家,应该考虑采取选择性的对抗策略,以应对数字经济时代需面对的新问题,而不是参考苏联在冷战时期所采取的全面对抗策略⑤。

(二)内循环:强化本国跨国公司发展优势

数字经济给新兴市场国家提供了追赶的机会。在全球价值链中,来自发达国家的跨国公司凭借核心技术的垄断优势,对全球价值链进行分工和重塑,这导致来自发展中国家的跨国公司在全球价值链中,处于从属和依附地位,仅能从中获得较为

---

① 毛维准、刘一燊:《数据民族主义:驱动逻辑与政策影响》,《国际展望》2020年第3期。
② 毛维准、刘一燊:《数据民族主义:驱动逻辑与政策影响》,《国际展望》2020年第3期。
③ L.Fichtner, "What Kind of Cyber Security? Theorising Cyber Security and Mapping Approaches", *Internet Policy Review,* 2018, 7(2),pp.1–19.
④ 杜雁芸:《大数据时代国家数据主权问题研究》,《国际观察》2016年第3期。
⑤ 阎学通、徐舟:《数字时代初期的中美竞争》,《国际政治科学》2021年第1期。

微薄的附加值①。在数字经济发展的大背景下，新兴市场国家若用好本国跨国公司的发展优势，可以实现"弯道超车"。

随着信息科学技术的快速发展，信息传播的速度实现了质的飞跃，信息传播的成本大幅下降②。同时，信息科技革命也缩短了不同经济体在新科技和新信息获取方面的时间差距。在此背景下，处于劣势地位的新兴经济体，已不再满足于参与中低端生产制造，新兴经济体开始积极探索数字经济的创新和发展③。这客观上有利于技术的转移，使新兴经济体国家可利用后发优势，进军全球产业链的中高端位置④。

来自新兴市场国家的高科技跨国公司可以通过提升其在产业链中的位置，实现后发优势。由于技术垄断日趋国际化，技术垄断通过跨国公司经营、完善知识产权保护制度等途径逐步增强。这都影响到了国际技术的扩散。这都关系到新兴市场国家加快技术进步、技术赶超战略的实施⑤。

---

① 陈子烨、李滨：《中国摆脱依附式发展与中美贸易冲突根源》，《世界经济与政治》2020 年第 3 期。
② 潘晓明：《国际数字经济竞争新态势与中国的应对》，《国际问题研究》2020 年第 2 期。
③ 潘晓明：《国际数字经济竞争新态势与中国的应对》，《国际问题研究》2020 年第 2 期。
④ 魏南枝：《世界的"去中心化"：霸权的危机与不确定的未来》，《文化纵横》2020 年第 4 期。
⑤ 李平、刘建：《国际技术垄断与技术扩散关系的政治经济学分析》，《世界经济与政治》2006 年第 5 期。

CHAPTER 05

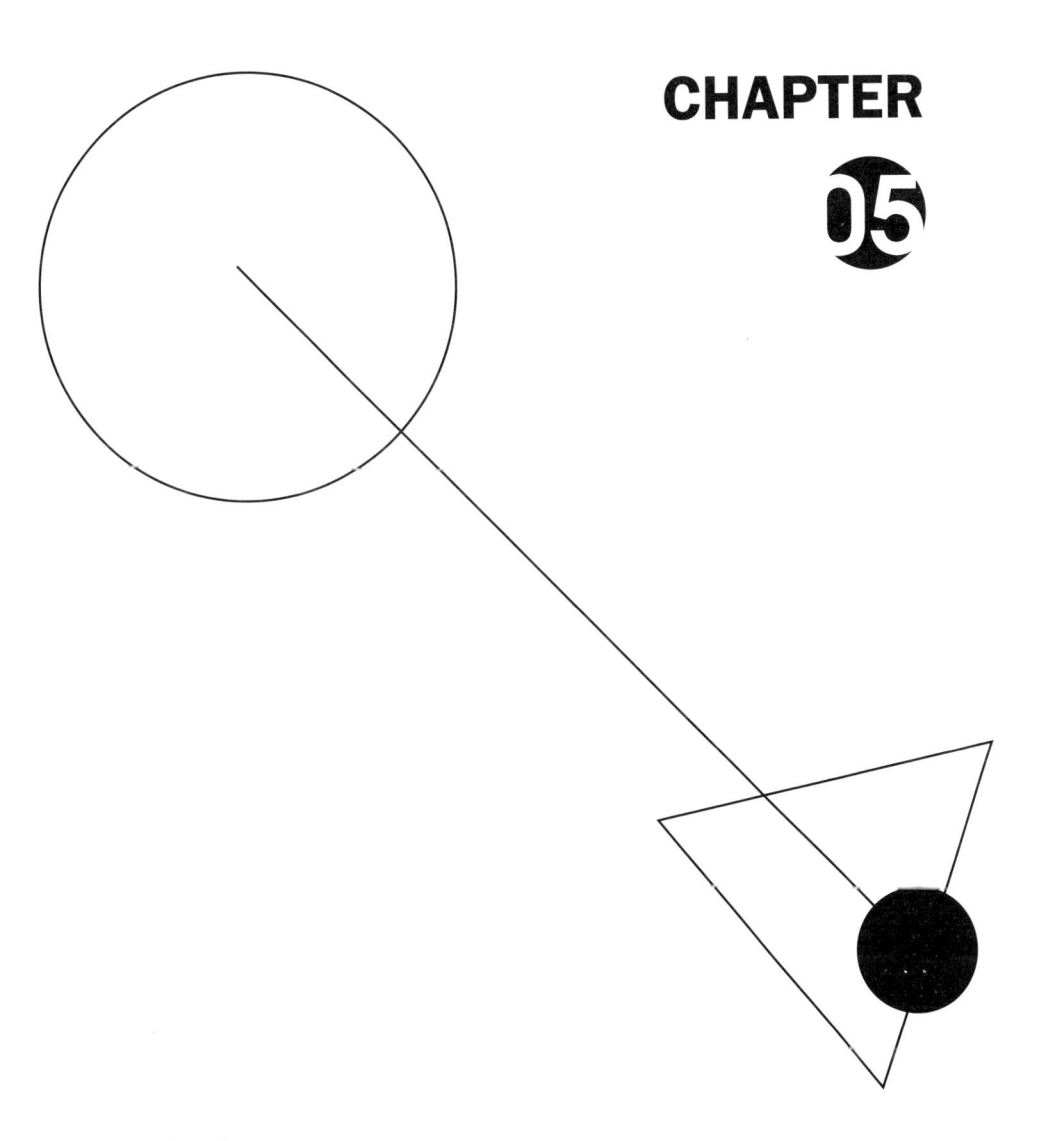

断裂：
————
揭开全球收入不平等的真实面纱

在绝大多数社会中，平等都是一项重要的价值观。不论意识形态、历史文化、主流宗教有何不同，当不平等程度扩大到较高水平后，都会严重影响一国的社会凝聚力，进而可能导致经济停滞、社会矛盾和政治冲突。收入不平等的经济后果主要反映在以下三个方面：

首先，收入不平等会通过影响消费和增长驱动力来降低经济增长速度。收入分配影响经济增长的一个重要机制是不平等将会降低社会总消费。由于边际消费倾向通常会随着收入增加而降低，在社会总需求不足主要是由消费不足所引发的前提下，收入不平等的上升会显著抑制经济增长。在贫富分化加剧时，高收入群体消费增加有限，低收入群体消费显著下降，这自然会降低社会整体消费水平。达布拉-诺里斯（Dabla-Norris）等针对1980—2012年间159个发达和新兴经济体国家的研究发现，中低收入阶层收入份额的上升可以促进经济增长。反过来，如果收入排名为最高20%的高收入阶层的收入份额增加，中期内GDP增长率将会下降。[1]

另一个重要机制则是收入分配对增长驱动力的影响。例如，结果不平等可能会激励"寻租"行为[2]，从而导致经济扭曲和资源配置效率下降。当顶层收入者的收入依赖于寻租时，他们有动

---

[1] E. Dabla Norris, K. Kochhar, N. Suphaphiphat, F. Ricka, and E. Tsounta, "Causes and Consequences of Income Inequality: a Global Perspective", *IMF Staff Discussion Notes*, 2015, 15 (13), p.1.

[2] J. Stiglitz, *The Price of Inequality: How Today's Divided Society Endangers Our Future*, WW Norton and Company, 2012.

力促使税收等经济政策变得更加鼓励寻租活动，而非更具生产力的活动。在寻租环境下，政府部门也会减少对公共产品和服务的投资。此外，收入不平等还可能会影响低收入者的工作态度和效率，从而降低劳动生产率。

其次，收入不平等会降低社会流动性，并加剧机会不平等。随着收入不平等的日益加剧，社会中的代际流动性尤其是向上流动更加受到抑制，有才华和勤奋的人更难获得他们应得的回报[①]。斯蒂格利茨（Stiglitz）指出，现在的美国不仅是结果不平等最严重的发达国家，也是机会不平等最严重的发达国家之一，这显然与"美国梦"所宣称的机会平等背道而驰。[②] 科拉克（Corak）提出"伟大的盖茨比曲线"（即更高的不平等与更低的代际收入流动性正相关）来描述这一现象，并从人力资本的角度解释了代际流动性下降的主要原因：其一，高等教育回报率更高的国家往往代际收入流动性更差。例如，代际流动性较低的美国的高等教育溢价[③]高达70%，而在代际收入流动性较高的加拿大，高等教育溢价仅为30%。其二，家庭收入水平会影响对子女的人力资本投资。高收入家庭对儿童的人

---

① OECD, *Divided We Stand：Why Inequality Keeps Rising*, Paris：OECD Publishing, 2011.
② J. Stiglitz, *The Price of Inequality：How Today's Divided Society Endangers Our Future*, WW Norton and Company, 2012.
③ 文中高等教育溢价的衡量标准是 2009 年 25—34 岁拥有大学学位的男性的平均就业收入相对于拥有高中文凭的男性的平均收入所高出的百分比。此外，美国的高等教育溢价同样存在着强烈的个体异质性，这也体现了美国前 1% 的收入不平等的存在。

力资本投资更高，高等教育入学率也更高，这会进一步强化代际流动性下降的格局。其三，公共政策尤其是教育政策的结构性偏向。以教育支出为例，当高等教育支出远高于初等教育时（美国就是典型的例子），将更有利于富裕家庭并进一步降低代际收入流动性。①

最后，长期的高度不平等会加大金融危机爆发的风险。近期的研究发现，发达经济体长期的高度不平等与2008年全球金融危机的爆发密切相关。背后的主要作用机制有二：一是政府迫于政治压力而增加信贷支持。发达国家不平等加剧引发了再分配的政治压力，从而促使政府放松抵押贷款条件，由此导致信贷过度扩张和房地产泡沫②。二是政治游说引发的金融监管缺失。游说和竞选等政治因素所引发的金融自由化既是不平等尤其是顶端不平等产生的关键原因，也是金融危机爆发的重要条件③。

事实上，收入不平等、极度宽松的货币政策、金融自由化、转移支付、债务负担等概念是紧密相连的。其一，政治游说和金融自由化加剧了收入不平等尤其是美国顶端收入不平等的扩大。其二，收入不平等带来的政治和经济压力内生地提高了中低收入

---

① M. Corak, "Income inequality, Equality of Opportunity, and Intergenerational Mobility", *Journal of Economic Perspectives*, 2013, 27 (3), pp.79–102.
② R. G. Rajan, *Fault Lines: How Hidden Fractures Still Threaten the World Economy*, Princeton University Press, 2010.
③ D. Acemoglu, "Thoughts on Inequality and the Financial Crisis", *Technical report*, AEA meeting, Denver, 2011.

家庭的杠杆率。更加宽松的货币政策和更多的转移支付进一步推高了中低收入家庭的抵押贷款和无担保债务。其三，在新自由主义思潮和华盛顿共识的影响下，自 20 世纪 80 年代以来，欧美发达国家不断下调税率和利率，使得政府可以通过扩张债务来应对转移支付的增长。其四，低税率和宽松货币政策会引发资产价格上升，这进一步加深了不平等。在上述机制的循环作用之下，贫富差距持续上升，居民和政府债务负担不断加重，而高债务水平往往会带来更高的金融危机风险。

本章将对全球收入分配不平等的周期演进、驱动因素、潜在影响和应对措施进行全面讨论。

一、全球收入分配与快速上升的财富不平等

在工业革命之前，全球经济增速和人均收入长期处于较低水平，但贫富差距十分巨大。自 1870 年起，国家内部不平等和国家之间的不平等分别呈现出先降后升和先升后降的特征，技术进步与全球化是促成上述变化的重要原因。自 1980 年以来，各国内部的收入和财富不平等均迅速上升，并呈现出顶端不平等扩大、中产阶级被压缩以及顶端收入群体与顶端财富群体高度同质化等特征。

（一）工业革命之前：高度不平等和财富差距

在工业革命之前，世界范围内人均收入增速长期处于很低水

平，但财富分配非常集中。在这一阶段，收入分配的变化主要受到冲突、战争、流行病等非经济因素的影响。贫富差距主要来自财富分配不平等，尤其是土地分配不平等。皮凯蒂（Piketty）和赛斯（Saez）指出，资本回报率长期高于经济增长率，这是工业革命之前财富分配不平等的主要来源（图5-1）[①]。资本回报率和经济增长率的巨大差距，可以解释为何一战之前的贫富差距如此之大。

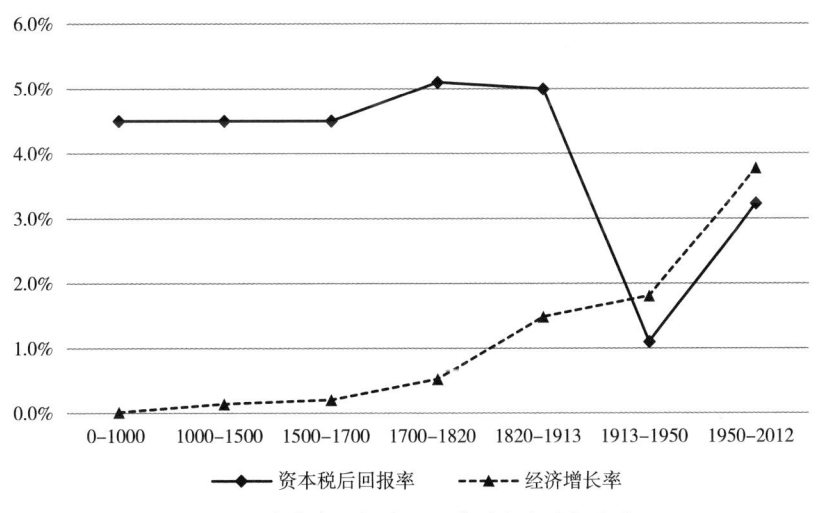

图 5-1 全球资本回报率和经济增长率的长期变化

注：上述经济增长率和资本回报率的计算是使用国民账户数据（1700年及以后）以及增长和地租价值的历史数据（1700年之前）构建的，相关数据可在piketty.pse.ens.fr/capital21c获得。

---

① T. Piketty, and E. Saez, "Inequality in the Long Run", *Science*, 2014, 344（6186），pp.838–43.

（二）1870 年之后：国家内不平等和国家间不平等的相反演进

自 1870 年以来，国家内部不平等和国家之间的不平等呈现出相反的演进趋势（图 5-2）。全球收入分配的演进大致可以分为两个阶段：第一个阶段是 1870 年至 1980 年，国家内部的不平等呈现下降趋势，国家之间的不平等则持续上升。第二个阶段是在 1980 年之后，国内不平等尤其是发达国家国内不平等显著提升，国家之间的不平等则有所下降。技术进步和全球化对技能

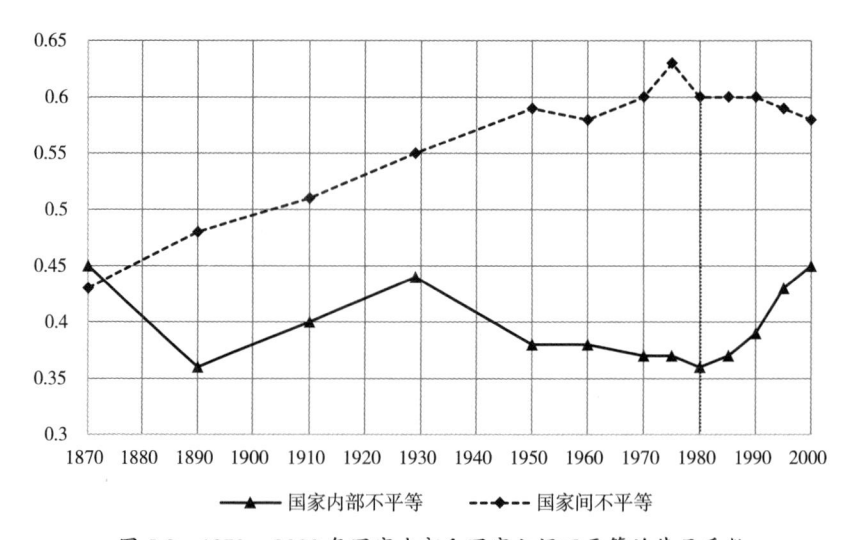

图 5-2　1870—2000 年国家内部和国家之间不平等的基尼系数

注：（1）根据 2005 年 PPP 的人均 GDP 进行估算；（2）主要包括 30 个样本国家：比利时、丹麦、法国、德国、意大利、荷兰、挪威、波兰、葡萄牙、俄罗斯（苏联）、西班牙、瑞典、捷克斯洛伐克、英国、中国、印度、印度尼西亚、日本、泰国、土耳其、阿根廷、巴西、加拿大、智利、墨西哥、秘鲁、美国、埃及、加纳、澳大利亚；此外还包含了居住人口超过 50 万的国家，以及只具有少数年份观测点的所有国家。

溢价的影响对于上述趋势的形成起到了促进作用[①]。

对国家内部不平等而言，技术进步和全球化都是通过改变技能劳动力溢价从而影响到收入不平等。不论对于发达国家还是新兴经济体而言，技能偏向型的技术进步都更有利于高技能劳动者。全球化对于国家内部不平等的影响存在着明显的异质性。对发达国家而言，全球化导致非技能劳动力的收入下降，但是技能劳动力和资本所有者的收入却显著上升。对发展中国家而言，全球化整体来看提高了对低技能劳动力的需求，但国际直接投资（FDI）却提高了对高技能劳动力的需求。

在第二次工业革命之后，电力和燃料能源的广泛使用极大地提高了社会生产力。此后通信技术和信息技术的迅速发展也进一步提高了全球范围内的生产效率。这不仅促进了发达经济体的经济增长，也提高了发达经济体内部和全球范围内的不平等水平。根据世界银行的报告[②]，目前全球不平等的2/3仍然来自国家之间的不平等，但是自1980年以来，国家内部不平等的迅速上升引起了广泛关注。此外，1980年之后，全球化时代的来临使得新兴经济体通过贸易和投资等渠道步入了迅速增长期，中国等亚洲国家经济增长的外溢效应也有助于缩小全球不平等（图5-3）。

---

① 对国内不平等而言，战争、政治、金融监管、再分配政策等因素可能发挥了更为重要的作用。

② World Bank, "Yes, global inequality has Fallen. No, we shouldn't be complacent", *News*, 2019, https://www.worldbank.org/en/news/feature/2019/10/23/yes-global-inequality-has-fallen-no-we-shouldnt-be-complacent.

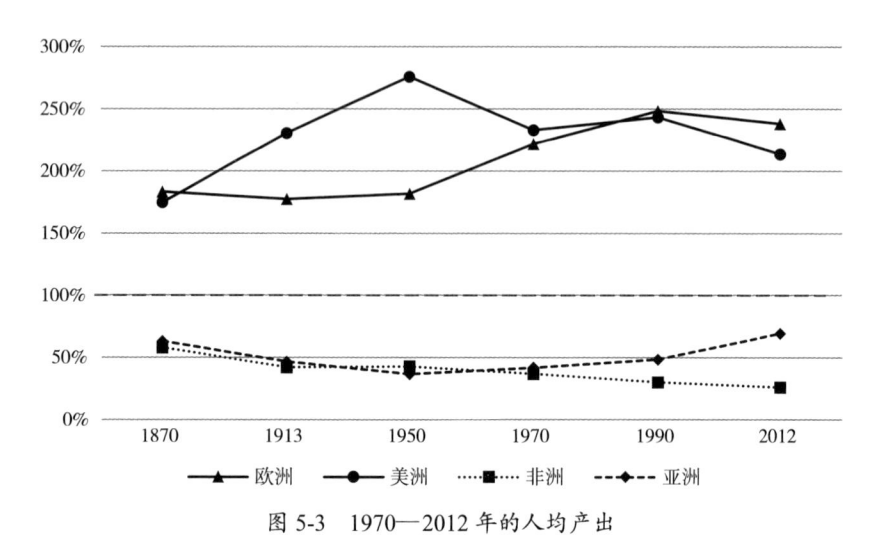

图 5-3　1970—2012 年的人均产出

数据来源：Piketty[①]。

注：(1) 图中虚线处对应的 100% 为世界人均 GDP。(2) 作者基于安格斯·麦迪森（Angus Maddison）的"世界经济历史统计 1—2008"（2010 年 2 月），以及联合国和世界银行的 1990—2012 年官方系列数据（2012 年 10 月）进行计算。

（三）1980 年至今：国家内不平等迅速上升

近 40 年来，全球范围内的收入分配不平等迅速上升，并表现出顶端收入不平等迅速扩大和中产阶级不断被压缩这两大特征。财富不平等要比收入不平等更加严重，而且顶端收入不平等和顶端财富不平等出现了高同质性趋势。在新冠肺炎疫情冲击之下，全球不平等程度进一步扩大。

1. 收入分配不平等迅速扩大

自 20 世纪 80 年代以来，全球大部分国家的收入不平等都

---

① T. Piketty, *Capital in the 21st Century*, Harvard University Press, 2014.

呈现出迅速扩大的趋势。国内收入差距水平在美国、日本、中国、印度和俄罗斯等国迅速攀升。如图5-4所示，截至2019年，收入分配最不平等的是印度、俄罗斯和美国。以美国为例，根据WID的数据，2019年美国收入最高的1%、10%和收入最低的50%的人群所占的收入份额分别为18.7%、45.4%和13.5%。

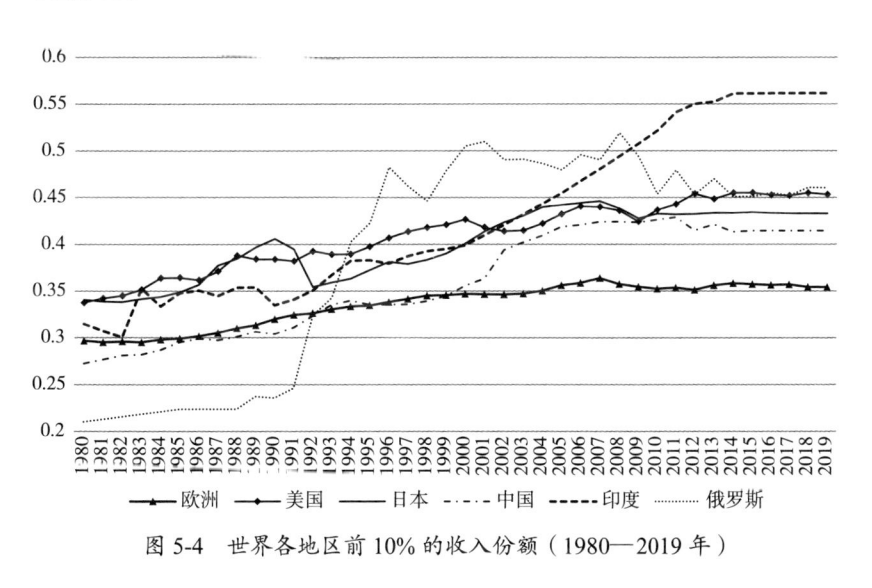

图 5-4 世界各地区前10%的收入份额（1980—2019年）

数据来源：世界不平等数据库（WID）。
注：（1）图中数据表示，按照收入由高到低进行排序，收入排名在前10%的成人所占的收入份额。（2）俄罗斯的数据在1981—1984年和1986—1987年缺失，采用线性外推法进行补充。

对发达经济体而言，美国是收入分配恶化最快，同时也是目前收入分配最不平等的发达国家之一。不论是前1%和前10%的高收入者的收入份额增速，还是后50%的低收入者的收入份额降幅，均远超欧洲和日本（图5-5）。税前收入分配更加平等是欧洲国家收入不平等程度相对美国更低的主要原因，而税收或转移支付等再分配所发挥的作用则十分有限[1]。

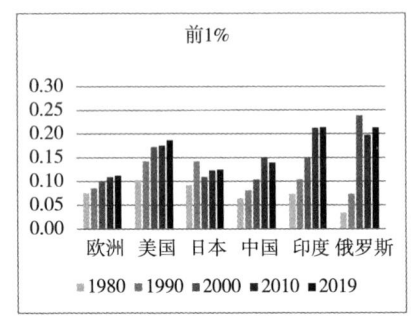

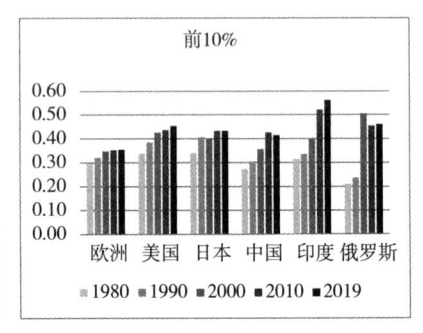

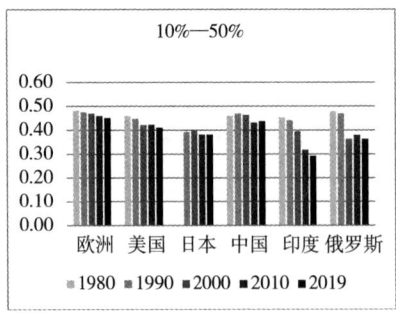

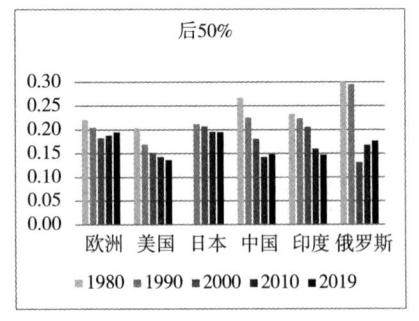

图 5-5 世界各地区收入不平等

数据来源：世界不平等数据库（WID）

注：（1）图中的小标题前 1% 表示收入排位前 1% 的成人所占的总收入份额，前 10%、10%—50% 和后 50% 表示相同的含义。（2）1980 年日本 10%—50% 和后 50% 的收入不平等数据缺失。

对新兴经济体而言，各地区表现出不同特征。整体来看，亚洲的收入不平等程度在逐渐下降，但是国家之间存在显著的差异性。中国和印度的收入不平等在近 40 年间迅速增长，接近甚至

---

[1] T. Blanchet, L. Chancel and A. Gethin, "Why is Europe More Equal Than the United States?", *WID Working paper*, No.19, 2020.

超过了发达经济体的水平。自2010年以来，中国的收入不平等已逐渐趋于稳定，而印度的不平等程度仍在迅速增长。此外，虽然近年来收入不平等的变化幅度较为平缓，但拉美地区和中东地区仍是全球最不平等的区域。

顶端收入不平等迅速扩大是1980年以来收入不平等演进的一个重要特征。美国的顶端收入不平等尤其引人注意。在1980年，美国收入在前1%和后50%的人群所占收入份额分别为10.3%和20.1%，而到2019年，上述份额分别变化为18.7%和13.5%。相关研究认为，近年来美国顶端收入水平（1%和0.1%）的空前增长并不能用教育、技术或是贸易全球化等传统的收入不平等驱动因素来解释，更重要的原因可能是税收政策、政治游说和金融自由化[1]。

中产阶级不断被压缩则是1980年以来收入不平等演进的另一个重要特征。中产阶级的规模不断被压缩，年青一代进入中产阶级的难度持续上升，而中产阶级对于整体经济的重要性持续下降。根据经合组织（OECD）的定义，中产阶级为收入位于国民收入中位数75%—200%之间的家庭。按照这一标准，在经合组织成员的国家中，中产阶级家庭所占人口比例从1985年的64%下降到2015年的61%，而同期中产家庭与高收入家庭（即收入中位数200%以上的家庭）的总收入之比也从3.9：1下降

---

[1] T. Piketty, E. Saez, and S. Stantcheva, "Optimal Taxation of Top Labor Incomes: a Tale of Three Elasticities", *American Economic Journal*, 2011, 6（1）, pp.230–271.

到 2.8 ∶ 1。此外，中产阶级还面临着以下压力：一是中产阶级的收入增速低于高收入家庭；二是房产价格的增长远高于中产阶级的收入增长，这提高了中产阶级家庭的债务负担和脆弱性；三是在快速转型的劳动力市场中，约 1/6 的中产阶级劳动者面临工作被自动化挤压的风险[①]。

2. 财富分配不平等更加凸显

与收入分配相比，财富分配的不平等程度更高，且财富不平等往往更具争议。首先，财富分配的贫富差距要比收入分配更为明显，顶端的财富所有者更加富裕，而中位数之下的居民所占据的财富比例非常微小。其次，中产阶级的财富份额下降速度超过了收入份额下降速度。仍以 2019 年的美国为例，前 1% 和后 50% 的人群所占财富份额分别为 34.9% 和 1.5%，而前 10%—50% 的人群所占的财富份额为 27.8%。换言之，美国社会中后 90% 的群体的财富占比比前 1% 的群体低了 5 个百分点以上。

尽管如此，目前美国的财富不平等程度尚未超过第二次世界大战之前的欧洲。皮凯蒂和赛斯使用了基于遗产税计算的财富不平等数据，发现 1910 年欧洲前 10% 的财富所有者所拥有的财富份额高达 89.5%（2010 年美国前 10% 的财富拥有者所占财

---

① OECD, *Under Pressure：The Squeezed Middle Class*, Paris：OECD Publishing, 2019.

富份额为 71.5%）。[1] 他们指出，这是因为现代美国的不平等更多地建立在最高劳动收入的大幅增长上，而不是建立在财富高度集中的基础上，而财富高度集中正是过去"世袭制"（以财富为基础）社会的特征。

值得注意的是，美国的顶端收入不平等和财富不平等出现了高同质性[2]。2018 年资本收入前 10% 的美国人同时也是劳动收入前 10% 的比例达到 30%，且这一比例仍在快速提升。这说明资本家和劳动者的传统分工逐渐变得不再那么重要，而且这一比例与劳动收入不平等显著正相关。以下两种机制可以解释这种正相关：其一是随着收入不平等增加，高收入者将工资储蓄起来用于投资，然后开始获得巨额资本收入；其二是不断扩大的劳动收入不平等使得最高劳动收入对资本丰富的人更具吸引力，而他们在劳动力市场也拥有更高的议价能力。

美国依然是财富不平等增长最快和最不平等的发达国家，而欧洲地区的财富不平等相对较低。尽管主要新兴经济体的财富不平等增长迅速且位于较高水平，但是整体来看依然低于美国（图 5-6）。

---

[1] T. Piketty, and E. Saez, "Inequality in the Long Run", *Science*, 2014, 344（6186）, pp.838–43.

[2] Y. Berman, and B. Milanovic "Homoploutia: Top Labor and Capital Incomes in the United States, 1950—2020", *World Inequality Lab Working Paper*, No.17, 2020.

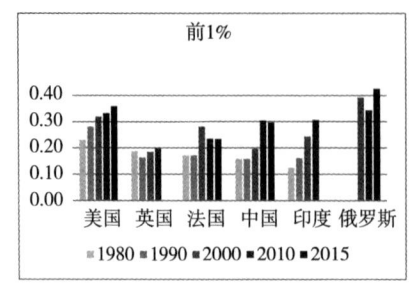

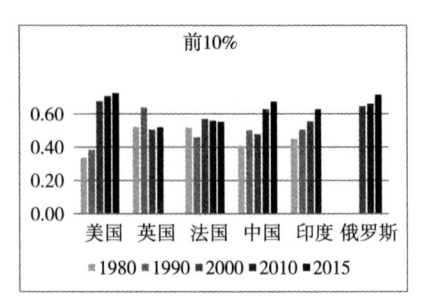

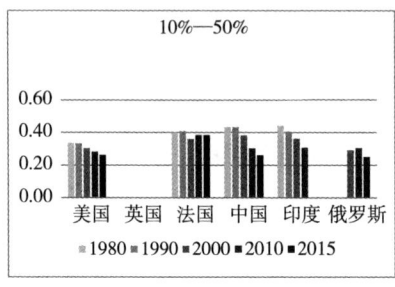

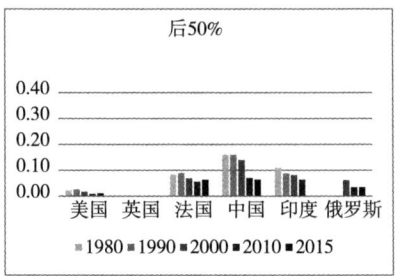

图 5-6 世界各地区财富不平等情况（1980—2015 年）

数据来源：世界不平等数据库（WID）。

注：（1）图中的小标题前 1% 表示财富排位前 1% 的人群所占的总财富份额。前 10%、10%—50% 和后 50% 表示相同的含义。（2）缺失值包括：1980 年和 1990 年的俄罗斯数据，2015 年的印度数据，英国在样本期内的 10%—50% 和后 50% 的财富不平等数据，以及 2015 年的前 10% 和前 1% 的财富不平等数据。（3）相对于收入不平等而言，财富不平等的数据缺失较为严重，因此在部分年份选取邻近替代值：印度的数据选择 1981 年、1991 年、2001 年和 2012 年，法国 2015 年的数据用 2014 年替代，英国 2010 年的数据用 2012 年替代。

3. 新冠肺炎疫情后收入不平等进一步扩大

在 2020 年新冠疫情的冲击之下，全球收入不平等将会进一步加剧。一方面，疫情冲击会对低收入者造成更加严重的损害。首先，疫情对低技能工人的影响会更大，这主要是因为低技能工人通常更难进行远程工作。其次，低收入者可能没有足够的储蓄来应对失业或者收入下降的风险。再次，低收入家庭对教育的投入相对于高收入家庭可能进一步降低。最后，从国别角度来看，相对于社会保障体系更加完善，并且可以通过量化宽松等非常规货币政策助力经济复苏的发达国家而言，疫情对新兴经济体低收入者的冲击将会更加剧烈。根据世界银行的预测[①]，新冠肺炎疫情在2020年已经让8800万人陷入了极端贫困，到2021年这个数字将上升至11080万人。2020年国际货币基金组织的一项研究也表明，2000年以来的5次流行病[②]导致5年后基尼系数平均上升了1.5%。尽管政府为减轻流行病的冲击而努力将收入从富人重新分配给穷人，但不平等仍在加剧，尤其考虑到疫情对就业产生了显著的异质性影响。受过高等教育的劳动者的就业几乎没有受到影响，而只受过基础教育的劳动者的就业率在5年后下降了5%以上[③]。

另一方面，新冠肺炎疫情冲击进一步扩大了顶端财富不平等。瑞银和普华永道关于全球亿万富豪的一项研究显示，在疫情暴发后最严重的4个月内（即2020年4月至7月），全球富豪的财富获得了空前增长。全球亿万富豪的财富规模激增30%，达到10.2万亿美元。这主要得益于发达经济体在疫情后采取的极度宽松货币政策以及资产价格的"V"形变化。不过，富豪财

---

① P. Blake, and D. Wadhwa, "Year in Review: the Impact of COVID-19 in 12 Charts", *WorldBankBlog*, 2020, https://blogs.worldbank.org/voices/2020-year-review-impact-covid-19-12-charts.
② 分别是SARS（2003年），H1N1（2009年），MERS（2012年），Ebola（2014年）和Zika（2016年）。
③ D. Furceri, P. Loungani and J. Ostry, "How Pandemics Leave the Poor Even Farther Behind", *IMF Blog*, 2020, https://blogs.imf.org/2020/05/11/how-pandemics-leave-the-poor-even-farther-behind/.

富的增长同样存在严重的行业分化,其中科技和医疗行业富豪的财富增幅远超平均水平,而娱乐、材料和金融服务业的富豪的财富增长则低于均值。从国别来看(图5-7),按疫情前后各主要经济体亿万富豪财富增长规模和增长速度由高到低排序,增长最多的三个国家分别是美国、中国和德国,增长最快的三个国家分别是法国、中国和巴西[①]。

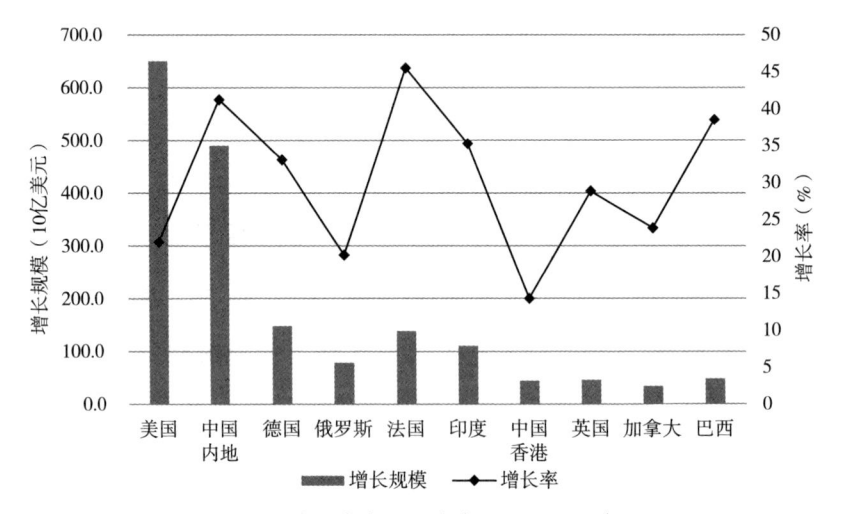

图 5-7 各主要经济体富豪的财富在新冠肺炎疫情之后的增长

数据来源:UBS and PWC 及作者计算。
注:(1) 财富增长规模和增长率数据都是根据 2020 年 7 月 31 日和 2020 年 4 月 7 日的数据进行计算得到。(2) 该报告涵盖了 2000 多名亿万富翁,包括美洲、欧洲、中东和亚太地区的 43 个最大的亿万富翁市场,占全球亿万富翁财富的 98% 左右。

---

① UBS and PWC, "Riding the storm: Market Turbulence Accelerates Diverging Fortunes", *Billionaires insights*, 2020; "United Bank of Switzerland and Price Wterhouse Coopers", *Research and Insights*, 2020, https://www.pwc.ch/en/insights/fs/billionaires-insights-2020.html.

4. 库兹涅茨曲线真的存在吗？

如上所述，笔者对收入不平等的周期演进进行了回顾，发现 20 世纪以来国内不平等的发展呈现先升后降再升的趋势。在 1980 年之前，发达经济体国内不平等的走势符合库茨涅兹曲线。但在 1980 年之后，以美国为代表的发达国家国内不平等持续攀升，并且在 2008 年全球金融危机和 2020 年新冠肺炎疫情之后进一步扩大，这说明收入不平等并不会无条件地随着经济增长先升后降。

关于库茨涅兹曲线究竟是已经失效，还是存在周期性变化，目前仍存在不同看法。以皮凯蒂为代表的观点认为，收入不平等并不会随着经济增长先升后降，1940 年至 1980 年期间的国内不平等下降更应当被视作一种历史异常现象，主要是由于战争、大萧条，以及相关管制和财政政策引发的[1]。而米兰诺维奇（Milanovic）则认为，可能会有多个库茨涅兹曲线存在[2]。第一次世界大战是由国内分配不公所引发的消费不足、对外直接投资和控制投资所在地等问题内生引发的，而目前以美国为代表的发达经济体步入了第二个库兹涅兹周期。未来收入不平等的下行可能源自内生的政治变化、创新溢价的消失、低技能偏向的技术进

---

[1] T. Piketty, and E. Saez, "Inequality in the Long Run", *Science*, 2014, 344（6186）, pp.838–43.
[2] B.Milanovic, *Global Inequality*: *A New Approach for the Age of Globalization*, Harvard University Press, 2016.

步、教育进步和全球收入趋同。

目前来看,学术界至少已经达成两点共识。其一是顶端不平等非但不能促进经济增长与就业,反而会产生相反作用。斯蒂格利茨指出,现有的顶层富豪并不是重大技术革新的发明者,他们更擅长的是寻租、占有财富以及从国家的蛋糕中分得更大份额,而他们的举动通常会导致经济总蛋糕和原先相比显著缩小。[①]无论1929—1933年的大衰退还是2008年全球金融危机,在很大程度上都是由金融业造成的,金融业同样也要为今天的不平等现象负责。其二是尽管收入分配不会简单地随着经济增长而发生周期性变化,但是收入分配的确会受到一系列因素的驱动。在不同时期和不同国家,收入分配的主要驱动力量各不相同。

二、揭密全球收入不平等真相

长期来看,收入不平等周期性变化的主要驱动因素是生产要素及其回报率的相对变化。这一方面是指资本和劳动收入份额的相对变化,另一方面是指不同技能水平劳动的回报差异。导致生产要素回报率变动的主要因素又包括技术进步、人口增长、教育、全球化和制度等。然而,上述因素并不能解释美国顶端收入

---

① J. Stiglitz, *The Price of Inequality : How Today's Divided Society Endangers Our Future*, WW Norton and Company, 2012.

不平等的空前增长[1]，进一步的解释可能包括税收制度、政策因素、金融自由化等。

（一）从资本收入份额的角度

考虑资本和劳动两种生产要素，其中劳动力按照技能水平区分为高技能劳动力和低技能劳动力，那么驱动收入分配周期性变化的因素主要体现在两个方面，一是资本收入份额的相对变化，二是不同技能水平劳动力的相对供求。前者可以解释财富不平等为何如此巨大，以及财产性收入的不平等；后者则可以解释不同技能劳动者的收入差异。

1. 全球化：影响资本收入份额的因素

资本收入份额反映了资本生产要素在社会总分配中所占比例。一般而言，资本收入份额相对于劳动收入份额越高，不平等程度就越高。曾经被广泛接受的"卡尔多事实"认为，均衡状态下劳动收入份额将保持不变[2]。但是在1980年之后，诸多实证研究发现，发达国家和发展中国家的劳动收入份额都开始下降，这与国家内部不平等的上升相吻合。当前对劳动收入份额下

---

[1] D. Acemoglu, "Thoughts on Inequality and the Financial Crisis", *Technical report*, AEA meeting, Denver, 2011; T. Piketty, and E. Saez, "Inequality in the long run", *Science*, 2014, 344 (6186), pp.838–43.

[2] N. Kaldor, "Capital Accumulation and Economic Growth", in: D. Hague (eds.), *The Theory of Capital*, Palgrave Macmillan, London, 1961, pp.177–222.

降的解释主要包括资本偏向型技术进步[①]、产品和劳动力市场的结构和制度因素[②]、全球化时代下资本的谈判地位显著增强[③]等。

资本收入份额 α=r×K/Y 反映了资本在社会总产出中的回报比例，不难看出，资本收入份额的变化取决于下列两个方面：一是资本产出比 K/Y 的变化，也即资本深化程度。例如，两次世界大战对实体资本的摧毁和投资规模下降是该时期收入不平等下降的重要原因。在索罗模型的假设下，资本收入比的长期均衡将收敛于 s/g，其中 s 是稳态下的储蓄率，g 则是稳态下的增长率（g 等于人口增长率与生产率增速之和）。因此，在其他条件不变时，更高的储蓄率会提高社会中的资本占比，而更高的经济增长率将抑制资本收入比的上升。二是资本产出比 K/Y 和资本边际产出 r 之间的相对变化。在完全竞争假设下，当资本收入比 K/Y 上升

[①] D. Acemoglu, "Directed Technical Change", *Review of Economic Studies*, 2002, 69 (4), pp.781–809。技术进步的偏向性主要是由"价格效应"和"市场规模效应"同时决定的，"价格效应"下的技术进步是稀缺要素偏向型，这是因为稀缺要素的价格更高获利也更多，"市场规模效应"下的技术进步则是丰富要素偏向型，因为更多要素与某种技术结合时，该技术的消费市场越广阔。最终的结果取决于要素替代弹性，两种生产要素互为替代品时（σ>1），市场规模效应会占支配地位，但当两种生产要素互补时（σ<1），价格效应则占支配地位（张俊和钟春平，2014年）。另一个相似的概念是资本增强型技术进步 F（L，AK），技术进步是结合资本发生的，而资本偏向型技术进步的含义是技术进步提高了资本相对于劳动的边际产品。在 CES 生产函数假设下，当要素替代弹性 σ>1 时，资本增强型技术进步是资本偏向的；当 σ<1 时，资本增强型技术进步是劳动偏向的。

[②] O. J. Blanchard, W. D. Nordhaus and E. S. Phelps, "The Medium Run", *Brookings Papers on Economic Activity*, 1997, (2), pp.89–158.

[③] A. E. Harrison, "Has Globalization Eroded Labor's Share? Some cross-country evidence", *UC-Berkeley and NBER Working Paper*, October, 2002.

时，边际产出 r 相对下降，其幅度取决于资本和劳动替代弹性 σ。一般而言在发展过程中 σ 呈上升趋势，因为这一阶段资本替代劳动力的可能性更大。未来资本收入份额 α 会否继续上升，主要取决于技术进步的偏向性、资本和劳动力的议价能力，以及相关的市场结构和制度因素。[1]

2. 教育与技术进步的不平等：影响技能溢价的因素

一个引发收入不平等的重要周期性因素是不同技能水平劳动力的相对供求及其所产生的技能溢价。技能溢价上升会扩大高技能劳动者和低技能劳动者之间的工资差距，从而加剧收入不平等。近年来，导致技能溢价提高的因素主要包括教育不平等、技能偏向型的技术进步和全球化。

教育对于技能溢价的影响是通过调整高技能劳动力的供给实现的，主要包括两种作用相反的机制：一是教育扩张会减小收入不平等；二是教育不平等会提高技能溢价和收入不平等[2]。前者主要体现在教育资源的均等化和高等教育的普及，这会增加高技能劳动力的供给，并压低技能溢价。后者是指教育资源向高收入家庭的倾斜，从而降低了高技能劳动力的供给，产生了"高等教育溢价"。

技能偏向型的技术进步提高技能溢价的主要机制是影响劳动力市场对高技能劳动力的相对需求。这也有助于解释美国在

---

[1] T. Piketty, and E. Saez, "Inequality in the Long Run", *Science*, 2014, 344 (6186), pp.838–43.

[2] K. H. Park, "Educational Expansion and Educational Inequality on Income Distribution", *Economics of Education Review*, 1996, 15 (1), pp.51–58.

1970年之后出现的"技能溢价之谜",即虽然以大学毕业生为代表的高技能劳动力供给迅速增加,但高技能工人的工资反而持续上升。这正是因为该时期内技能偏向型技术进步明显加快,对高技能工人的需求显著上升。当高技能劳动力和低技能劳动力之间存在很高的替代弹性时,即使伴随着高技能劳动力供给的上升,强技能偏向型技术进步也可能使高技能劳动力的工资不降反升[1]。

全球化对收入不平等的影响路径之一,也是通过影响技能溢价实现的。对工业化程度较高的发达经济体而言,全球化会将本国的劳动密集型产业转移到工资成本更低的新兴经济体和发展中国家中去,因此本国对低技能劳动力的需求会大大减少,从而降低本国低技能劳动力的相对工资。对发展中国家而言,尽管本国对低技能劳动力的需求迅速增加,但是一方面国内低技能劳动力供给充分,另一方面大量国际直接投资会投向本国的高技术行业并产生技能偏向型技术进步,因此也会提高对高技能劳动者的需求。

(二)技术和教育成为当前收入不平等的主因

长期来看,影响收入分配周期性变化的两大最核心因素是技术和教育。偏向型技术进步不仅会改变资本和劳动的相对需求,也会改变对不同技能劳动力的需求,而教育则会改变不同技能劳动力的相对供给。此外,全球化和金融深化也是导致近年来收入

---

[1] D. Acemoglu, "Directed Technical Change", *Review of Economic Studies*, 2002, 69(4), pp.781–809.

不平等上行的重要原因。

1. 技术进步导致的不平等

事实上，技术进步被认为是近年来经合组织国家收入不平等加剧的最大原因，约 1/3 的收入差距来自技术进步的影响[①]。

众多研究发现，技术进步是技能偏向型的，在生产过程中主要与高技能劳动力相结合，并倾向于取代对低技能劳动力的投入，因此技术进步会强化对高技能劳动力的相对需求。阿瑟莫格鲁（Acemoglu）发现，过去 60 年内美国的技术进步是技能偏向性的，特别是在 20 世纪 70 年代大学毕业生数量大幅增加之后，偏向于高技能劳动力的技术进步速度进一步加快，导致大学工资溢价不降反升，居民收入差距进一步扩大[②]。针对一些新兴经济体的研究也得出了类似结论，即技能偏向型技术进步显著提高了高技能劳动者的工资水平并降低了他们的失业率，这一点在技能劳动力密集度更高的部门表现得更加明显[③]。

资本偏向型技术进步也会导致劳动收入占比下降。随着机器和自动化技术的使用，部分收入从工人流向了资本所有者。经合组织（OECD）的研究发现，约 80% 的劳动份额下降可归因于

---

① OECD, *Divided We Stand: Why Inequality Keeps Rising*, Paris: OECD Publishing, 2011.
② D. Acemoglu, "Directed Technical Change", *Review of Economic Studies*, 2002, 69 (4), pp.781–809.
③ M. A. Marouani, and B. Nilsson, "The Labor Market Effects of Skill-biased Technological Change in Malaysia", *Economic Modelling*, 2016, 57, pp.55–75.

技术进步[①]。尽管当前劳动者和资本家的界限已经不再像过去那样泾渭分明，但收入份额下降和收入不平等上升之间仍然存在显著的相关性。

全球化同样也会扩大技术进步的影响。对于新兴经济体而言，技术进步会通过国际直接投资等渠道从发达国家扩散到新兴经济体；对于发达经济体而言，全球贸易会提高发达国家技能密集型产品的相对价格，从而鼓励技能偏向型技术进步[②]。

2. 教育不公导致的不平等

教育通过改变不同技能劳动力的相对供给来影响收入不平等。长期来看，教育和技术进步共同决定了对不同技能劳动力的供求和收入不平等，而教育水平的提高会降低收入不平等程度。当技术进步领先于教育变革时，不平等通常会加剧，而当教育进步超过技术进步时，收入不平等通常会下降。当技术进步处于领先地位时，低技能劳动者的工作很可能被技术所取代，对高技能劳动者的需求上升，教育回报和技能溢价也会相应上升。

教育不平等则会降低代际收入流动性，从而扩大收入不平等。富裕家庭的后代有更多机会接受高等教育，而贫穷家庭的后代接受高等教育的路径会随着教育不平等的扩大变得更加狭窄。

[①] OECD, *Under Pressure：The Squeezed Middle Class*, Paris：OECD Publishing, 2019.

[②] D. Acemoglu, "Labor and Capital Augmenting Technical Change", *Journal of the European Economic Association*, 2003, 1（1）, pp.1–37.

例如，美国教育政策的不平衡加剧了教育不平等：一方面，美国的教育支出主要花费在高等教育方面，而且主要来自私人资金，这提高了高等教育溢价，改变了教育资源分配；另一方面，在美国的初等教育中，投入不平衡的现象更为明显，也即对贫困家庭孩子的投入显著低于平均水平[①]。

3. 全球化导致的不平等

全球化尤其是贸易全球化是近年来发达国家收入不平等加剧的重要原因之一，而金融全球化也会加剧发达国家和新兴经济体的不平等。

贸易全球化提高了全球范围内的生产效率和经济增长水平，同时也提高了发达国家的收入不平等水平。对发达国家而言，贸易全球化对于收入差距的影响主要有三个渠道：一是本国对低技能劳动力的需求下降，造成低技能劳动者收入下降和失业率上升；二是全球价值链的演变有利于资本所有者和管理者，并使资本的谈判地位得到强化[②]；三是进口品降低了国内生活消费品的价格，提高了低收入者的实际工资。不难看出，前两个渠道加剧了收入不平等，第三个渠道缓解了收入不平等。

---

① M. Corak, "Income Inequality, Equality of Opportunity, and Intergenerational Mobility", *Journal of Economic Perspectives*, 2013, 27 (3), pp.79–102.
② F. Jaumotte, S. Lall and C. Papageorgiou, "Rising Income Inequality: Technology, or Trade and Financial Globalization ?", *IMF Economic Review*, 2013, 61 (2), pp.271–309; F. Bourguignon, *The Globalization of Inequality*, Princeton University Press, 2015.

金融全球化有利于提高国际资本配置效率，但资本流动的增加被证明会加剧发达经济体和新兴经济体的收入不平等[①]。尤其是国际直接投资的影响得到了广泛验证。对发达国家而言，国内工厂的海外迁移和外包降低了对国内低技能劳动力的需求。对新兴经济体而言，接受国际直接投资的通常是国内相对高技能的产业，这会提高国内对高技能劳动力的需求。此外，国际直接投资会对东道国产生技术外溢效应，也会在利润驱动下诱导母国的技术变革。最后，金融放松管制和全球化被认为是导致技能强度上升和金融业工资增长的重要因素[②]。

4. 金融深化导致的不平等

金融深化对不平等的影响机制较为复杂。一般认为在新兴经济体和发展中国家金融深化的初期，收入分配差距会相应扩大[③]。金融深化会对不平等产生以下两种相反作用：一方面，更多资金将流向那些已经拥有较高收入和较多抵押品的人。这不仅与获取金融服务的难易程度相关，也与信息不平等有关。这一渠道扩大

[①] R. Freeman, "Does Inequality Increase Economic Output ?", *Controversies about Inequality*. Stanford, CA: Stanford University Press, 2010.

[②] T. Phillipon, and A. Reshef, "Wages and Human Capital in the U.S. Finance Industry: 1909–2006", *Quarterly Journal of Economics*, 2012, 127 (4), pp.1551–1609; D. Furceri, and P. Loungani, "Who Let the Gini Out ?", *Finance and Development*, 2013, 50 (4), pp.25–27.

[③] E. Dabla-Norris, K. Kochhar, N. Suphaphiphat, F. Ricka, and E. Tsounta, "Causes and Consequences of Income Inequality: a Global Perspective", *IMF Staff Discussion Notes*, 2015, 15 (13), p.1.

不平等的效果在金融深化初期可能更加明显。另一方面，拓宽金融渠道也会让贫穷人群受益，重要的不是金融深化的程度，而是金融覆盖面的广泛性。

尽管近年来新兴市场国家金融深化的速度显著加快，但这些国家普惠金融的发展相对缓慢。大量信贷集中在大公司和富裕家庭，提高了后者获得金融服务的能力，放大了其金融回报。相比之下，发达经济体中信贷规模占 GDP 之比的上升则与不平等增速的下降有关。这是因为在金融深化后期，金融机构竞争的加强将会减少金融歧视，更为完善的金融体系使得家庭和中小企业更容易获得信贷，从而扩大弱势群体的经济机会（如降低低收入家庭的辍学率）以及降低相对收入的代际持续性。

（三）富者愈富的真相

许多研究表明，前 1% 的顶端收入水平在近年来的空前增长并不能用技术进步或全球化来解释，进一步的解释包括金融自由化、税收政策和劳动力市场的变化等。

1. 金融扩张、政治游说与金融自由化

金融业的迅速发展和金融自由化是顶端不平等扩大的重要原因。近半个世纪以来，无论发达经济体还是新兴经济体的银行信贷均呈现快速增长态势，这不仅提高了富人的财富，也创造出了一大批高收入金融从业者。与此同时，由游说和竞选等政治因素所加速的金融自由化不仅扩大了顶端不平等，也是金融危机频繁

爆发的重要原因[①]。

金融业迅速扩张在很多方面加剧了收入不平等，最直接的是金融业从业人员收入通常非常高。在欧洲，他们占到收入最高的前 1% 人口的 1/5，尽管他们只占劳动力总数的 1/25[②]。然而，这些从业人员的生产力水平并不能与如此之高的工资相匹配。在金融扩张期内，金融从业者尤其是顶端的金融从业者获得了比其他类似工作者更高的工资。在 2008 年全球金融危机爆发后，很多重要金融机构均得到了巨额援助。这意味着顶端金融从业者在危机前获取了高额收入，却不必在危机后承担与高收入相匹配的责任。

加剧收入不平等的更重要因素则是政治游说和竞选背景下的金融自由化。对竞选资金的担忧，使得议员们更多地采取有利于大捐赠者和高收入选民的立场。来自金融业的游说以及金融业培养的政治候选人则致力于推动金融自由化，这造成金融监管缺失，不仅进一步强化了顶端收入不平等，也在很大程度上埋下了风险和危机的隐患。

2. 税率的大幅下降

税收制度尤其是最高税率的大幅下降是顶端收入不平等加剧的另一个重要原因。在过去的 40 年里，许多发达国家的最高税率大幅下降，这使得前 1% 的顶端收入者可以保留更多财富。

---

① D. Acemoglu, "Thoughts on Inequality and the Financial Crisis", *Technical report*, AEA meeting, Denver, 2011.
② OECD, *Under Pressure: The Squeezed Middle Class*, Paris: OECD Publishing, 2019.

如图 5-8 所示，经合组织成员国的最高法定平均税率从 1981 年的 66% 降至 2008 年的 40.4%，之后一直维持在 40% 至 43% 的低位，其中美国、日本、墨西哥等国的下降最为显著。最高税率的大幅下降也是美国顶端收入不平等加剧的重要原因之一。2019 年，在所有 36 个经合组织成员国中，美国的最高税率排在第 23 位，而排在美国之后的多为墨西哥、土耳其、匈牙利、爱沙尼亚等新兴经济体和中东欧国家。除最高税率外，高收入者也从税收制度的其他变化中受益，例如财产税和遗产税负担总体上趋于下降等。税收制度的变化使得高收入者得以积累更多财富并维持财富的代际传递性。

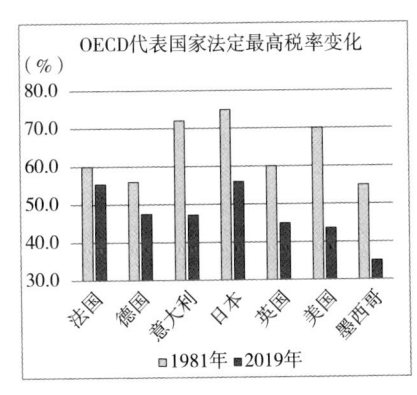

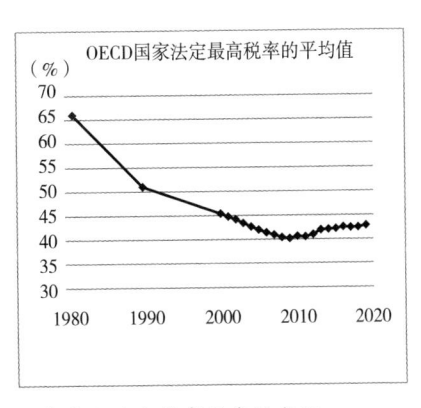

图 5-8　1981—2019 年经合组织国家个人法定最高税率的变化

注：（1）2000 年之后的数据均来自经合组织数据库中的员工最高法定个人所得税率；（2）1981 年各国法定最高税率则是中央政府个人所得税率中最高一档；（3）经合组织国家法定最高税率的平均值为所有经合组织国家员工最高法定个人所得税率的个人均值；（4）1981 年和 1990 年经合组织国家法定最高税率的平均值数据来自经合组织[1]。

---

[1] OECD, *Under Pressure : The Squeezed Middle Class*, Paris : OECD Publishing, 2019.

3. 劳动力市场的"超级明星"和股票期权制度

随着劳动力市场尤其是顶端劳动力市场的全球化，高技能劳动者的流动性大大增加。最优秀的员工在劳动力市场上很容易收到全球各大公司抛来的橄榄枝，这一点在金融行业中尤其明显。前1%的劳动者获得了非常丰厚的报酬，行业顶端和行业后部人群之间的薪酬差距持续拉大。科拉克指出，高等教育溢价的异质性是顶端收入不平等的重要来源[1]。技术可以解释巨大薪酬差距的一部分，但显然不能解释这些差异的全部。例如，在前10%的劳动者中，许多人也拥有高技能，但没有享受到1%的"超级明星"的高薪酬。

来自劳动力市场的另一个解释是高收入者取酬方式的变化。近几十年来，顶端劳动者中收入中以月薪的形式支付的部分越来越少，取代的是以股票期权的形式支付。这一变化的初衷是对"委托-代理"问题的回应，向高收入劳动者或经理人提供股票期权作为薪酬支付的一部分，有助于使得他们的利益与股东利益保持一致。但是股票期权也可能助长经理人的短视思维，后者可能试图在短期内以损害公司长期前景为代价来提高公司股价以从中获利。

三、收入分配失衡的恶果

本节将从三个方面对收入分配失衡的潜在影响进行梳理。

---

[1] M. Corak, "Income Inequality, Equality of Opportunity, and Intergenerational Mobility", *Journal of Economic Perspectives*, 2013, 27（3）, pp.79–102.

首先，持续的收入不平等如何通过影响政治决策最终导致了金融危机的发生。其作用机制主要有二：一是发达经济体对收入不平等的政策应对，二是政治游说引发的监管缺失。其次，全球化如何改变发达经济体内部的收入分配格局，由此产生民粹主义和逆全球化思潮。最后，收入不平等如何导致"长期性停滞"格局的形成。

（一）收入不平等引爆金融危机

在 2008 年全球金融危机爆发后，关于收入不平等导致信贷扩张、杠杆率上升和危机爆发的观点引发了全球讨论。随着 1980 年以来收入不平等的迅速扩大，中低收入家庭生活水平的相对下降引发了调整再分配的政治压力。在收入分配格局短期内难以显著调整的前提下，美国政府选择通过信贷宽松和放松贷款审核条件，促使低收入家庭通过获得抵押贷款来支付住房和消费支出，由此导致信贷热潮和房价上涨。在 2007 年美国房价上涨趋势突然发生逆转后，金融危机随之爆发[①]。

1. 全球金融危机爆发前的特征事实

库姆霍夫（Kumhof）等对比了在 2008 年和 1929 年美国两次重大金融危机爆发前的特征事实（表 5-1）。首先，在这两次危机之前，收入不平等均出现了持续且显著的上升。其次，两

[①] R. G. Rajan, *Fault Lines: How Hidden Fractures Still Threaten the World Economy*, Princeton University Press, 2010.

次危机前同样都伴随着家庭债务收入比的大幅增长。相对于收入最高的前5%的家庭而言，位于后95%家庭的债务上升更为明显。再次，收入较低的后95%群体不仅债务水平更高，其财富占总财富的比例也在下降。最后，金融部门规模在危机发生之前都发生了显著扩张[①]。

表5-1 两次重大危机爆发之前美国的变化

特征事实	2008年金融危机之前			1929年大萧条之前		
	1983	2007	变化	1920	1929	变化
收入不平等：前5%的收入份额	21.8%	33.8%	55.0%	27.4%	34.8%	27.0%
家庭杠杆率：家庭债务占GDP之比	29.1%	98.0%	236.8%	16.9%	37.1%	119.5%
非高收入家庭债务：债务收入比	62.3%	147.3%	136.4%	3.8%	10.9%	186.8%
非高收入家庭财富：财富份额	42.6%	48.6%	14.1%	36.7%	44.2%	20.4%
金融部门规模：金融部门增加值占GDP之比	5.5%	7.9%	43.6%	2.8%	4.3%	53.6%

注：(1) 非高收入家庭指收入位于后95%的家庭。(2) 由于调查数据限制，大萧条之前的数据时间并不是都在1920—1929年的区间内，财富不平等数据是在1922—1929年；家庭债务调查数据是在1919—1935年，金融部门规模是在1920—1928年。

[①] M. Kumhof, R. Ranciere, and P. Winant, "Inequality, Leverage and Crises: The Case of Endogenous Default", *IMF Working Papers*, No.29, 2013.

2. 需求端：不平等提高了家庭的消费需求和信贷需求

相对收入假说为"拉詹假说"提供了一个关于家庭消费决定因素的解释，即家庭储蓄率独立于收入的绝对水平，但却是以下两个因素的递增函数：一是家庭在当地参考组中的收入排名，二是家庭当前收入与过去收入的关系。在收入差距扩大后，低收入家庭会提高负债水平以维持原有的高水平生活，从而导致信贷需求显著增长。

库姆霍夫等将家庭区分为高收入家庭和中低收入家庭，对表 5-1 中的特征事实提供了进一步的解释。他们认为，收入不平等会内生地提高中低收入家庭的杠杆率，而当这种高杠杆发展到不可延续之时，就会引发危机。其理论逻辑是，高收入阶层的金融资产进入其效用函数，并为中低收入阶层提供贷款以维持其消费，进而导致中低收入者债务和金融脆弱性上升[①]。在他们的分析中，危机是由中低收入者的理性违约决策内生决定的。

3. 供给端：不平等促使政府放松信贷

面临 1980 年以来收入不平等的大幅上升，美国政府难以通过税收体系和教育体系改革来改善收入分配水平，而是选择通过提供住房贷款来对中低收入阶层提供支持，以缓解收入不平等所

---

① M. Kumhof, R. Ranciere, and P. Winant, "Inequality, Leverage and Crises: The Case of Endogenous Default", *IMF Working Papers*, No.29, 2013.

引发的政治压力①,从而导致美国的住房信贷规模持续上涨。

此外,在金融发展程度较低的国家,收入不平等会导致国内需求疲软和出口导向的抬头,而在金融发展程度较高的国家,收入不平等会导致穷人向富人借贷。因此在金融发展程度更高的美国,中低收入家庭的信贷规模迅速攀升,而巨大的贸易逆差和资本流入进一步助推了信贷增长。

4. 高杠杆率与金融危机

当中低收入家庭的杠杆率增长到难以维系的水平时,金融危机发生的概率就会显著增大。在美国,当过度信贷引发的房地产泡沫破灭时,随即出现大规模家庭债务违约和产出突然收缩,从而导致次贷危机的爆发。

(二)政治因素放大收入不平等

政治因素不仅是不平等的应对方式,也是不平等产生的重要原因。收入不平等的影响存在国别异质性,不平等最终是否会引发危机,更多地取决于该国不平等的特征及其起因。

在 2008 年全球金融危机爆发前后,有证据表明,在金融脆弱性累积的过程中,金融自由化相比于房地产信贷宽松发挥了更加重要的作用②。这些证据主要体现在三个方面。一是美国等发

---

① R. G. Rajan, *Fault Lines*: *How Hidden Fractures Still Threaten the World Economy*, Princeton University Press, 2010.
② D. Acemoglu, "Thoughts on Inequality and the Financial Crisis", *Technical report*, AEA meeting, Denver, 2011.

生危机的国家金融自由化和房地产泡沫的相关事实。在美国收入分配差距不断扩大的时候，金融业也在努力推动放松管制。许多有影响力的人物（如格林斯潘、鲁宾和萨默斯等）都曾经反对加强金融监管。类似的危机同样发生在没有房地产泡沫的法国、德国、意大利和瑞士，相同之处是这些国家同样没有通过强化监管来约束衍生品市场发展。二是金融业不断尝试削弱房利美和房地美的地位。事实上，房地美并不是在早期设计和推动次级抵押贷款的玩家，而是很晚才进入游戏的。早在 1982 年，里根时期的住房委员会就曾建议剥夺房利美和房地美的政府特许企业地位。1984 年，在金融业的支持和领导下，政府通过了《二级抵押贷款市场增强法案》（Second Mortgage Market Enhancement Act），将没有政府特许企业参与的金融产品同等对待。在 20 世纪 80 年代末期，同样发生了其他试图弱化房利美和房地美在抵押贷款支持证券发行方面角色的尝试。三是金融危机之后政府救助的偏向性。许多关键金融机构得到了巨额援助，而低收入房屋所有者却并没有得到任何援助。

如前所述，金融自由化对顶端不平等的上升而言至关重要。在美国两次金融危机爆发前，前 1% 的顶端收入者的收入份额都迅速攀升至历史高点。如图 5-9 所示，在 1929 年和 2008 年两次重大金融危机爆发前，前 1% 的高收入者的收入份额都曾迅速上升，而在 1%—10% 之间的高收入者收入份额的变化则相对平缓。

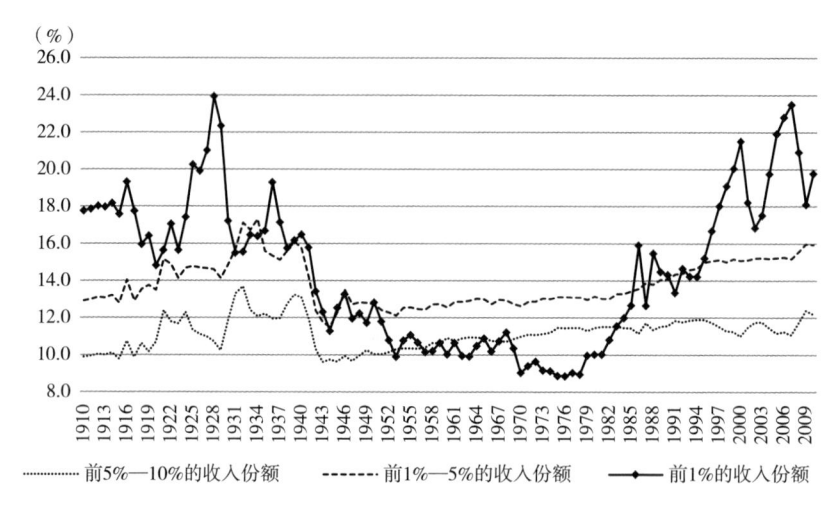

图 5-9　1910—2010 年美国顶端不平等的变化

在民主政治的背景下，政治因素是如何导致金融监管放松、收入差距扩大，以及金融危机爆发的呢？其根本原因是民主提升了富裕阶层事实上的权力（De Facto Power），他们可以通过政治游说等方式来影响政策制定过程。尽管民主将名义上的权力（De Jure Power）重新分配给其他阶层，但富裕阶层可以通过游说来影响政策制定过程。当这一成本并非十分高昂时，他们会采取行动，并将税率和其他制度因素控制在自己的满足点上[①]。

在美国的政治体系下，选举支出的不断上升使得议员们更倾向于有利于大捐赠者和高收入选民的立场。自 20 世纪 80 年代以来，美国众议院和参议院的选举支出增加了两倍以上，这进

---

① D. Acemoglu, S. Naidu, P. Restrepo, and JA. Robinson, "Democracy, Redistribution, and Inequality", *Handbook of Income Distribution*, Elsevier, 2015, 2, pp.1885–1966.

一步提高了他们对资金的需求。巴特尔斯（Bartels）在统计了1988、1990和1992年国会代表的投票后发现，参议员高度响应高收入投票者，中度响应中收入投票者，而基本不响应低收入投票者，其原因可能主要来自竞选支出的压力①。

随着金融业规模的不断扩大，来自金融业的游说和金融业培养的政治候选人致力于推动金融自由化，这造成金融监管缺失，不仅进一步提高了顶端收入不平等，也增加了金融风险和危机隐患。伊甘（Igan）等检验了金融机构游说与抵押贷款之间的关系，发现从贷款产生的事前特征来看，游说更多的贷款机构往往倾向于从事风险更高的贷款②。从事后来看，危机期间游说机构贷款增长较快地区的不良贷款率更高，并且出现了异常的负股票回报。这意味着政治游说不仅扩大了金融自由化和顶端收入不平等，也会导致更高的金融风险。

（三）收入不平等引发民粹主义与逆全球化

近年来，美国民粹主义与反全球化思潮的抬头与不平等的扩大密切相关。在2016年美国大选中，特朗普将全球化和自由贸易作为重要抨击目标，出人意料地获得了选举胜利。他尽管在2020年选举中连任失败，但仍保持着相当高的支持率。他获得

---

① L. M. Bartels, *Unequal Democracy：The Political Economy of the New Gilded Age*, Princeton University Press, 2018.
② D. Igan, P. Mishra and T. Tressel, "A Fistful of Dollars：Lobbying and the Financial Crisis", *NBER Macroeconomics Annual*, 2012, 26（1）, pp.195–230.

了众多中下层白人的支持，这部分人群在全球化、自由贸易和移民的冲击下，面临着失业压力、收入下降等经济损失和社会地位的下降。

全球化的确加剧了发达国家国内的经济不平等、中产阶级衰落和失业问题，这也是民粹主义和逆全球化支持者的主要论点。全球化加剧国内不平等的现象在经合组织国家更加明显，而在不发达国家却并不明显[1]。这佐证了巴格瓦蒂（Bhagwati）的观点，即反对全球化的一般是发达国家，主要原因是国内不平等的提高和政治因素的考虑[2]。对发达国家而言，自由贸易和国际直接投资都会降低对国内低技能劳动力的需求，从而导致中低收入人群失业率上升和收入水平下降，国内不平等随之扩大。此外，全球化降低了劳动力相对于资本的议价能力，削弱了工会的影响，还导致高福利国家出于竞争压力而削减福利支出，这都会扩大收入不平等。如果不能弥补这部分人群在全球化过程中受到的损失，而是放任收入不平等继续扩大，那么反全球化的情绪就会继续积累并最终爆发，迫使政府制定短视且非理性的政策，加剧国际经贸摩擦并最终降低全球化水平。

然而，如前所述，全球化并不是发达国家国内不平等加剧的最重要原因，技术进步和信息化才是首要原因。对于顶端不平等

---

[1] A. Dreher, and N.Gaston, "Has Globalization Increased Inequality？", *Review of International Economics*, 2008, 16（3）, pp.516–536.

[2] J. Bhagwati, "Globalization：Who gains, Who loses？", *Globalization and Labor*, Tübingen：Mohr Siebeck, 1999, pp.225–236.

而言，金融自由化、政治因素、税收制度等才是深层原因。事实上，弄清楚当前的不平等格局究竟是如何形成的、谁从不平等格局中获得了更大好处，这才是中低收入者更为重要的任务。在当前的全球化利益分配中，顶端富豪和资本所有者才是最大受益者，顶端不平等才是更应关注的问题。这一问题并不能从逆全球化浪潮中得到解决。

如果不能改变现有收入分配格局，继续扩大的贫富差距将会加剧美国等发达经济体国内政治的极化与分裂，损害民众对于政府的信任，威胁政治和社会的稳定性。这些国家的政府将不得不实施民族主义和保护主义的政策，这将对全球化、国际秩序和全球治理带来严重威胁。

（四）收入不平等导致"长期性停滞"

2013年，美国财政部前部长拉里·H. 萨默斯（Larry H. Summers）在第14届国际货币基金组织年会上重新提出了"长期性停滞"假说[①]。该假说的核心观点在于，全球的均衡实际利率在2008年金融危机爆发之前就已经降为负值，由于社会总消费的下降，以及企业投资意愿长期低于社会储蓄，这将会引发社会总需求持续不足，从而导致低增长、低通胀和低利率长期并存的局面。

"长期性停滞"的起因可以从储蓄增加和投资减少两方面来

---

① L. H. Summers, "US Economic Prospects: Secular Stagnation, Hysteresis, and the Zero Lower Bound", *Business Economics*, 2014, 49（2）, pp.65-73.

解释。造成储蓄增加的主要原因包括贫富差距的扩大、全球老龄化趋势、全球经常账户失衡[①]以及不确定性的增加。造成投资减少的主要原因包括更少的劳动人口、技术进步停滞不前、资本品价格的下降、信息和通信技术发展对资本的要求下降、债务融资泡沫破灭后的资产负债表衰退等。此外，收入分配不平等也会降低经济效益，导致投资下降。

不平等的扩大会从多个方面加剧"长期性停滞"格局。首先，收入不平等会降低社会总消费。由于边际消费倾向随着收入增加而降低，在贫富分化加剧时，富裕人群的消费增加非常有限，而穷人没有足够收入来消费需求，导致社会总消费水平以及总需求下降。

其次，收入不平等会导致经济扭曲和投资减少。一些人认为，不平等有助于激励企业家创新。但正如斯蒂格利茨（Stiglitz）所指出的，如今的不平等在很大程度上与顶层富豪的寻租行为有关，而这通常会导致经济大蛋糕和原本相比显著缩小[②]。对众多小公司而言，这将会挤压其生存空间和投资意愿。事实上，对顶端

[①] 美联储前主席伯南克认为全球储蓄过剩是全球低利率的主要原因，并最终诱发了2008年全球金融危机。他认为，包括中国在内的新兴经济体和能源产出国作为长期的经常账户顺差国，过度追求安全资产，导致外汇储备迅速增长，从而加剧发达国家的储蓄过剩问题，并促进了金融危机的发生。但是仅仅用国际经济失衡来解释1980年以来发达经济体实际利率的长期下降趋势，难以在时间趋势上相对应，缺乏足够的说服力。

[②] J. Stiglitz, "The Price of Inequality: How Today's Divided Society Endangers Our Future", *WW Norton and Company*, 2012.

富豪显著增税并不会降低经济增长率[①]。

再次,收入不平等会降低低收入家庭的教育投资,进而损害长期经济增长。不断扩大的贫富差距将导致低收入家庭的教育投资减少,出身贫寒的学子接受教育的可能性下降,这会减少贫穷家庭出身者的经济机会,恶化全社会教育资源配置效率,减少高技能工人的数量,最终损害长期经济增长。

最后,收入不平等和"长期性停滞"之间存在相互强化的作用机制。一方面,财富差距的扩大使得富裕人群将更多资金投向房地产市场和资本市场,这并没有提高经济中实体部门的增长率。另一方面,面对"长期性停滞"格局下的需求疲弱和危机冲击,各主要货币当局纷纷采用超低利率和宽松信贷来维持经济增长和金融稳定,这将进一步扩大财富不平等,催生资产价格泡沫和衰退风险。此外,斯蒂格利茨指出,经济不平等扩大会演变为政治不平等[②]。例如,在21世纪初面对经济衰退风险时,美国政府原本可以通过降低中产阶级税负,增加政府在基础设施、技术和教育方面的投资来进行应对,但布什政府恰恰采取了相反的策略——对富人群体减税。

---

① T. Piketty, E. Saez, and S. Stantcheva, "Optimal Taxation of Top Labor Incomes: a Tale of Three Elasticities", *American Economic Journal*, 2011, 6 (1), pp.230–271.

② J. Stiglitz, "The Price of Inequality: How Today's Divided Society Endangers Our Future", *WW Norton and Company*, 2012.

四、共同富裕之路:改善全球收入分配的不平等

对改善国家间的不平等而言,实现全球收入分配的相对平等主要涉及新兴经济体的发展,以及贫困经济体如何缩小与其他国家的收入差距。对新兴经济体而言,近年来,主要新兴经济体的经济增速显著超过发达经济体,尽管受到 2020 年新冠肺炎疫情的冲击,但随着疫情得到控制和疫苗大规模使用,未来新兴经济体的追赶趋势仍将继续。对贫困经济体而言,官方发展援助、全球化和技术转移是解决贫困和缩小与其他国家之间收入差距的良方。在国际援助方面,需要保证转移支付最终流向的是贫穷国家的低收入群体而非富人群体,因此需要提高项目的针对性以及改善受援国的问责机制。过去 40 年来,全球化在很大程度上提高了全球的生产效率和福利水平,尤其是在推动新兴经济体经济增长和缩小全球不平等起方面发挥了很大作用。因此,通过参与国际贸易和吸引国际直接投资来减小自身与全球其他国家的收入差距和技术差距,对于贫困经济体而言至关重要。

对改善国家内部的不平等而言,最重要的是控制近年来顶端不平等的空前恶化。具体措施包括以下六方面。

(一)促进税收制度改革

如前所述,税收制度尤其是最高税率的大幅下降是顶端收入不平等加剧的重要原因之一。根据经合组织的数据,美国的个人

最高边际税率从 1981 年的 70% 下降到 2019 年的 43.7%。因此，税收制度改革有助于降低顶端收入不平等。一方面，累进税制已被证明是控制收入与贫富差距扩大的有效工具，在应对经济衰退风险时，降低中产阶级税负明显优于降低最高税率，而税收抵免也可为低收入工人提供重要支持。另一方面，通过更多地利用财产税和遗产税等方式来调整税收体系对固定性劳动收入和财产性收入的征收比例，也有助于降低不平等程度。此外，税收制度改革在发达国家和发展中国家应当各有侧重。对发达国家而言，应提高税收强度尤其是最高税率和财产税的强度。对发展中国家而言，扩大税收的覆盖范围可能更加必要。

（二）加强金融监管，建立全球金融资产实名注册制度

金融监管松弛不仅是顶端收入不平等扩大的重要原因，也是造成金融危机的重要因素。政府应通过加强金融监管来缓解收入不平等尤其是顶端收入不平等的迅速攀升，并且防范化解系统性金融风险。首先，监管部门应加强对银行业和证券业的监管，对金融衍生品实施更严格的监管措施，以及遏制市场操纵和过度投机活动。其次，通过监管改革来减少金融部门企业的进入障碍、增加银行体系面临的竞争，这有助于减少金融歧视以及扩大弱势群体的经济机会。最后，建立全球金融资产实名注册制度，可以有效遏制逃漏税、洗钱等非法行为，避免收入和贫富差距进一步加剧。

（三）提升教育水平和受教育机会的平等性

在驱动收入分配周期性变化的因素中，技术进步和教育是两个最重要的因素。整体教育水平的提高有助于增加高技能劳动力的供给，降低技能溢价带来的收入差距。全面的教育体系和高质量的高等教育可以促进经济增长并缓解收入不平等。此外，政府应鼓励对职业培训的持续投资，确保工人得到他们所需的培训，并确保人们的能力与其从事的工作更好地匹配。

教育的公平性同样重要，即要使来自贫困家庭的孩子也有机会接受更好的教育，减少社会背景对教育的影响和代际流动性的下降。在实现教育公平方面，早期教育的公平性最为重要。正如经济学家赫克曼所指出的，受益于早期儿童保育和教育的年轻人更容易获得持续学习的能力。

（四）正确应对全球化的负面影响

保护主义并不能缓解发达经济体的国内收入不平等。不论是对发达经济体还是新兴经济体而言，全球化对于国家整体都是有利的。但在全球化的利益分配过程中，发达经济体的内部分配更为不均。发达国家低技能劳动者是全球化过程中的主要受损群体，而顶层富豪则是最大受益者。尽管价格低廉的进口品提升了所有消费者的福利，但跨国企业和资本所有者拿走了更多收益。

要应对全球化造成的收入分配恶化，最重要的是改变现有收入分配格局以弥补低技能劳动者在全球化过程中受到的损失。一方面，应促进本国产业转型升级，提高转移支付，由政府向中低技能劳动者提供教育培训的机会；另一方面，应考虑对某些特殊商品征收国际税以增加对中低收入劳动者进行转移支付的能力，如对短期跨境资本流动征收托宾税、对碳排放征税等。

（五）提高劳动者的议价能力

合理的劳动力市场政策法规（例如最低工资、工会组织和社会保障）往往能够改善收入分配状况。然而，为了提高国际竞争力，发达国家进行了劳动力市场改革，采取了更加灵活的劳动力市场政策，将资源重新分配给生产率更高的企业和促成企业重组来增强经济活力，这意味着放松对劳动力市场的监管，削弱劳动者的相对议价能力，从而加剧了收入不平等，这对低技能工人影响更大。具体而言，工会成员占劳动者比例的下降、更宽松的雇佣和解雇法规、降低最低工资水平等都会加剧收入不平等。因此，适当提高工会人数、加强劳动力市场监管、设立更加合理的最低工资水平等，这些政策有助于更好地维护中低收入劳动者的利益。

（六）在社会保障等领域加大投资力度

转移支付在减少不平等方面发挥了重要作用，完善的社会保障体系可以在很大程度上减少低收入人群的基本生活支出、医疗支出和其他意外支出。很多国家仍有显著的改善转移支付和社会保障的空间。这意味着应将援助重点放在那些最需要帮助的人身上，并限制那些主要惠及高收入者的税收减免。转移支付是收入再分配的主要手段，但对特殊支出（例如生育、教育、养老等）的税收抵免也可以发挥重要作用。尤其是在卫生和教育等公共服务方面，针对收入不平等的包容性增长政策往往比简单提高人们的收入更为有效。不过，在这一方面，也需要警惕政府支出过度带来的公共债务风险。

CHAPTER 06

经济全球化：

周期特征、驱动因素与潜在影响

"经济全球化是社会生产力发展的客观要求和科学技术进步的必然结果"。[①] 经济全球化不仅会影响人类的思维方式和生产方式,也改变了主要经济体的政治、文化、社会生态。从历史发展阶段来看,虽然世界经济发展偶有"逆风"(逆全球化),但总体来看,经济全球化是不可逆转的时代潮流和最为鲜明的时代特征。

一、经济全球化推动世界经济大发展

20 世纪 70 年代以来,随着科学技术的发展和全球经济的不断融合,全球一体化大市场逐步建立起来。斯蒂格利茨在其著作《全球化及其不满》中指出,"因交通运输和通信成本的急剧下降,世界上的各个国家与人民之间的关系变得更加紧密。同时,商品、服务、资本、知识以及人员跨境流动(在较小程度上)的人为障碍也被打破"。

一般认为,经济全球化萌芽于 15—16 世纪的新航路开辟,发展于第一次工业革命,壮大于信息科技革命。当前,随着 5G、人工智能等技术的不断成熟、数字经济的深入发展,经济全球化有望进入新的发展阶段。

(一)国际贸易不断扩大

1948 年至 2019 年,全球货物出口总额从 585 亿美元增长至 18.89 万亿美元,货物进口总额从 622 亿美元增长全 19.24

[①] 习近平在世界经济论坛 2017 年年会开幕式上的主旨演讲,见 http://www.xinhuanet.com/politics/2017-01/18/c_1120331545.htm。

万亿美元，两者均增长了 300 多倍（图 6-1）。

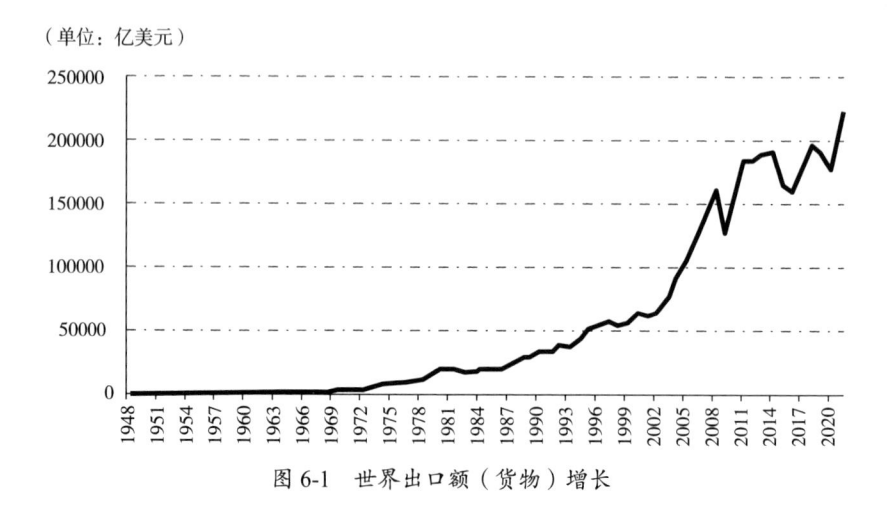

（单位：亿美元）

图 6-1 世界出口额（货物）增长

数据来源：CEIC。

自 1960 年以来，商品贸易总额占全球 GDP 的比重迅速提升，从 1960 年的 17% 上升到 2019 年的 44%；商品贸易总额占经合组织 GDP 的比重从 1960 年的 15% 上升至 2019 年的 43%（图 6-2）。

自 1960 年以来，商品贸易总额占中等收入国家 GDP 的比重从 1960 年的 18% 上升到 2019 年的 40%；商品贸易总额占高收入国家 GDP 的比重从 1960 年的 16% 上升至 2019 年的 47%（图 6-3）。

（二）国际对外投资快速增长

1970 年至 2019 年，全球对外直接投资从 119 亿美元增长至 1.11 万亿美元。但自 21 世纪初以来，全球对外直接投资规模并未线性上升，而是多次大幅波动（图 6-4）。

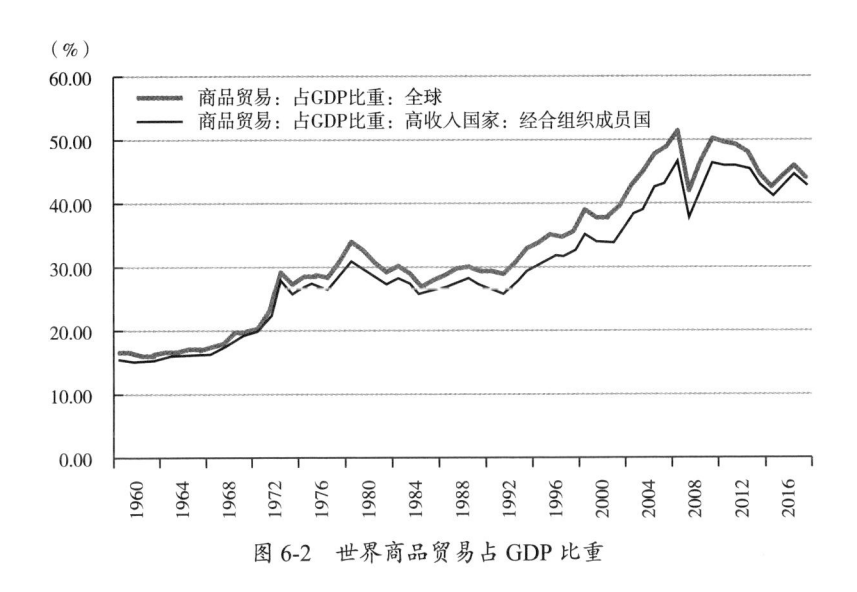

图 6-2 世界商品贸易占 GDP 比重

数据来源：CEIC。

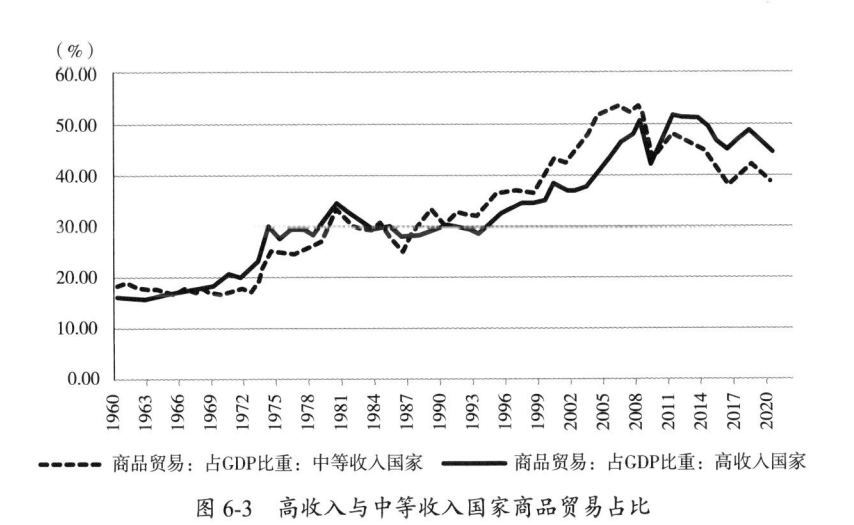

图 6-3 高收入与中等收入国家商品贸易占比

数据来源：CEIC。

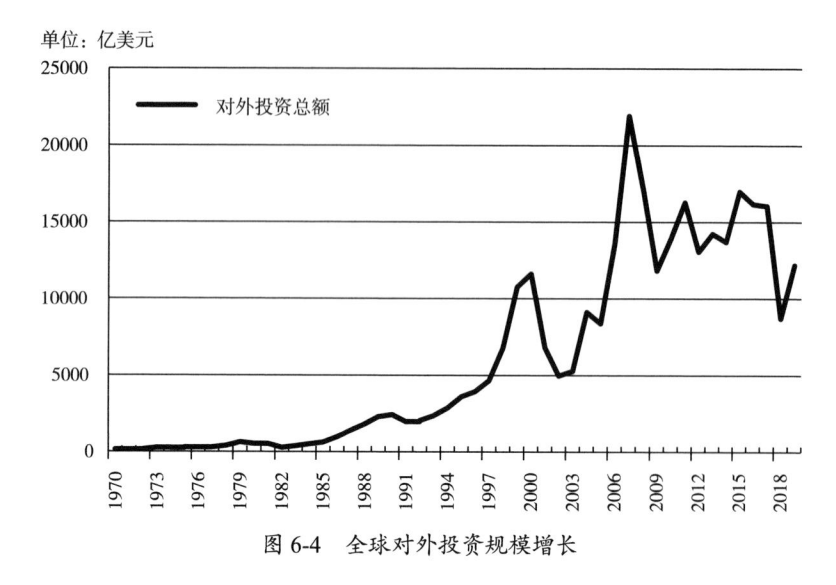

单位：亿美元

图 6-4　全球对外投资规模增长

数据来源：CEIC。

对外直接投资规模占全球 GDP 的比重从 1970 年的 0.48% 上升到 2019 年的 1.68%。该比重在 2000 年之后也呈现出大幅波动的态势（图 6-5）。

（三）金融全球化不断深化

经济全球化的核心是"金融全球化"[①]。金融全球化发展一般由发达国家扩展至发展中国家。金融全球化的一个显著特点是，跨境资本流动的波动性很高，呈现出大进大出的特征，经常成为金融风险甚至金融危机的导火索（图 6-6、图 6-7）。

---

① 方福前：《论经济全球化的特征》，《江汉论坛》2011 年第 2 期。

图 6-5　全球对外直接投资占全球 GDP 比率（1970—2019 年）

数据来源：CEIC。

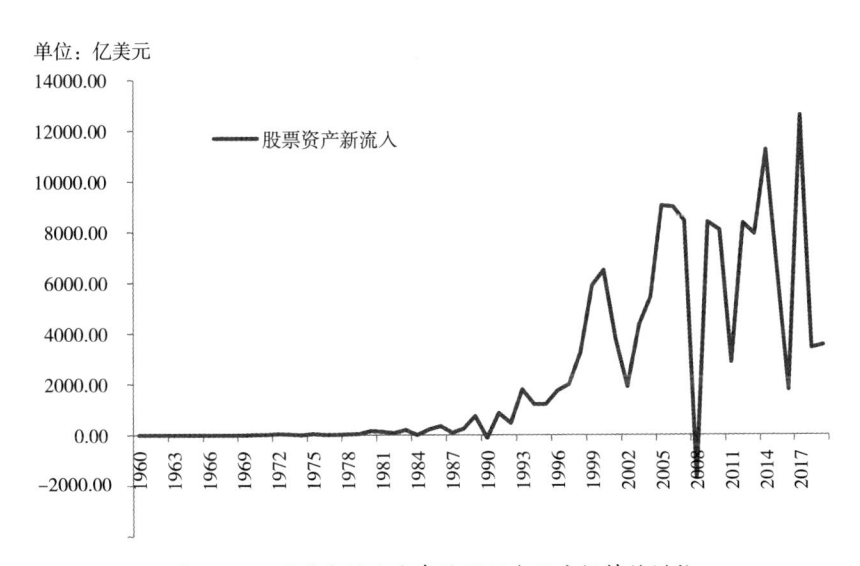

图 6-6　以股票市场为代表的国际金融市场持续增长

数据来源：CEIC。

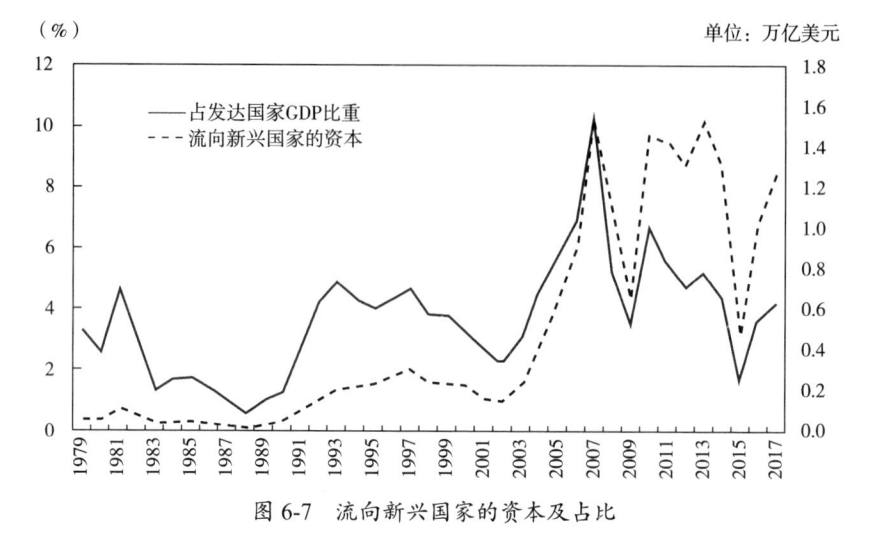

图 6-7 流向新兴国家的资本及占比

数据来源：CEIC。

二、经济全球化 500 年

一般认为，经济全球化开始于大航海时代。经过近 500 年的发展，经济全球化虽然已成为历史主流，但是经济全球化也不是一蹴而就的，在发展过程中遭遇过诸多问题和挑战，甚至会因为战争、贸易争端等而出现逆转。

（一）经济全球化的历史阶段

从发展进程来看，经济全球化可以分为以下四个阶段。

第一个阶段，从 15 世纪末到 19 世纪中叶。航海大发现为新航路的开辟创造了条件，促进了东西方商品贸易，形成了以农产品和工业原材料为主的世界商品大市场。无论是从规模还是从交易商品的范围来看，17—18世纪的国际贸易市场仍然是区域性商品市场。新航路的开辟和贸易的发展促进了欧洲主权国家、跨国公司，以及军队现代化的发展，为第一次工业革命的爆发提供了物质基础和思想基础。第一次工业革命极大提高了企业的生产力，企业开始走向跨国生产，世界市场逐渐显现。

第二个阶段，从19世纪中叶到20世纪30年代。该阶段是经济全球化的快速发展阶段。随着19世纪中叶英国工业革命基本完成，欧洲工业生产在英国的带动下快速扩张，欧洲和北美洲国家基本实现了工业化生产。现代化交通工具和通信工具（如电报、电话等）推动世界商品贸易规模大幅增长。

第三个阶段，从第二次世界大战结束到20世纪90年代。世界经济在战争结束后恢复增长。这一阶段有如下显著特征：一是诞生了以世界银行和国际货币基金组织为代表的国际多边金融机构；二是以世界贸易组织（WTO）为主导的关税贸易规则为世界贸易的发展提供了关键规则和制度，形成了规则主导的交易市场；三是跨国公司成为经济全球化生产、销售和交易主体。发达国家跨国公司从20世纪40年代的5000多家增长至20世纪90年代的5万多家，占到全世界产值的30%以上。跨国公司使得国际分工、国际贸易、销售和经营高度一体化，全球范围内的世界工厂已经形成。

第四个阶段，从20世纪90年代到现在，经济全球化迈入了新阶段。金融全球化成为经济全球化的主导旋律，其主要表现有三：一是全球金融资产规模不断扩大。二是国际金融衍生工具市场急速膨胀。随着20世纪70年代以来金融自由化的加速，利率、汇率、证券类衍生工具得到了快速发展。三是跨国金融交易迅速发展，股票债券的跨国发行和交易规模急剧攀升，金融监管面临新的挑战。

（二）逆全球化现象

张宇燕指出，经济全球化主要是由科学技术和制度规则驱动的，而如果制度规则发生逆转，经济全球化也可能发生逆转[①]。经济全球化在发展过程中，就曾多次因为战争和贸易争端的爆发而出现逆转，也即产生了阶段性的"逆全球化"现象，主要原因如下：

一是国家战争。战争是逆转经济全球化的最重要原因。战争不仅破坏了国际贸易的基础性条件，也使得国际交往与国际贸易变得更难以实现。战争对商品生产和国际分工的负面冲击也非常显著。

二是经济衰退。引领国的过度扩张消耗了大量内部资源，容易陷入内部纷争，难以继续对外开拓市场。在面对外部挑战时，引领国难以维持经济秩序和提供公共产品，国际经济的局势和规则也会相应出现动荡。

三是全球博弈。张宇燕指出，经济全球化实际上是一个全球福利重新分配的过程[②]。在该过程中，某些利益受损集团可能会联合起来反对全球化进程，要求对利益重新进行分配，从而使得全球化出现倒退。

---

① 张宇燕：《全球化与中国发展》，社会科学文献出版社2007年版。
② 张宇燕：《全球化与中国发展》，社会科学文献出版社2007年版。

四是经济危机。全球性经济金融危机通常会导致全球经济陷入衰退、发展中国家国际收支出现恶化、发达国家财政收支出现失衡。经济金融危机使得国际贸易条件变得极为脆弱，国际投资和国际金融则可能迅速萎缩，主要经济体面临再平衡风险，国际贸易争议显著增多，贸易保护主义重新泛起[1]。

五是潜在冲击，例如严重的自然灾害和疾病大流行等[2]。潜在冲击有可能对国际贸易的制度和交易基础造成重大影响，例如对交易环境的破坏、对交易规则的约束、对交易技术条件的损毁等。"其范围和规模足以动摇全球化的物质基础，那么也可能造成这个历史进程的逆转"[3]。

（三）经济全球化的进步与倒退

经济全球化既表现为商品、服务和其他要素的全球流动和分配，也表现为国际经济规则和秩序的调整和重构。"商品和服务以及要素的流动由科学技术的进步以及国际分工的深化所决定。经济全球化从低级到高级具有内在的必然性；后者是由民族国家之间的相互关系所决定，因此，经济全球化的发展又会呈现出周期性的波动。"[4]

从经济全球化的历史来看，在经济全球化的快速推进过程

---

[1] 盛斌、黎峰：《逆全球化：思潮、原因与反思》，《中国经济问题》2020年第2期。
[2] 张宇燕：《全球化与中国发展》，社会科学文献出版社2007年版。
[3] 张宇燕：《全球化与中国发展》，社会科学文献出版社2007年版。
[4] 李向阳：《经济全球化的发展方向》，《求是》2018年第21期。

中，负面因素将会逐渐累积，逆全球化成为经济全球化过程中的重要现象。"它包含由全面开放退回到有条件开放，甚至封闭的过程。"① 换言之，经济全球化所导致的全球经济繁荣在经济金融危机、战争、全球公共卫生等外在的冲击下，随着负面效应的上升，逆全球化可能成为阶段性主流。随后在科技进步和经济增长的推进下，经济全球化在阶段性受挫后又会迎来新的发展②。张宇燕认为，经济全球化的分期主要受到"器物"与"制度"之间关系的推动，呈现出螺旋式发展，在全球化加速与全球化逆转之间交替演进③。

在第一次工业革命的推动下，工业生产与运输效率得以大幅提升，国际贸易出现空前繁荣，国际资本和劳动力出现大规模跨境流动，在金本位制的支持下，英国作为全球霸主建立并维护了国际经济与政治秩序。德国和日本等新兴国家开始成为国际政治经济力量的挑战者。

随着新兴国家和老牌帝国之间的各种冲突加剧，第一次世界大战爆发。在经济大萧条的冲击下，第二次世界大战进一步逆转了全球化趋势。贸易保护主义、民粹主义、货币战争等对国际经济政治制度产生了巨大冲击，全球贸易额几乎下降了一半④。

---

① 佟家栋、刘程：《逆全球化浪潮的源起及其走向：基于历史比较的视角》，《中国工业经济》2017 年第 6 期。
② 包群：《经济全球化可逆吗》，《中国工业经济》2017 年第 6 期。
③ 张宇燕：《全球化与中国发展》，社会科学文献出版社 2007 年版。
④ M. Amiti and D.E. Weinstein, "Exports and Financial Shocks", *The Quarterly Journal of Economics*, 2011, 126（4）, pp.1841–1877.

第二次世界大战结束后，以美国为主导的西方国家面对第二次世界大战带来的历史灾难，摒弃了贸易保护主义和民粹主义，积极推动经济发展、国际贸易和国际投资，使得全球经济迎来第二波全球化浪潮。为恢复国际经济秩序，由美国主导建立了关税及贸易总协定（GATT）、世界银行、国际货币基金组织等一系列国际多边机构。以美元为主导的"布雷顿森林体系"为西方经济提供了长期稳定的经济金融环境。随着苏联解体、东欧剧变，第二次全球化浪潮达到了前所未有的高度（图 6-8）。与第一次全球化浪潮相比，贸易自由化和金融开放成为更为重要的推动因素[1]。

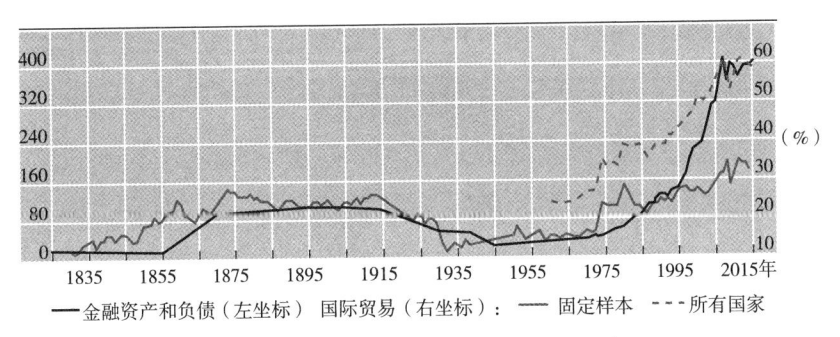

图 6-8　样本国家进出口占 GDP 的比率

注：1970 年以前按照外部金融资产的两倍进行计算。
资料来源：Federico and Tena-Junguito (2017); Lane and Milesi-Ferretti (2017); Obstfeld and Taylor (2004); Federal Reserve flow of funds accounts; IMF Balance of Payment Statistics; World Bank; Us Department of the Treasury; Mckinsey Global Institute analysis; BIS 的计算。

---

[1] BIS, "*87th Annual Report*", March, 2017.

当前，在 2008 年全球金融危机余波和 2020 年新冠肺炎疫情的冲击下，美国重回"美国优先"政策，加大了与其他国家特别是中国的经贸摩擦，经济全球化再次遇到挑战。"逆全球化"现象再次成为世界性话题。

三、制度和技术：经济全球化的主要驱动因素

从经济全球化的构成要素来看，交易规则制度和技术是经济全球化的基础，科学技术是经济全球化的重要推动力，跨国公司是经济全球化的重要载体。国际交易规则和制度的变迁为全球化注入新的动力，推动经济全球化车轮向前滚动[①]。

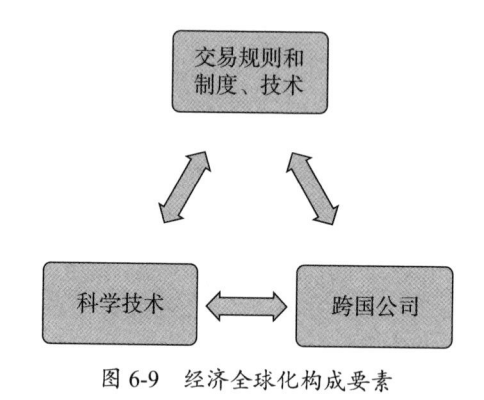

图 6-9　经济全球化构成要素

（一）科学技术是经济全球化的主要推动力

科学技术进步为经济全球化提供了物质准备，并促进了国际

[①] 华民、孙烽：《经济全球化的成因、特征、效应与中国的应对》，《复旦学报》（社会科学版）2000 年第 5 期。

分工与劳动生产率的提高，成为经济全球化的主要动力。同时，技术进步也为跨国公司的建立和人口的国际流动创造了条件，进一步提高了经济全球化程度。

第一，科学技术进步为经济全球化提供了物质基础，极大提高了生产力水平。一方面，科技产业化促进了消费市场的形成，为企业提供了新的交易性机会；另一方面，科技发展使得生产成本、交易成本、销售成本等迅速下降，为商品贸易和交换提供了便利。因此，科学技术进步不仅极大拓展了商品和服务的生产边界，还将生产的规模效应和范围效应发挥到极致，并且大幅度压缩了沟通和管理成本。

第二，科学技术的外溢性促进了国际分工和劳动生产率的提高。随着科学技术的发展和全球范围内的应用，国际分工进一步深化，商品生产被整合到全球价值链中。在全球金融危机爆发前，全球经济高速增长，呈现出历史罕见的长时间繁荣期。

第三，科技革命极大地促进了跨国公司的发展。新技术和新设备使得生产更加便捷，国际金融市场使得资本流动更为容易，全球生产、销售和交易网络的一体化使得跨国公司成为经济全球化最为重要的载体。

第四，科技革命促进全球人口流动。全球生产、销售和交易网络的一体化使得全球人员流动成为不可阻挡的趋势，全球移民规模快速增加。截至 2019 年，全球移民规模高达 2.72 亿，占到全球总人口的 3.5%。

（二）跨国公司是推动经济全球化的重要力量

跨国公司作为世界经济增长的引擎，通过推动生产全球化、资本全球化、贸易全球化和技术全球化，在经济全球化进程中扮演了至关重要的角色。

首先，跨国公司是经济全球化的生产主体。跨国公司作为面向国际市场的大型企业，能够依靠自身强大实力将产品生产过程分散到不同国家和地区，最终形成跨国界的生产线。整体利益最大化目标促使跨国公司在全球范围内进行合理分工和专业化生产，这使其可以充分利用各国的资源禀赋，达到节约成本与提高劳动生产率的目标，最终实现规模经济。从这一意义上而言，跨国公司和经济全球化的目标是相同的，跨国公司的发展也推动着经济全球化的进一步发展。

其次，跨国公司是经济全球化的资本主体。跨国公司通过直接投资的方式扩大国际性资本投资。这种国际性投资既是跨国公司垄断国际市场的内在要求，也是加快经济全球化进程的重要手段。日益发展的跨国兼并收购使得世界各国在政府主导的政治体系之外有了经济上的联系，推动了全球经济结构的调整和重组，使得各国在全球化进程中的联系变得更加紧密。此外，跨国公司的国际投资催生了对国际资金融通服务的需求，这将会促进国际金融机构的全球化发展。

再次，跨国公司是经济全球化的贸易主体。第一，跨国公司规模日益增大的结果是在世界各地出现了许多子公司，这些子公司的生产专业化程度较高，内部分工明确，导致公司内贸易的规模不断攀升，公司内贸易已经成为国际贸易的重要组成部分和贸易全球化的重要推动力。第二，跨国公司为达到规模扩大的目的而在世界各地投资建厂，使得许多之前不参与国际贸易的国家和地区成为国际贸易体系的有机组成部分，扩大了国际贸易体系的边界，推动了贸易全球化的进程。

最后，跨国公司是经济全球化的技术主体。跨国公司为取得国际竞争优势，需要不断地进行科学技术研究，并将先进技术应用于自身生产，实现提高产品质量或是开发新产品的目标。这通常需要跨国公司在世界各地的子公司分工协作，共同分享技术成果。这使得新技术的应用范围迅速扩大，传播速度极大提高。

（三）全球竞争规则和市场纪律的形成

全球竞争规则和市场纪律的形成是多边经济合作形成与维持的必要条件，也为经济全球化提供了重要驱动力。

首先，有效的全球竞争规则是建立多边经济合作的基础。在竞争规则指引下，符合规定的企业在全球范围内的交易成本显著下降，有助于推进生产和销售的全球化进程，同时也有助于在最大范围内促进各种资源的有效配置。

其次，全球性市场纪律是能够有效维持多边经济合作的重要因素。全球性市场纪律驱动使得经济主体的行为更加符合全球经济一体化发展。如果不遵守全球性市场纪律，企业、集团和国家将失去竞争机会、市场和工作岗位。因此，市场纪律对参与者的约束能够有效维持多边经济合作的效率和质量，从而成为经济全球化的重要驱动力。

四、经济全球化的潜在影响

一方面，经济全球化提高了国际贸易与国际投资的可达性、便利性，加速了国际分工，提高了全球劳动生产率，实现了资源在全球范围内优化配置；另一方面，经济全球化也给相关经济带来了显著的风险与挑战，例如加了剧国内不平等，增加了治理难度，增加了爆发金融危机的风险，加剧了全球气候变化等。

（一）促进全球经济增长

一方面，发达国家利用地位和技术、标准等实现对全球经济控制，实现了经济长期增长。以美国为代表的发达国家依靠自身强大的经济实力与国际话语权，强势主导了经济全球化的战略安排，从行业和生产环节两个方面占据发展先机。从生产环节来看，它们通过科学技术控制、知识产权控制、品牌形象控制等一系列控制手段占据了商品生产的高端核心环节，同时将生产的中低端环节转移到广大发展中国家。

另一方面，发展中国家通过参与经济全球化，获得经济增长必需的技术、资本等要素，实现经济增长。一是发展中国家利用经济全球化引进发达国家的科学技术；二是发展中国家利用经济全球化吸引跨国公司投资，为本地居民提供就业机会；三是发展中国家参与全球经济活动，推动本地企业发展。

近年来，随着发展中国家的崛起和世界多极化趋势的显现，发达国家和发展中国家在经济全球化中的受益模式发生了变化。发展中国家市场规模增大，成为发达国家的重要出口市场，为后者创造了大量就业，这一点在互补性强的经济体之间尤为明显。以中美两国为例，中国是美国货物出口增长最快的市场，美国是中国最大的进口国。

总体来看，经济全球化促进了全球经济增长，发达国家和发展中国家通过不同的机制都从中获益。虽然当今世界格局和发展趋势有所变化，但全球化参与各方实现共赢的局面是稳定且可持续的。

（二）深化多边经济合作和国际分工

经济全球化为世界各国之间的交流与合作创造了机会，极大地深化了多边经济合作和国际分工程度，使得各国之间的联系变得更加紧密，推动全球经济治理不断深化。

在经济全球化过程中，世界各国之间的联系越来越紧密，多边经济合作也越来越频繁。多边主义体现了全球治理多元主体协商共治的价值内涵，是二战后维持世界秩序和平与稳定的基石。除传统多边贸易体制之外，二十国集团（G20）峰会和金砖国家等新型国际合作机制在2008年全球金融危机蔓延和深化的严峻形势下应运而生。在经济全球化的推动下，国际经济合作与区域性经济合作并存，国际协定与区域、超区域协定并列，全球经济治理走向多边经济合作的高潮[①]。

(三)提高全球生产能力

经济全球化带来的更细致的国际分工提高了世界市场竞争的激烈程度,促进了全球价值链、供应链的形成,从而能够更合理地配置生产要素,构建更高效的协调机制,显著提高全球生产能力。

经济全球化的结果之一是产品内分工(Intra-product Specialization),这是由跨国公司节省生产成本和进行全球产业布局两个内在动机决定的。

经济全球化使得生产各环节的可协调性大大提高,产品内分工得以实现。在网络信息技术的支持下,全球化形成的分工体系能够在全球范围内精心设计采购与运输物流体系,避免了因多余库存和延迟周转带来的市场失灵。

(四)增强全球协调能力

在全球化程度日益加深的过程中,国家间在生态、社会和文化等方面的协调能力逐渐提高,这促进了世界各国的交流与合作,并使得全球化从经济领域扩展到国际社会的其他重要领域。

目前全球生态问题正以全球性、超越意识形态性、严峻性的特征呈现出来,这就要求世界各国必须建立有效的协调机制来进

[①] 孙丽丽:《从应急机制到合作平台 G20 正在成为全球经济治理的首要机制》,《亚非纵横》2010 年第 5 期。

行应对。

全球生态协调机制的建构和协调能力的提高事实上建立在经济全球化的基础之上。一方面，世界贸易组织有关法律法规针对生态环境保护有着明确规定；另一方面，众多双边经贸协定中也包含着环境和生态规则，这使得经济方面的奖惩机制、磋商机制和争端协调机制等可以直接运用到生态条款的执行过程中来。一旦协定签订者做出有损于条款规定的生态原则的行为，其在国际贸易中也会受到影响。换言之，经济全球化过程中形成的各国在国际贸易和国际分工方面相互依赖的局面提高了各国破坏生态环境的机会成本，这在一定程度上减少了相关生态问题的出现，提高了全球生态协调能力。

另一个重要合作方面是打击全球恐怖主义。自20世纪90年代以来，各国频繁地遭受恐怖主义袭击。恐怖活动出现了跨国化、国际化和技术化等显著变化，恐怖活动的预算和开支大幅度增长，恐怖组织拥有强大的财力和融资能力，国家单独打击恐怖主义的难度增大。在此背景下，经济全球化进程中培养出的全球合作意识和相互依赖性有助于提高全球范围内打击恐怖主义的协调能力。

首先，在"9·11"事件后，联合国先后制定了《制止资助恐怖主义国际公约》《消除国际恐怖主义的措施》等纲领性文件，这些文件均要求各国加强合作，增进联系，采取积极的措施打击与防范恐怖融资行为。其次，1989年成立的金融行动特别工作组公布了"不合作国家和地区名单"以及"国际合作评估小组名单"，以此对恐怖主义进行打击。最后，国际货币基金组织与金融行动特别工作组开展合作，积极评估各成员国遵守反洗钱反恐怖融资国际标准的情况，并就如何改进反洗钱反恐怖融资制度提供技术支持。

简言之，通过在经济全球化进程中建立起的强大的国际组织、区域组织和培养出的国际信任，国际社会在生态环境保护、打击恐怖主义等层面的国际协调能力显著提高。与此同时，各国在经济全球化中形成的经济上相互依赖也成为特定国家脱离全球生态和反恐协调需要付出的代价。

（五）缩小国家间收入绝对差距

经济全球化对全球减贫进程发挥了重要作用，降低了世界各国收入的绝对差距，提高了全球人民的生活水平。虽然全球范围内的国家间不平等依然严重，但经济全球化使得这种不平等的程度呈现持续下降趋势。2018 年全球收入的基尼系数比 1970 年降低了约 1/4。以中国为代表的新兴市场国家的经济迅猛增长，对国家间不平等的缩小发挥了重要作用。

第一，经济全球化带来了产业转移，使得发展中国家有了快速追赶的机会和条件。经济全球化导致发达国家将国内日渐衰落的劳动密集型产业转移到发展中国家，在这种产业转移中，发展中国家扩大了就业人口规模，增加了本国收入，提高了企业生产效率，降低了各种成本。劳动密集型产业的发展给发展中国家提供了学习与模仿的机会，加快了非熟练工人向熟练工人转化的速度，以及带来了非熟练工人真实工资水平的提高。第二，经济全球化加快了科学技术在全球范围内的扩散速度，赋予发展中国家技术进步的后发优势。发达国家的技术进步主要依靠投入大、风险高、回报率低、速度较慢的自主研发模式。相反，发展中国家可以进行技术引进和直接模仿，这种技术进步方式需要的投入少并且风险低，能够更好地满足发展中国家的自身条件和发展需求。

（六）加剧国内不平等

经济全球化是导致经济体国内不平等的重要原因[1]。

对发达国家而言，经济全球化导致了国内的严重矛盾和群体分裂。这种分裂先是表现为收入和财富分配上的差距，然后是人力资本积累上的差异，接着是生活方式的不同和价值观的差异。过大的收入财富分配失衡将会加剧社会矛盾，引发种族、地域、年龄、职业层面的社会冲突，例如2011年的"占领华尔街"运动和2020年的"黑命贵"示威。

对发展中国家而言，一些从全球化受益的国家也经历了收入和财产分配失衡的扩大，其根源在于经济全球化过程中的行业发展的不平衡性。第一，发展中国家大量承接了由发达国家释放出来的劳动密集型行业，这虽然使得发展中国家的经济快速发展，但发展中国家的工资水平仍长期保持在较低水平。换言之，发展中国家在经济全球化中获得的利益并未平等地进行

---

[1] 李实：《全球化中的财富分配不平等：事实、根源与启示》，《探索与争鸣》2020年第8期。

分配，大量工人仍旧只能拿到较低工资。第二，技术、设计和营销等高附加值行业对专业知识或特殊技能有着很高要求，只有小部分接受了高等教育、拥有特殊技能或握有特殊资源的人才能从事这些行业。第三，商品和资本的跨国流动相对于劳动力更加活跃，这会降低劳动力的议价能力，带来工资下行压力，限制对资本征税的可行性，提升劳动性收入的税收负担。

（七）放大经济金融危机风险

经济全球化最为显著的效果是推动金融自由化。金融自由化一方面有利于实现资源优化配置及投资，另一方面又最容易导致危机的出现。由于人们对金融业的功能、性质认识比较模糊，缺乏一套成熟有效的规则来规范和管理金融业，加上缺乏国际间的危机预防与经济处理机制，导致全球化时代金融危机爆发频率明显上升。在拉美金融危机、东亚金融危机等诸多区域经济危机中都可以看到国际游资的阴影。随着新兴市场国家金融自由化进程的加快，游资大进大出对其经济增长与金融稳定的冲击也将变得更加显著。

（八）加大主权国家治理难度

经济全球化可能导致发展中国家主权受到挑战，这又具体表现在以下方面[1]：

---

[1] 程亚文:《经济全球化、利益疏离与政治撕裂——当代世界经济政治的新转折》,《外交评论》2019年第6期。

第一，在生产全球化中，发展中国家囿于自身基本条件，大力发展劳动密集型产业，而由发达国家控制设计、营销等高端环节。发展中国家生产什么、生产多少、如何生产都是由发达国家掌控的高端环节所决定的。一旦国际局势趋于紧张，发达国家将加工环节转向其他国家，发展中国家将会面临大量失业甚至由此引发的社会动乱，从而不得不在政治和贸易等方面做出让步。

第二，在贸易全球化中，发展中国家科技水平较低，一些技术含量和附加值较高的产品无法在本国研发和生产，只能靠从发达国家进口来满足国内需求。这些行业和产品将成为发展中国家在贸易冲突中的软肋。2018年以来，美国多次以国家安全和外交利益为由限制向中国等国家输出高端技术和产品。包括华为、中兴在内的多家实体企业（包括8家大型国有企业和其下辖的36家企业）被美国列入出口管制清单，禁止向美国公司销售零部件、软件及科技产品。中兴、华为两家企业遭遇的芯片和操作系统"断供"事件，揭示了中国通信产业由于缺乏核心技术而受制于美国企业的现实。

第三，国际经济组织等国际机构也对国家主权构成了束缚。全球化与区域化的发展将会要求一国让渡更多的国家主权，而在相当长时期内，民主国家仍是国际政治和经济事务中的最重要主体，因此上述利益冲突是难以回避的。

（九）挑战国家产业链安全

全球化深化了国际分工，但也使全球范围内的产业链安全受到极大挑战①。

对于发达国家而言,经济全球化带来的是产业空心化,这主要表现为制造业在 GDP 中的比重不断下降以及制造业的不断外移。如美国制造业在国民经济与就业中的比重日趋下降,产业结构呈现出典型的倒三角形。一旦金融泡沫破裂,实体经济很难凭借一己之力支撑经济体正常运转,这样就会导致对外贸易收支恶化、结构性失业严重、地区经济发展失衡,最终形成经济危机。

发展中国家承接了全球产品生产过程中的加工和组装等低端环节,而这又受制于位于发达国家的研发和设计等高端环节,由此,发展中国家失去了生产的部分自主性。一旦发生政治或贸易摩擦,发展中国家很容易遇到"卡脖子"问题。以中国为例,高端制造业是中国"卡脖子"的重灾区②。

(十)加剧全球气候环境恶化

经济全球化的迅猛发展,使得气候变化问题日益成为国际社会面临的重大挑战。在全球化进程中,人类为了追求经济价值的快速提高,直接或间接地向环境中排放污染物,使得环境压力增大并超过了自身净化能力,水污染、空气污染、噪声污染和放射

---

① 李春顶、何传添、林创伟:《中美贸易摩擦应对政策的效果评估》,《中国工业经济》2018 年第 10 期。
② 吕延方、崔兴华:《中国全球价值链嵌入与生态环境的耦合协调机制分析》,《宏观经济研究》2020 年第 1 期。

性污染正在越来越严重地危害着人类健康，阻碍着世界的可持续发展。

国际贸易使得商品的生产地与消费地分离，带来了交通运输服务的增加，使得交通部门成为温室气体排放的重要来源。全球化分工使得资源型经济向发展中国家转移，带来了"污染转嫁"问题。此外，由于技术和资金缺乏，发展中国家也不愿意采取措施限制自身污染排放。

环境问题的出现具有一定的滞后性，这也使很多国家在发展初期只看到了经济利益而忽视了环境恶化，形成"先污染，后治理"的恶性循环。在世界各国相互依赖性日益增强后，环境问题也由国家性问题演变为全球性问题，开始危害整个人类社会的生存[1]。

五、国际金融危机、新冠肺炎疫情与经济全球化

经济全球化通过贸易和资本的流动将各国经济更紧密地联系在一起，而资本、人员与其他资源的跨境流动也容易造成国际金融危机或者全球传染性疾病。换言之，国际金融危机和全球流行性疾病既是经济全球化的产物，也会对世界经济发展产生持续深远的影响。

---

[1] 陶菁、阮雪薇：《逆全球化思潮下气候措施与 WTO 规则冲突与化解的中国方案》，《华北电力大学学报》（社会科学版）2021 年第 1 期。

（一）国际金融危机与经济全球化

国际金融危机频发是最近几十年来经济全球化的显著特征之一（表6-1与图6-10）。尤其自20世纪70年代以来，国际金融危机的爆发更加频繁而剧烈，对全球经济格局产生了深远影响。

表6-1　1900年以来的国际金融危机

危机发生时间	发生区域	影响区域	危机后果
1901	美国	英国	1901年的金融恐慌
1907	美国	英国	1907年金融恐慌
1920—1921	美国	英国	1920—1921年的经济衰退
1929—1939	美国	英国	大萧条
1939—1945	欧洲和亚洲	欧洲和亚洲	第二次世界大战
20世纪70年代	全球	全球	20世纪70年代的能源危机
1973	全球	全球	OPEC油价暴涨危机
1973—1975	欧洲	英国	银行危机和房地产崩盘
1979	全球	全球	伊朗大革命
20世纪80年代	全球	全球	20世纪80年代初衰退
1982	美国	拉丁美洲	拉美债务危机
1982	美国	智利	智利经济危机
1983	中东	以色列	银行股票危机
1986—2003	亚洲	日本	日本资产泡沫
1987	全球	全球	"黑色星期一"
20世纪90年代	全球	全球	20世纪90年代初经济衰退
20世纪90年代	欧洲	芬兰	芬兰银行业危机
20世纪90年代	欧洲	瑞典	瑞典银行业危机
1991	亚洲	印度	1991年印度金融危机
1994	美国	墨西哥	1994年金融危机
1997	美国	亚洲	1997年亚洲金融危机
1998	欧洲	俄罗斯	俄罗斯债务危机

（续表）

危机发生时间	发生区域	影响区域	危机后果
1999—2002	美国	阿根廷	阿根廷经济危机
2000	全球	全球	互联网泡沫
2001	全球	全球	"9·11"事件
2003	亚洲	亚洲	SARS
2008	全球	全球	全球金融危机
2009	欧洲	欧洲	欧洲主权债务危机
2014	欧洲	俄罗斯	俄罗斯卢布危机

资料来源：Caproasia Institute。

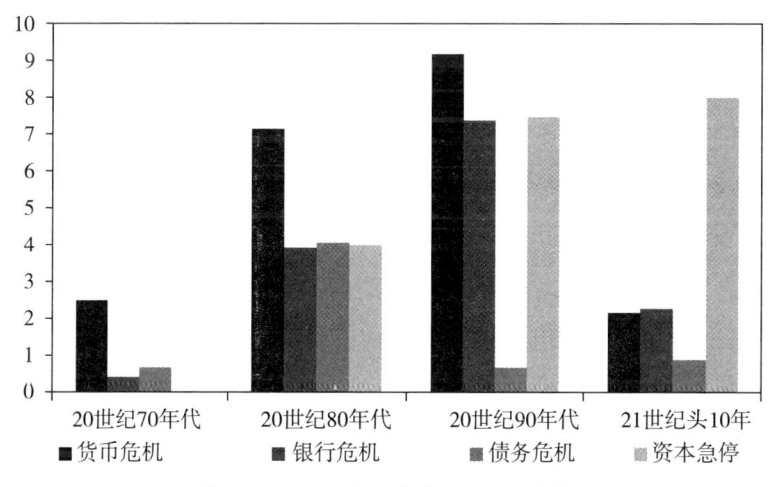

图 6-10　1900 年以来的国际金融危机

资料来源：IMF。

1. 经济全球化加剧了金融危机的传染

国际金融危机是全球化形成的最重要特征和后果之一。随着金融全球化的推进，国际金融危机无论在规模上还是深度上都远超过从前。

第一，经济全球化加深了各国的经济联系和政治交往，强化了全球经济的相依性和互补性，使得各国经济周期同步性显著增强。当中心国家发生经济或金融危机时，将通过汇率、股市、债市、资本流动、贸易条件等渠道传染至其他经济体，从而形成区域性甚至全球性金融危机。

第二，在金融全球化过程中，很多国家快速推进金融自由化，加大资本账户开放力度。各国普遍放宽资本管制使得国际资本的流动性和传染性进一步加强。金融危机可通过国际资本流动蔓延至其他国家。

第三，在金融全球化过程中，金融监管尤其是跨境资本监管成为重点和难点。首先，衍生工具创新给金融监管带来巨大压力，且有关当局进行跨境金融监管的动力不强；其次，产品的复杂性、跨境资本流动的周期性和结构性，导致进行管理的难度较大。

2. 国际金融危机对经济全球化的负面影响

国际金融危机的爆发不仅会给相关国家造成巨大的经济金融损失，还会冲击其社会稳定，甚至导致经济全球化逆转[1]。

第一，冲击银行等金融体系。无论金融危机、债务危机还是银行危机，首先冲击的都是以投资银行和商业银行为主的金融机构。资产价格暴跌会通过公允价值记账方法和抵押品渠道显著冲击金融机构的资产负债表，而资产负债表的恶化又会进一步加

---

[1] 隆国强：《国际金融危机爆发后经济全球化的新特点》，《世界社会主义研究》2019年第3期；姚枝仲：《新冠疫情与经济全球化》，《当代世界》2020年第7期。

速资产价格暴跌，从而形成恶性循环。

第二，波及经济体带来巨大经济损失。金融危机通过银行信贷、资本市场等渠道对实体经济造成显著负面冲击，甚至导致其破产倒闭，从而使得实体经济经营出现严重困难。

第三，严重的国际金融危机可能导致经济全球化崩溃甚至逆转。主要机制包括：一是金融危机爆发加剧国际贸易冲突，导致贸易减速与经济放缓；二是金融危机爆发引发移民危机和政治危机，使得国际经济秩序面临重构；三是全球利益格局面临重塑，发展中国家与发达国家之间的利益分配成为焦点，国际政治秩序亦可能因此而重塑。

（二）新冠肺炎疫情与经济全球化

全球公共卫生危机是经济全球化的重要威胁，对经济全球化构成重要挑战[①]。传染性疫情的大暴发和大流行不仅会对民众的生命健康造成巨大威胁，也会对全球经济、世界格局和国际经济秩序产生重要而长远的影响。

世界卫生组织（WHO）在《2007 世界卫生报告》指出，由于全球经济体的高度依赖和紧密联系，传染病的流行速度显著加快，可能造成巨大的健康危机。在经济全球化背景下，以传染病暴发为代表的全球公共卫生事件成为最重要的全球性议

[①] 冯维江：《应对新冠疫情下逆全球化浪潮的中国方案》，《世界知识》2000 年第 11 期；俞可平：《新冠肺炎危机对国家治理和全球治理的影响》，《天津社会科学》2020 年第 4 期。

题之一。

1. 经济全球化加速传染病传播

第一,加速传染病传播。首先,经济全球化明显加快了经济体之间的人员流动,这使得病毒的扩散更加方便。传染性病毒一旦在某个国家或地区暴发,可能会迅速扩大至其他国家乃至全球。其次,产品在全球的交易与运输同样加速了传染病在全球的传播。病原体将货物作为载体,使得病毒潜在的传播周期更长,传播途径更为复杂。最后,城市化进程加快使得城市人群居住过于密集,以至公共卫生体系跟不上城市规模的发展,从而更易导致传染病的扩散。

第二,加快新病毒发现和传播。经济全球化加快了人类活动的范围和强度,使得人类更容易接触到尚未发现的新病毒和微生物。20世纪70年代以来,新的传染病和病毒大规模发现和传播,新病毒和微生物的发现大大刺激了新型疾病的传播。

2. 新冠肺炎疫情对经济全球化的负面影响

全球公共卫生危机将给全球经济与政治格局造成深远影响。笔者以2020年新冠肺炎疫情暴发为例来阐述全球公共卫生危机对经济全球化的影响。

作为继第一次世界大战时期西班牙流感之后全球最严重的公共卫生危机,新冠肺炎疫情对全球冲击巨大,不仅使得全球经济陷入衰退,同时加剧了全球不平衡,导致部分国家出现严重的逆全球化现象①。

在新冠肺炎疫情出现以前，美国已经开始采取"美国优先"政策，逆全球化情绪逐渐抬头。然而，新冠肺炎疫情的暴发进一步加剧了中国和美国、英国等国家之间的矛盾，使得反全球化力量得到加强。新冠病毒"污名化"的举措及一系列针对中国的行为，导致推动全球化的力量严重受挫。新冠肺炎疫情带来的经济衰退进一步增加了部分国家的民族主义情绪，以至于反全球化的声音高涨。此外，本次疫情带来的医疗器械供应危机反映了全球供应链的潜在风险。为保障本土健康安全和经济安全，发达国家纷纷提出产业链的区域化、本土化改造，试图花巨资将重要企业产业链迁回本国或本国附近，这成为逆全球化的重要体现。

六、探索经济全球化新路径

为应对新冠肺炎疫情带来的全球性冲击，扭转疫情强化的"逆全球化"趋势，有关国家应积极推动构建包容性的全球化体系、增强经济全球化的可持续性、维护和改进多边贸易机制、加强国际间的政策协同，以及强化对国际资本流动和跨境税收的监管。

---

① 王勇：《后疫情时代经济全球化与中美关系的挑战与对策》，《国际政治研究》2020年第3期。

（一）构建包容性的全球化体系

所谓包容性，并不意味着要全面放弃当前由发达国家主导的全球价值链，另起炉灶建立全新的全球价值链治理规则，而是指要加强与全球价值链各参与国之间的沟通、交流与共识，在开放与发展中实现合作共赢。

首先，企业的差异性是世界经济活力的源泉之一。应广泛吸收来自各国的不同规模、不同技术水平、不同所有制的企业，为它们提供融入经济全球化的公平而开放的通道，扫除它们面临的各种有形和无形的壁垒。这种包容性支持可以帮助企业加快产业升级速度并在价值链中占据更有利的地位。

其次，重视企业发展创新，同时反对以垄断形式影响创新积极性。应优化竞争市场环境，反对各种形式的垄断，强调保护知识产权和技术诀窍。一方面，发展中国家可以更广泛地接触到先进技术，日益壮大的国内市场有利于促进本国企业获得规模经济效应和国际产业竞争力；另一方面，在知识产权保护与反垄断的前提下，发展中国家也会受到技术创新的激励。

最后，国际多边机构动荡将会显著降低国际合作与经济繁荣的程度。面对逆全球化浪潮，应更加坚定地维护世界贸易组织主导的多边贸易体系的权威性和有效性，加快创新和完善世界贸易组织、二十国集团等全球经济治理平台，构建自由开放、创新包容的经济和社会体系，推动公平普惠的包容性增长。

（二）提升经济全球化的可持续性

在逆全球化思潮卷土重来的背景下，只有提升经济全球化的可持续性，才能使得世界经济从新冠肺炎疫情冲击中更快更彻底地恢复过来。

首先，各国应加强市场监管、完善市场体制机制和产权制度，提高市场整体效率。对于发展中国家来说，还应进一步推动市场改革创新，加快多层次资本市场体系建设。

其次，政府应助力创造性环境的营造，创造企业和投资者自由进出的市场环境，疏通要素自由流动的堵点。应大力支持本国企业进入国际市场，在更大的平台上进行交流、学习、竞争和创新，吸收世界智慧，提高生产要素配置效率，提高潜在增长率，创造企业创新的可持续动力。

最后，政府在全球化浪潮中应扮演好托底的安全网角色，同时政府务必动用财政力量，保证公共服务供给的充足与均等，为经济全球化的可持续发展奠定基础。

（三）维护和改进多边贸易机制

随着经济全球化的发展，多边合作机制的内涵也在进一步丰富，从最初的消除关税与非关税壁垒逐渐扩大到环境、劳工和产业政策合作等社会问题的解决。

近年来，多边贸易体制遭受单边主义与保护主义侵蚀，多哈回合谈判停滞不前，争端解决机制中的上诉机构停摆，世界贸易组织难以发挥正常功能。对世界贸易组织进行改革成为国际社会的一大呼声。包括多边贸易谈判、争端解决机制以及贸易政策监督等，都有必要在联合国框架下进行改革。

目前，改革的核心应该是实现多边贸易规则的现代化，将贸易规则的制定与当今世界发展的新行业和新局面相适应。例如，在疫情席卷全球之后，依托于互联网技术线上操作、不需要在实际中面对面洽谈的数字经济突飞猛进，预计未来电子商务规模仍会高速增长。然而，迄今为止世界贸易组织还没有涉及电子商务的规则。因此，世界贸易组织成员间关于电子商务领域的谈判至关重要。又如，世界贸易组织的核心原则是非歧视、可预测性和公平，各成员应支持致力于恢复这些原则的改革，并且要提高成员贸易政策的透明度，提高世界贸易组织常设机构和秘书处的工作效率。

（四）加强国际间政策协调

加强国际间政策协调是要在承认各国差异性的前提下，构建多层次政府间沟通交流机制，有针对性地推进各方面合作的规划和措施，为加强战略合作及大型项目实施提供政策支持。要达到这一目标，参与经济全球化的有关各方应在以下方面加强政策协调。

首先，协调发展中国家和发达国家共同应对环境问题。在环境恶化的初期，问题首先会出现在接受了大量高耗能、高污染行业的发展中国家，发达国家会依据自身的高环境标准对发展中家进行批判与限制，以进一步巩固自身地位。然而，当这些发展中国家的自然资源被消耗殆尽时，发达国家也不得不面临本国生态环境恶化和自然资源流失的风险。因此，各国应积极协调生态政策，将生态环境的保护作为全球共同目标。

其次，进一步促进全球贸易，破除贸易壁垒。例如，对关键行业和关键产品进行全方位支持，持续降低这些行业的关税壁垒与非关税壁垒。

再次，鼓励人才流动，最大化发挥人力资本价值。在以创新为原动力、以国家发展为保障手段的世界经济体系中，人才培养至关重要。全球范围内应加强各类人才的流动和交流，互相借鉴经验，互相分享成果，实现人才培养方面的共赢。

最后，积极应对全球性危机。以新冠肺炎疫情为例，各国单方面限制相关物资出口并不能阻止疫情蔓延，只有各国相互信赖密切合作才能顺利渡过危机。目前，全球正在进入后疫情时代，由疫情带来的交通问题、贸易问题、人口问题、基础设施问题和民众心理问题都使得经济社会恢复难度加大，主要国家之间应该加强多方位多角度政策协调，携手渡过难关，争取在最短时间内恢复到疫情前水平。

（五）强化对国际资本流动和跨境税收的监管

在互联网金融快速发展背景下，跨境金融交易的准入门槛下降，隐蔽性进一步提高，交易速度显著提升。因此，监管部门应当联合技术部门一同对金融活动进行监管。

加强跨境税源监管，创造更好的税收环境，对于增强一国的国际竞争力、打击避税逃税而言至关重要。应统筹解决跨境税源监管问题，各国应在税收层面进行合作监管，做好信息情报交换，从多方面入手解决信息不对称问题，在保证税收主权独立性的前提下进行共管共治，提高监管效能。

下 篇

中国经济成功崛起的案例分析

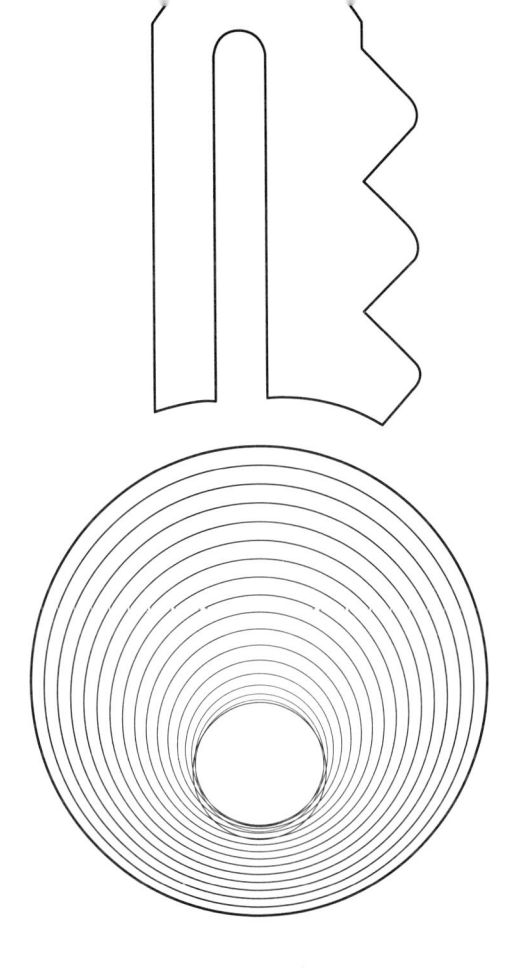

CHAPTER 07

中国经济的中长期增长：
解锁增长密码 ①

---

① 本章节已发表于《金融纵横》2019年第4期，原名《中国经济长期增长分析框架：成功经验、当前挑战与改革方向》，合作者为陈骁与郭子睿。

一、中国经验：解构中长期经济增长

本章主要探讨长期经济增长的分析框架及其在中国的运用。在经济学理论研究中，产出序列作为一个时间序列可以分解为趋势项和周期项，其中趋势项表征长期的经济增长，周期项表征短期的经济波动，二者构成了宏观经济学研究的两大主题。

我们主要运用新古典经济增长的框架来分析中国长期经济增长的历史经验、目前状况、未来展望以及可能的潜在投资机遇。新古典经济增长分析框架可以简要表示为如下的生产函数：

$$Y = T * F(K, A * L)$$

其中，Y 是 GDP 增速，代表长期经济增长。等式的右边是生产要素，L 是劳动力数量。其他条件不变，劳动力数量越多，通常增长越快。A 是劳动力质量，我们把它定义为人力资本，A*L 是整个劳动力要素对经济增长的贡献。K 为实物资本，就是我们通常说的厂房设备、交通工具等有形的资本。F 是生产函数，表示各种生产要素之间的组合方式。T 是全要素生产率（TFP），它是一个剩余项，指的是除了劳动力和实物资本之外，其他所有可能导致经济增长的要素。其中，最重要的两个要素是技术和制度。

通过分解，我们把中长期内影响一个国家经济增长快慢的生产要素分成劳动力数量、人力资本、实物资本、技术和制度这五个层面。通常情况下，劳动力数量越多或者劳动力占总人口比例越高、人力资本积累越快、实物资本积累越快、技术进步越快、制度越是激励人通过工作而不是寻租去增加福利，则经济增长速度越快；反之，经济增长就会放缓。

二、改革开放前 30 年：得天独厚的竞争优势

根据上述分析框架，我们分别从劳动力数量、人力资本、实物资本、技术以及制度五个因素分析 1978—2007 年中国经济保持高速增长的动力（图 7-1）。

（一）人口红利：量多价廉的劳动力

在劳动力数量方面，中国在两个层次上具有人口红利。人口红利 I 是指在改革开放前 30 年，劳动力占总人口的比例不断上升。由于中国在 20 世纪五六十年代的出生人口增长较快，同时 70 年代末实施的计划生育政策限制了每个家庭生育小孩的数量，降低了总人口中非劳动力人口的数量，使得总人口中劳动力的比例快速上升（图 7-2）。劳动力数量的增加推动了经济增长，出现数量方面的红利。

人口红利 II 是指在改革开放前 30 年，中国存在规模巨大的人口流动，大量年轻的农民工从农村流向城市，为城市提供源源不断的劳动力。由于农民工的工资远低于城镇居民的收入（图 7-3），大量低薪资水平的农民工进入城市，就会长期压制城市的工资水平，再加上中国加入 WTO，使得中国顺势成为全球的制

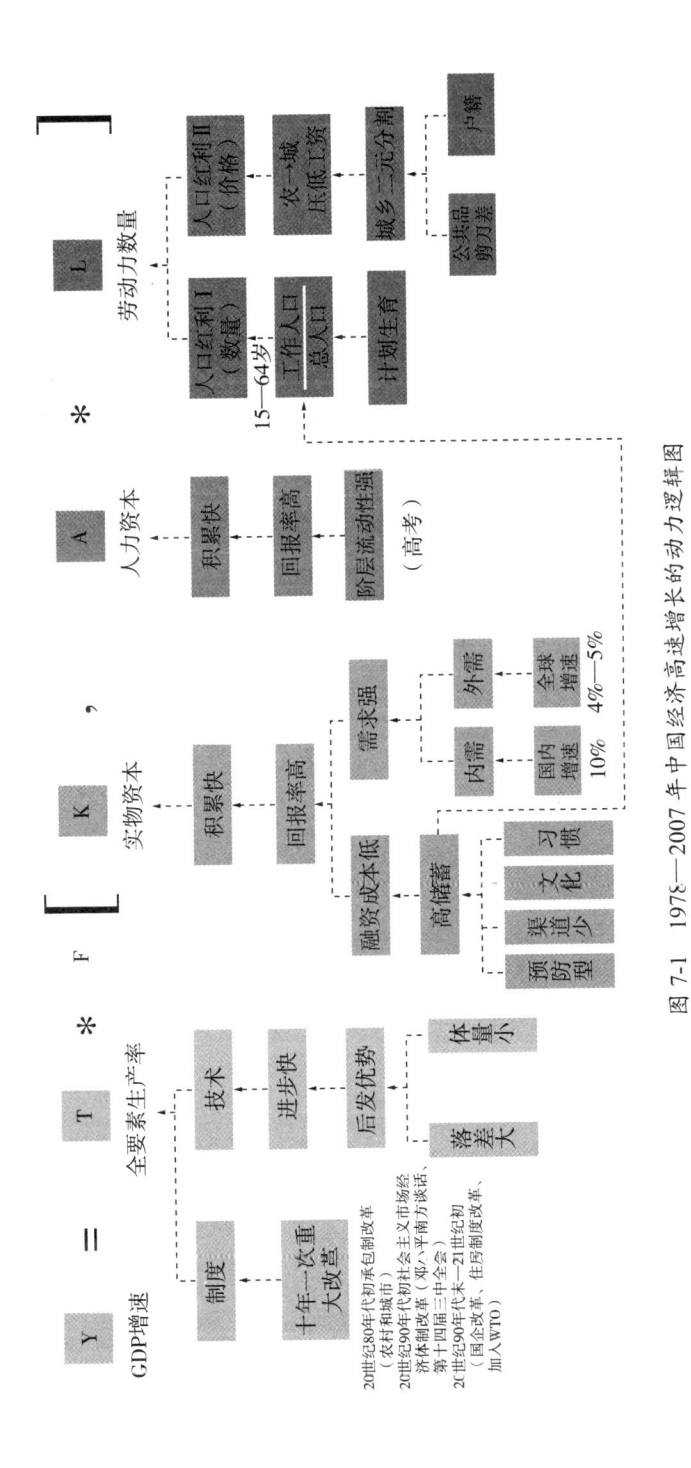

图 7-1 1978—2007 年中国经济高速增长的动力逻辑图

资料来源：平安证券研究所。

造工厂。人口红利 II 是通过人口流动压低工资，使得中国成为全球的制造业中心，反映为价格方面的红利。

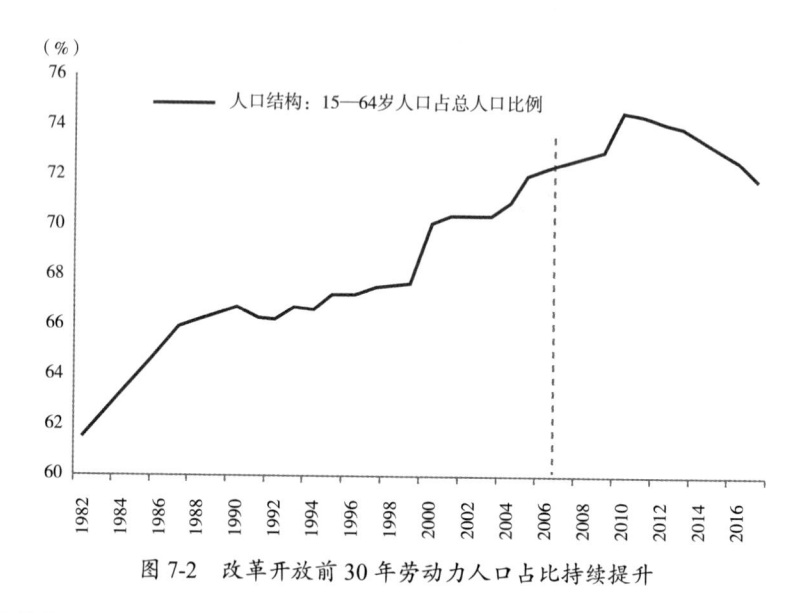

图 7-2 改革开放前 30 年劳动力人口占比持续提升

资料来源：Wind，平安证券研究所。

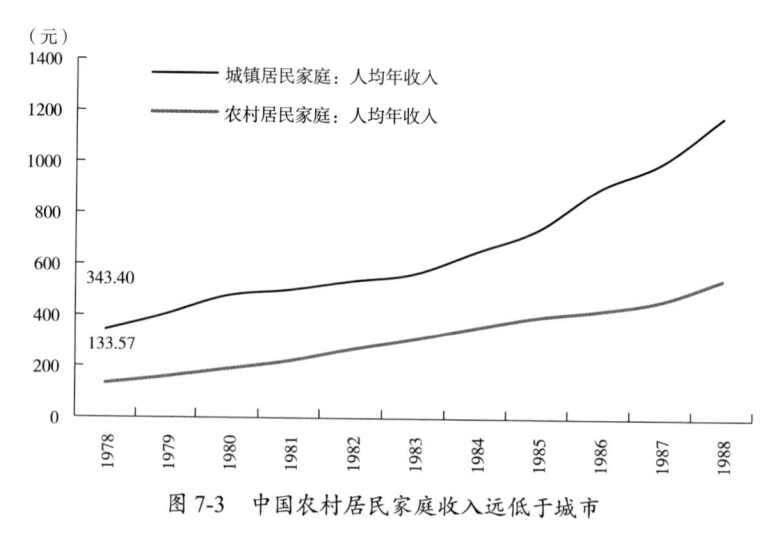

图 7-3 中国农村居民家庭收入远低于城市

资料来源：Wind，平安证券研究所。

（二）人力资本快速积累：高回报的教育投资

衡量人力资本积累速度的方法，是考察一个国家的中低收入阶层家庭有多大比例的收入投资于子女的教育。改革开放前 30 年中国的中低收入家庭因为高回报激励有很强的意愿投资于子女教育。因此，人力资本积累速度很快。在 20 世纪八九十年代，由于大学学费较低且有补贴，农村孩子考上大学之时就是家庭减负之时；大学毕业之后，国企、公务员、外企都是较好的职业选择。这意味着，对于一个家庭，投资子女的教育是最理性的，教育的回报率也较高。因此，"知识改变命运"和"鲤鱼跳龙门"在 20 世纪八九十年代非常流行。

（三）实物资本快速积累：内外需强劲、企业快速成长

实物资本投资即固定资产投资，固定资产投资规模增长越快，经济增长越快。改革开放前 30 年，中国是一个典型的固定资产投资快速扩大的国家：在这期间中国的 GDP 增速达到平均每年约 10%，固定资产投资增速平均每年约 25%（图 7-4）。到目前为止，中国投资（资本形成总额）在 GDP 中的占比高达 45%，是全球大国中固定资产投资比例最高的国家（图 7-5）。

实物资本积累快是因为回报率高。改革开放前 30 年固定资产回报率高的原因有两点：第一，内需和外需都较强，没有形成过剩产能。内需强体现在改革开放前 30 年，中国的 GDP 增速达到每年约 10%，外需强体现在改革开放前 30 年全球经济增速

每年平均在 4%—5%。第二，企业融资成本低，虽然投资率高，但中国储蓄率更高，可以为投资提供融通。这使得中国投资基本上不用借外债，与拉美国家存在显著区别。

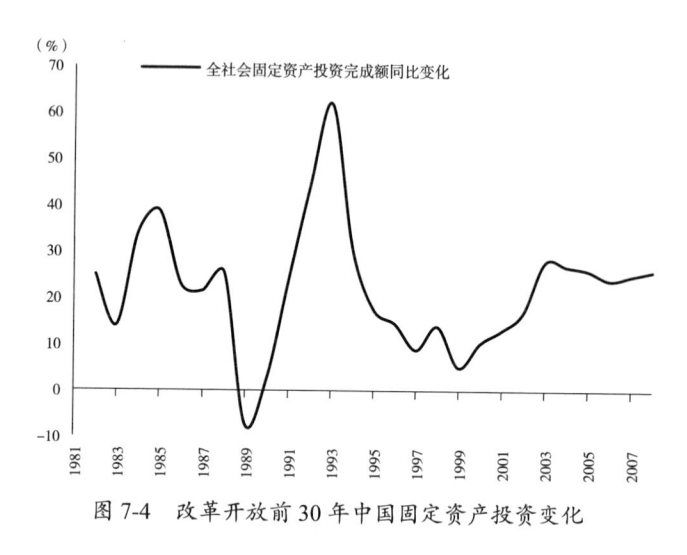

图 7-4 改革开放前 30 年中国固定资产投资变化

资料来源：Wind，平安证券研究所。

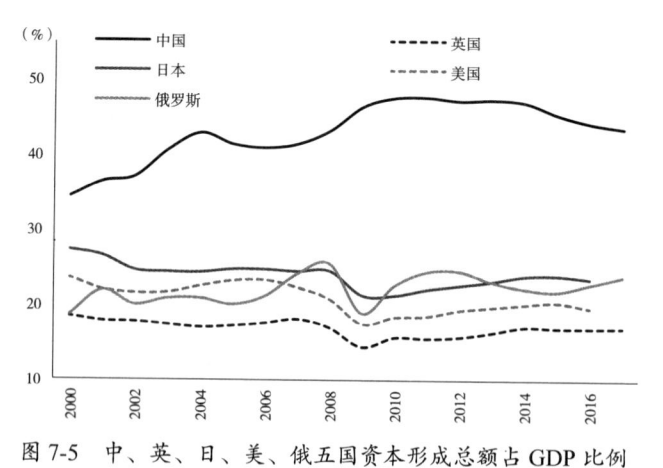

图 7-5 中、英、日、美、俄五国资本形成总额占 GDP 比例

资料来源：Wind，平安证券研究所。

中国的储蓄率如此之高是因为工作人口占比高（图7-6）。一般而言，人们只在工作阶段储蓄，幼年靠父母抚养（花父母的储蓄），老年花自身或子女的储蓄。如果总人口中工作人口占比上升，则储蓄率上升；反之，储蓄率就会降低，此即生命周期理论。从宏观层面来说，这个因素对储蓄率升降的解释力最强。日本近三十年储蓄率急剧下降，就是因为发生了全球经济史上最严重的人口老龄化（图7-7）。

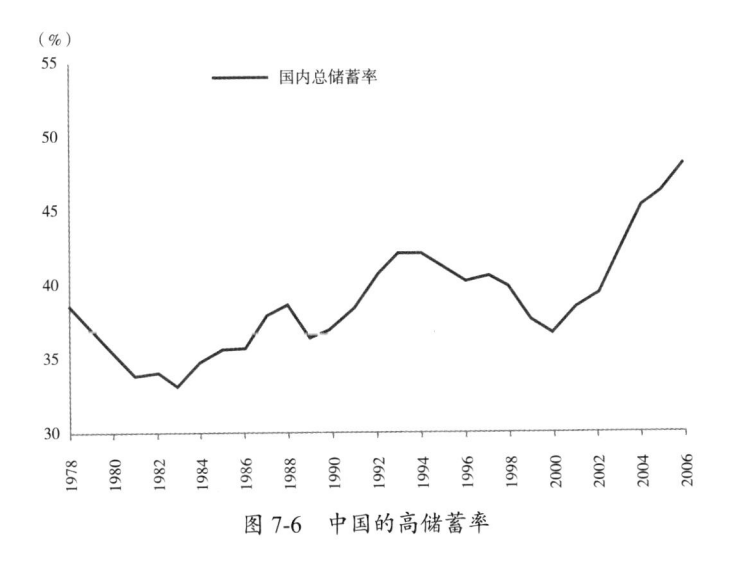

图7-6 中国的高储蓄率

资料来源：Wind，平安证券研究所。

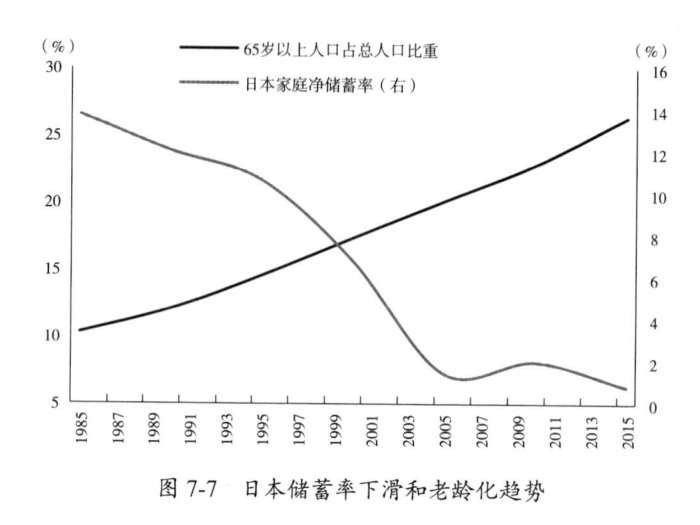

图 7-7　日本储蓄率下滑和老龄化趋势

资料来源：Wind，平安证券研究所。

（四）技术进步迅速：利用后发优势

如采用劳动生产率增速来衡量技术，可以发现中国在改革开放前 30 年技术进步非常快。技术进步分为两种：内源性的技术进步和外生性的技术进步。改革开放前 30 年，中国的技术进步主要是外生性的。由于改革开放初期，中国的技术水平距离全球的先进技术水平差距较大，中国发挥了很强的后发优势，即以较低的成本引入外国的先进技术，通过吸收消化变成自己的技术，实现技术进步。

充分发挥后发优势有两个前提条件：一是技术落差足够大，落差越大，引进技术相对于自主研发的成本就越低；另一个是经济体量小，20 世纪 70 年代末期，中国的 GDP 总量在全球排名不高，人均 GDP 规模排名更为靠后，在此背景下其他国家对中国的技术后发优势不会给予充分关注。

表 7-1 改革开放前 30 年中国全要素生产率的贡献较高（单位：%）

年份	GDP	劳动力	人力资本	资本投资	全要素生产率（TFP）
1952—1957	6.7	1.2	0.3	1.3	3.7
1957—1965	2.4	0.6	0.7	2.6	−1.4
1965—1971	5.3	1.0	0.0	2.8	1.4
1971—1977	4.0	0.9	1.0	4.0	−2.0
1952—1977	4.6	0.9	0.5	2.7	0.1
1977—1984	9.2	0.8	0.9	3.9	3.3
1984—1991	8.6	1.0	0.3	4.9	2.2
1991—2001	10.4	0.2	0.5	5.7	3.7
2001—2007	11.3	−0.5	0.5	6.1	4.8
2007—2012	9.3	−0.2	0.4	7.7	1.3
1978—2012	9.8	0.3	0.5	5.5	3.2

资料来源：http://www.albertoforchielli.com/，平安证券研究所。

（五）制度取胜：不停步的中国改革

制度因素是指重大的制度变革。尽管改革开放前 30 年中国年均 GDP 增速高达 10%，但是波动较大，如 1990 年 GDP 增速只有 4%，1994 年 GDP 增速快速升至 14%。在改革开放前 30 年中，中国 GDP 增速经历三次低谷，第一次是 20 世纪 80 年代初期，第二次是 1989—1990 年，第三次是 1998—1999 年；而 GDP 增速每到低谷时，中国就会发生一次重大的制度变革，重塑经济增长动力。改革开放前 30 年中国大约每十年进行一次重大变革：20 世纪 80 年代初的关键词是承包，包括农村联产承包制和城市的企业承包制改革；20 世纪 90 年代初的关键词是市场化，1992 年邓小平南方谈话和 1993 年中共十四届三中全会确定了中国走社会主义市场化经济道路；20 世纪 90 年代末到 21 世纪初开始国企改革，1998 年住房商品化，2001 年中国加入 WTO（图 7-8）。其中房地产成为过去十五年中国经济增长最主要的引擎。

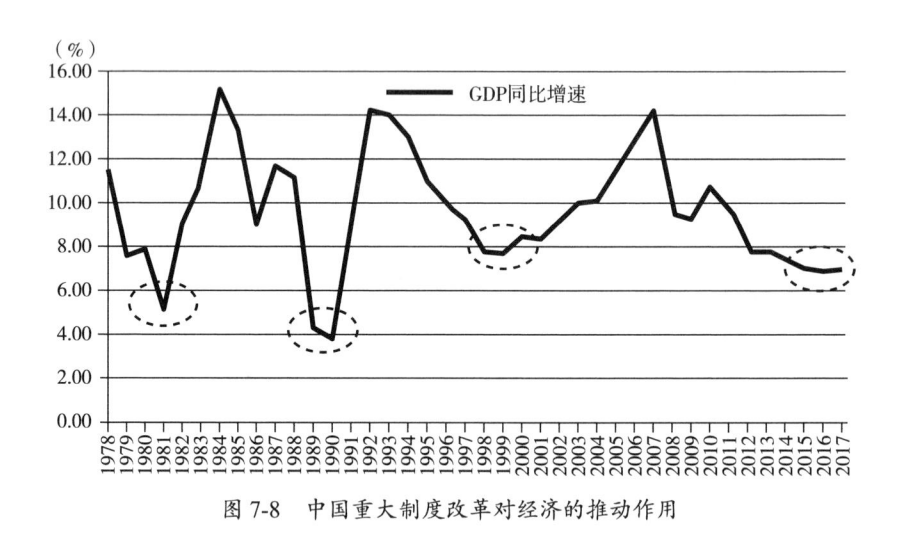

图 7-8 中国重大制度改革对经济的推动作用

资料来源：Wind，平安证券研究所。

三、增长放缓：转型期的阵痛

延续上述分析框架，我们继续从劳动力数量、人力资本、实物资本、技术以及制度五个因素分析 2008 年金融危机后中国经济持续放缓的原因（图 7-9）。

（一）人口红利衰减

改革开放前 30 年中国存在两方面的人口红利，为中国发展提供了数量多、价格低的劳动力。但在改革开放第四个 10 年，

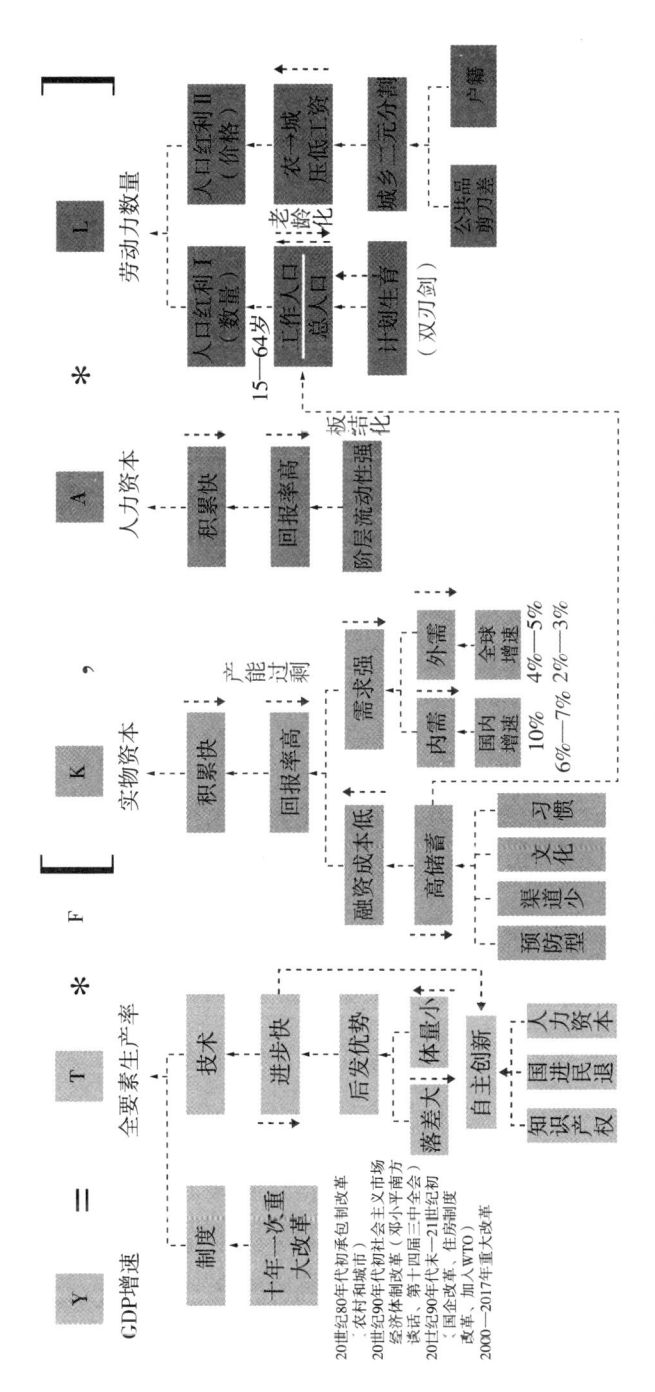

图 7-9　2008 年金融危机后中国经济持续放缓的主导逻辑图

资料来源：平安证券研究所。

这两个要素都发生了变化：

人口红利 I 是工作人口占总人口的比重不断上升，提供了源源不断的劳动力，但是从 2010 年开始，这项指标开始下降；预计未来下降速度会越来越快（图 7-10）。该指标上涨快，下降也快，其中一个很重要的原因在于计划生育政策。计划生育在改革开放前 30 年确实成功遏制了 0—14 岁人口的增长，但随着时间的推移，当年这一年龄段的人成为工作人口，与此同时他们的父母已经老去，而他们结婚后只能生一个孩子，在这种情况下，工作人口占总人口比例出现快速下降。因此，计划生育政策是一把双刃剑，在改革开放前 30 年推动工作人口占总人口比例指标快速上升，在未来的一二十年，也使其快速下降，人口红利 I 大打折扣。

人口红利 II 是因为农民工进城压低了城市的工资水平。而现在农民工的劳动力市场关系发生了重大变化，过去严重供过于求的情况不复存在，现状转变为供不应求，已经爆发多次民工荒。最典型的现象是：农民工的工资剔除通胀后，在 1978 年—2003 年基本上没有变化，反映出劳动力供过于求；而在 2004 年之后，尤其是 2007 年至今，农民工工资剔除通胀后平均每年上涨 15%（图 7-11）。这种快速的上涨，有利于农民工自身的福利水平提升，但加大了实体企业，尤其是劳动密集型企业的经营压力，使其面临税负高、融资成本高、劳动力成本高的局面。随着工资开始上涨，劳动力价格方面的红利也开始弱化。综上可见，劳动力数量在下降，价格在上升。

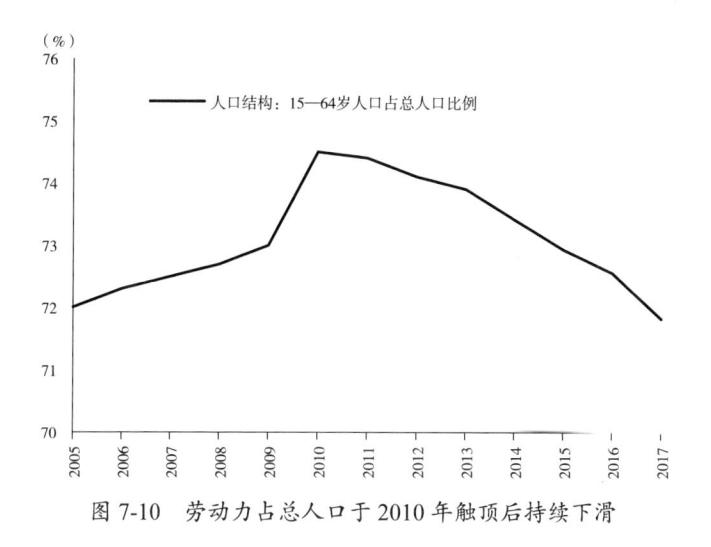

图 7-10　劳动力占总人口于 2010 年触顶后持续下滑

资料来源：Wind，平安证券研究所。

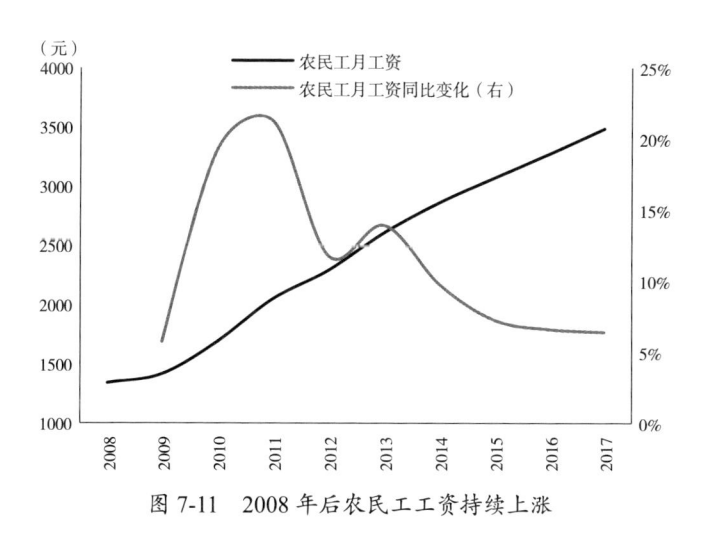

图 7-11　2008 年后农民工工资持续上涨

资料来源：Wind，平安证券研究所。

（二）人力资本积累放缓

改革开放前 30 年中国人力资本积累速度较快主要是因为回报率高。但过去十年大学毕业生就业环境已发生转变，若大学毕业生无法就业或就业情况不理想，可能进一步加重家庭的债务负担。对于中低收入家庭而言，投资子女教育的回报率在显著下降。理性的家庭会削减教育占家庭支出的比例。

（三）实物资本增长乏力

中国在改革开放前 30 年实物资本积累快，是因为有很强的内需、外需以及较低的融资成本。但现在这两个因素都发生了重大变化。需求方面，中国 GDP 增速由此前的 10% 下降至 6%—7%，经济增速的放缓意味着需求收缩；全球金融危机爆发后，经济增速也明显放缓，过去 10 年全球经济增速只有 3%—4%（图 7-12）。需求放缓的原因是之前投资的存量巨大，导致中国过去 10 年一直面临产能过剩问题，即投资形成的产能得不到充分利用，企业没有动力新增产能，使得投资增速降低。

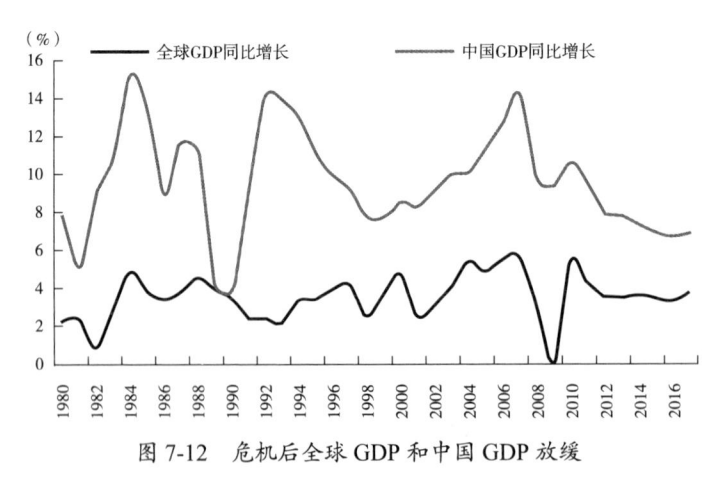

图 7-12　危机后全球 GDP 和中国 GDP 放缓

资料来源：Wind，平安证券研究所。

此外，过去10年中小企业融资难、融资贵的问题越来越突出，融资成本急剧上升。导致融资成本上升的原因之一是企业融资的链条越来越长：早期，民营企业能够通过加价的方式直接贷款，融资链条仅有一环；之后，银行倾向于贷款给国企，国企多余的资金通过财务公司拆借给民企，融资链条增至两环；再之后，国企的财务公司认为民企借贷风险偏高，更愿意投资信托，而信托再把资金贷给民企，融资链条增至三环；最后，信托为民企提供直接贷款的意愿也变低，民企需要借助担保公司放贷，融资链条增至四环。链条每增加一环，意味着年融资成本至少上升两个百分点，这在一定程度上解释了目前中国平均贷款利率为6%，而一般民营企业的融资成本却可能高达15%的现象。

导致融资成本上升更重要、更根本的原因是中国的高储蓄率在不断下降（图7-13）。2016年中国居民部门的新增贷款已经超过新增存款（图7-14）。从流量看，过去两年中国居民部门已经是资金净使用者，而不再是资金净提供者；从存量看，居民部门贷款与存款的比例已从10年前的30%上涨至60%。高储蓄率下降的最主要原因是人口红利I在2010年前后开始衰减。由储蓄率下降导致的融资成本上升是长期结构性问题，在短期内难以解决。需求减弱，融资成本上升，回报率降低，使得企业家投资热情明显降低。目前，民营企业投资（民间固定资产投资）增速正处于历史低位，仅有3%—5%（图7-15）。

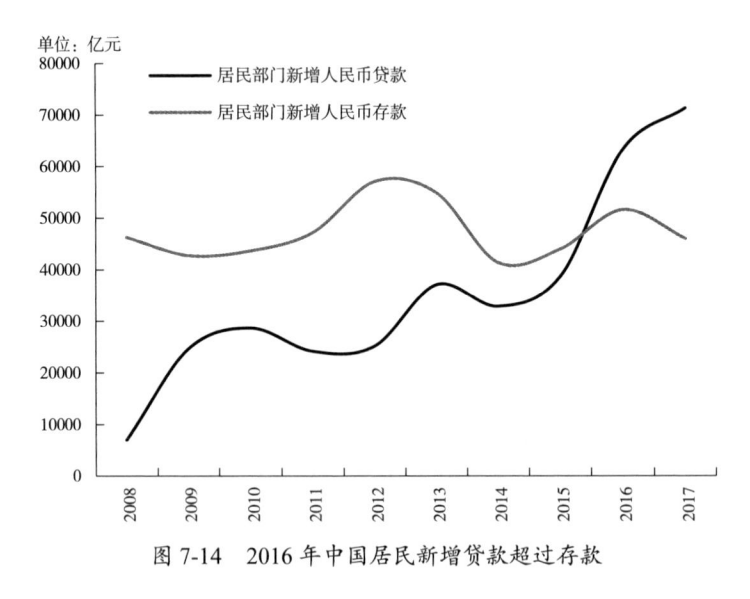

图 7-13 中国储蓄率自 2010 年后持续下滑

资料来源：Wind，平安证券研究所。

图 7-14 2016 年中国居民新增贷款超过存款

资料来源：Wind，平安证券研究所。

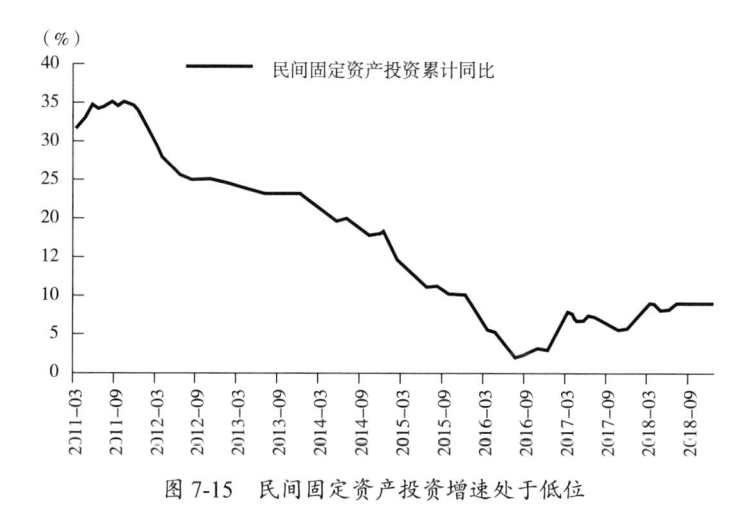

图 7-15　民间固定资产投资增速处于低位

资料来源：Wind，平安证券研究所。

（四）后发优势弱化

改革开放前 30 年中国技术进步很快，技术落差显著缩小，距离全球先进水平已越来越近。同时中国已经成为全球第二大经济体，市场体量也接近顶部，其他国家开始设法进一步遏制中国技术引进与技术进步的势头。例如 TPP，它的核心是在 WTO 之外重构一个全球贸易投资体系，这项协定却把中国排除在外。再如，近期中美贸易争端频发，但究其核心，美国的目的并不限于贸易，而在于中国的产业升级和技术进步，从"301 条款"即可见一斑。这意味着中国在未来 10 年将很难再借助技术后发优势直接通过学习引进从国外获取新技术。

后发优势弱化后，中国只能依靠自主创新，但目前自主创新受到三个条件约束：一是中国对知识产权的保护较弱。对知识产权保护不足容易导致企业的研发成果流失，降低企业家自主研发动力。二是国企的创新动力相对逊于民企，研发人员在国企进行创新，成功的收益往往有限，但失败的代价相对较高；在民企进行创新，虽然也需承担失败风险，但能够充分享有成功的收益。三是人力资本积累放缓。自主创新需要依靠人力资本积累，但过去10年中国人力资本积累的速度在显著放缓。

综上，当前中国后发优势弱化，而自主创新有待增强，这样尴尬的局面充分反映在投资指标上，即中国投资增速从2008年开始出现持续下行趋势。

四、扭转大局：潜在改革的主导逻辑

采取上述分析框架，能够分析出推行哪些改革措施有利于扭转动力衰减的局面，使经济重新保持较快的增长速度（图7-16）。但我们同时也认为，即使进行这些改革，未来10年我国GDP增速最高也仅能维持在6%—7%。假设未来10年中国GDP增速为6%，10年后中国人均GDP将升至15000美元，这意味着中国将会摆脱中等收入陷阱。

（一）如何延缓人口红利消退

针对人口红利I的下降，劳动力人口占总人口比例的下降无法避免，但可以采取如下措施延缓下降速度。第一，调整计划生育政策。目前计划生育政策已有所调整，二孩放开，三孩政策也

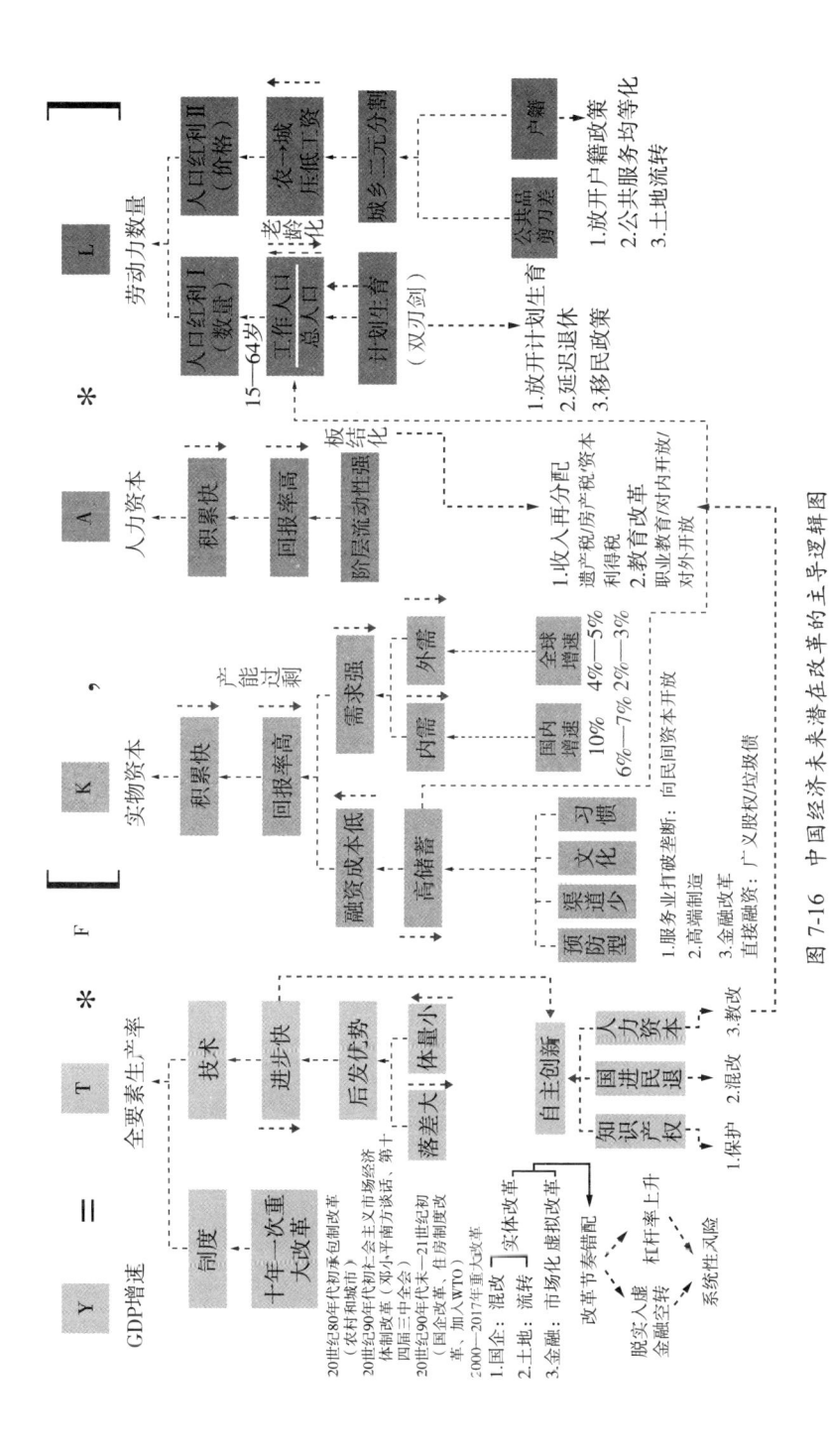

CHAPTER 07 ▶ 中国经济的中长期增长：解锁增长密码

图 7-16 中国经济未来潜在改革的主导逻辑图

资料来源：平安证券研究所。

已落地，但家庭是否生育存在不确定性。如果家庭均生育二孩，虽然短期内劳动力人口占总人口占比指标会加速下降，但在中长期将对经济增长有利。值得一提的是，虽然家庭单独二孩政策已经放开很久，但人口增量上并未见明显反弹。第二，延迟退休。延迟退休可以延长劳动时间，减少退出劳动力人群的数量，从而减缓人口红利Ⅰ的消退。此外，延迟退休还可以延长居民缴纳社保的时间，减轻社保压力。目前，发达国家最高退休年龄是日本的 70 岁（图 7-17），中国人均寿命也已有明显延长，理论上还有较大的上调空间。第三，从国外引进年轻人口。从已有经验看，在发达国家如美国、欧洲国家等大多是靠移民来应对人口老龄化问题的。相反，日本是全球移民限制最严厉的国家，同时也是人口老龄化最严重的国家（图 7-18）。

针对人口红利Ⅱ消退问题，目前的主要难点是进城农民工留在城市（特别是一、二线城市）的意愿不强。大多数农民工都希

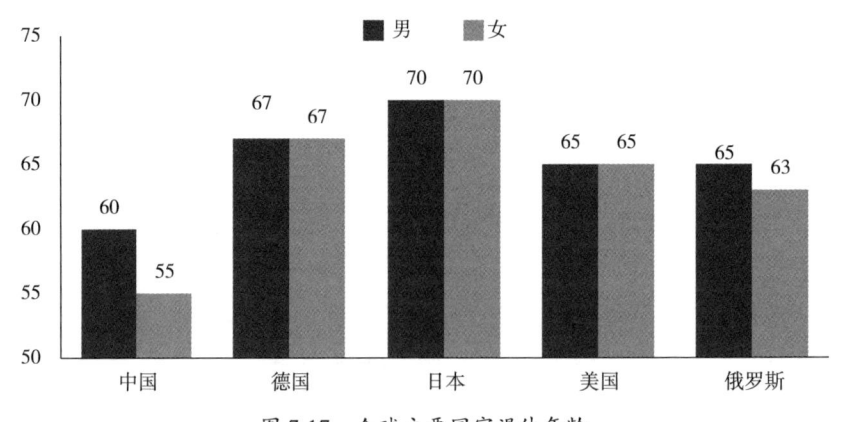

图 7-17　全球主要国家退休年龄

资料来源：Wind，平安证券研究所。

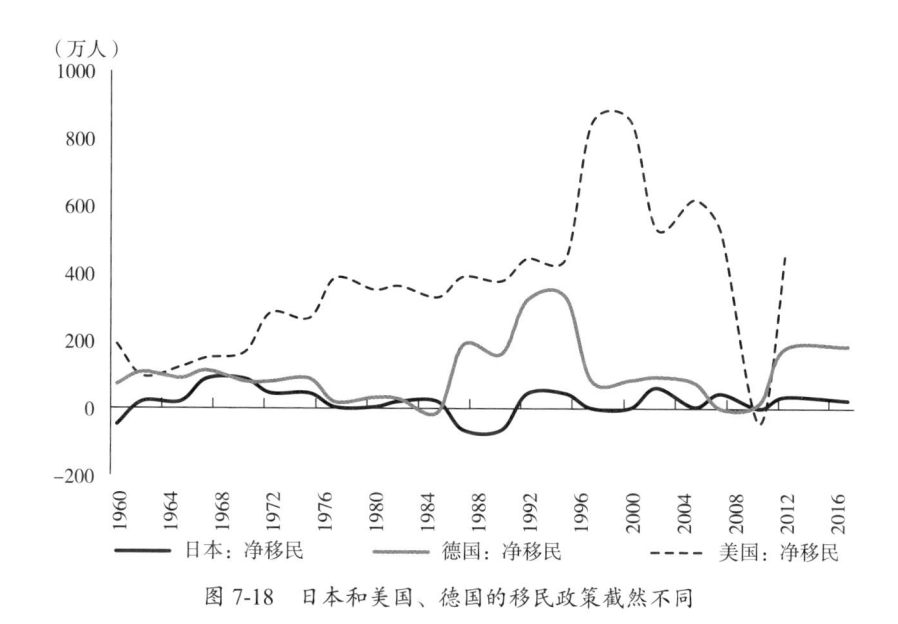

图 7-18 日本和美国、德国的移民政策截然不同

资料来源：Wind，平安证券研究所。

望通过打工提高收入，之后定居在家乡的县城，所以农民工群体在城市的一般人均消费相对偏低。如果给农民提供当地户口，使其拥有城市居民的身份，能够在城市安居乐业，则有利于刺激人均消费，同时也能提高农民工的工作热情和城市的吸引力。具体可通过以下措施实现：一是户籍制度改革，目前三、四线城市已经放开落户，各大二线城市也已通过放开户籍吸引优秀人才，部分一线城市较难推行；二是公共服务均等化，即在户籍政策之外，保障农民工享有与城市居民同等的医疗、养老、教育等服务；三是赋予农民工财产，这需要加速土地改革。事实上，十八届三中全会决议已经为土地改革做了铺垫，三种类型的土地（包括耕地、农村集体性经营用地和宅基地）都可以流转，但实际推进进

度非常缓慢，主要是由于在当前体制下过快推进农地流转，易导致部分人在制度不健全的情况下以低价从农民手中购地，一方面形成土地的大量集中，另一方面会增加大量失地农民；失地农民数量的大幅增加易带来社会的动荡。出于这样的担忧，几年下来土地流转并未得到实质性推进。

如上所述，六个政策可以缓解人口红利Ⅰ和人口红利Ⅱ的减弱，但在政策推行上还存在诸多困难。

（二）如何实现人力资本积累

第一，政府可以通过税收缩小贫富差距，帮助群众实现人力资本的积累。在发达国家这样的税收主要有三种：遗产税、房地产税和资本交易利得税。遗产税在很多发达国家最高达40%，这意味着一个富裕的家庭如果没有避税，三代之后遗产就已经削减过半。房产税在很多国家是按市场价值每年收取2%。资本交易利得税是对金融投资利得收取20%的税。以上三种在发达国家都是非常强的缴费型税收。

第二，教育体系改革。目前中国的高等教育存在一定程度的泡沫化问题，而真正重要的职业教育则明显发展不足。针对这一现象，首先，政府应大力发展高等职业教育。德国是全球职业教育发展最好的国家，德国的初中生毕业后有两条路径选择：普通高中—普通大学—白领，或职业高中—职业大学—蓝领。两者的地位相差不大，且蓝领的工资普遍高于白领。其次，开放教育，中国的教育尤其是高等教育主要为国有性质，尤其是985、211

高校均为公立学校。未来如果引进国外高校或者民办高校，可以形成公立和私立两个体系。如美国的常春藤联盟成员等私立学校学费昂贵，富裕家庭的孩子会进入这类大学；公立学校如加州大学体系中的学校，学费相对便宜，能够为普通家庭提供以相对低廉成本接受高等教育的机会。目前中国已有很多家庭送子女出国留学，未来也可以吸引国外高校到中国成立分校，丰富国内教育体系。

（三）如何降低中小企业融资成本

随着投资存量的扩大和需求的萎缩，中国多个产业正面临产能过剩问题，且主要集中在制造业领域。

刺激投资的难点在于服务业，第一项改革政策应真正向民间资本开放服务业，完善配套措施，形成良性市场环境。中国的服务业开放程度不高，民营企业进入服务业困难较多。例如，政府鼓励民营企业收购医院，但在民营医院就诊的病人无法报销医保。政府也鼓励民营企业办养老院，但优质的养老院需要实现医疗机构对接，而医疗机构大都是国有的。因此，建议政府大力开放服务业，并完善配套措施，以刺激民营资本对服务业的投资。另一项改革政策是大力发展中国的高端制造、智能制造业。目前中国上述领域投资相对不足，开放这一领域可以提供新的投资机会。

融资成本上升主要受高储蓄率下降等长期结构性因素的影响，可以通过提高储蓄向投资转化的效率予以缓解。过去中国金融市场发展相对落后，储蓄向投资转化的效率低下，通过金融改革可以提高效率，从而部分纾解企业融资成本上升的压力。在企业融资过程中，有两个市场至关重要：一是广义的股权市场，即从天使投资到 VC 到 PE 到 Pre-IPO 再到创业板、中小板、主板；二是高收益债券市场，中国目前的债券市场以信用债等高等级债券为主，但在发达国家的债券市场中，垃圾债也占据一定比例。垃圾债并不意味着企业资质差，只是风险较高；而垃圾债往往是中小企业在债券市场融资的重要工具。如果上述两个市场能够显著发展，可以部分降低中小企业的融资成本。

（四）技术进步的关键何在

技术进步关键点在于激发自主创新，可以通过以下三项措施实现：第一，加强知识产权保护；第二，推行混合所有制改革；第三，重塑人力资本积累。

（五）为何要激发制度创新

最终决定一个经济体增长可持续性的关键指标有二：全要素生产率的增速和劳动生产率的增速。我国的这两个指标从 2008 年开始一直呈下降趋势（图 7-19）。为了提高全要素生产率的增速，必须依靠技术进步和制度创新。

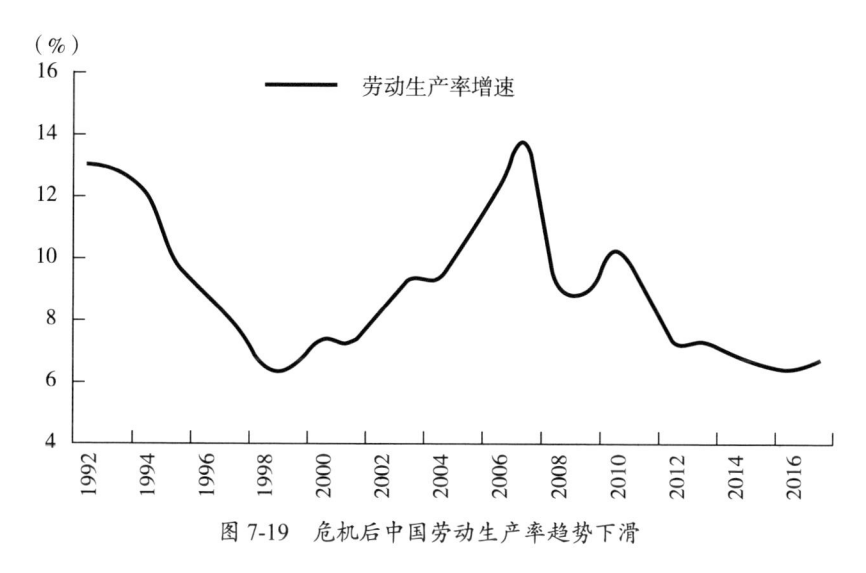

图 7-19　危机后中国劳动生产率趋势下滑

资料来源：Wind，平安证券研究所。

五、深化改革：涌现新兴市场

如果未来中国经济发生上述结构性变化，有很多领域可能出现快速增长或者投资规模迅速扩张的局面，这值得高度重视（图7-20）。

劳动力市场方面，我们认为未来会涌现出三个重要的市场，这三个市场的消费者各有特点，如果把握他们的消费特征，提前布局，则有望获得较大的投资收益。

第一，老年人市场，中国在未来十年到二十年预计将出现明显的老龄化（图 7-21）。至少在三个产业中，老年人群体将占据非常重要的市场主体地位：其一是医疗、养老产业，关系着老人最直接和迫切的需求；其二是文化旅游产业，老年人既有钱又有

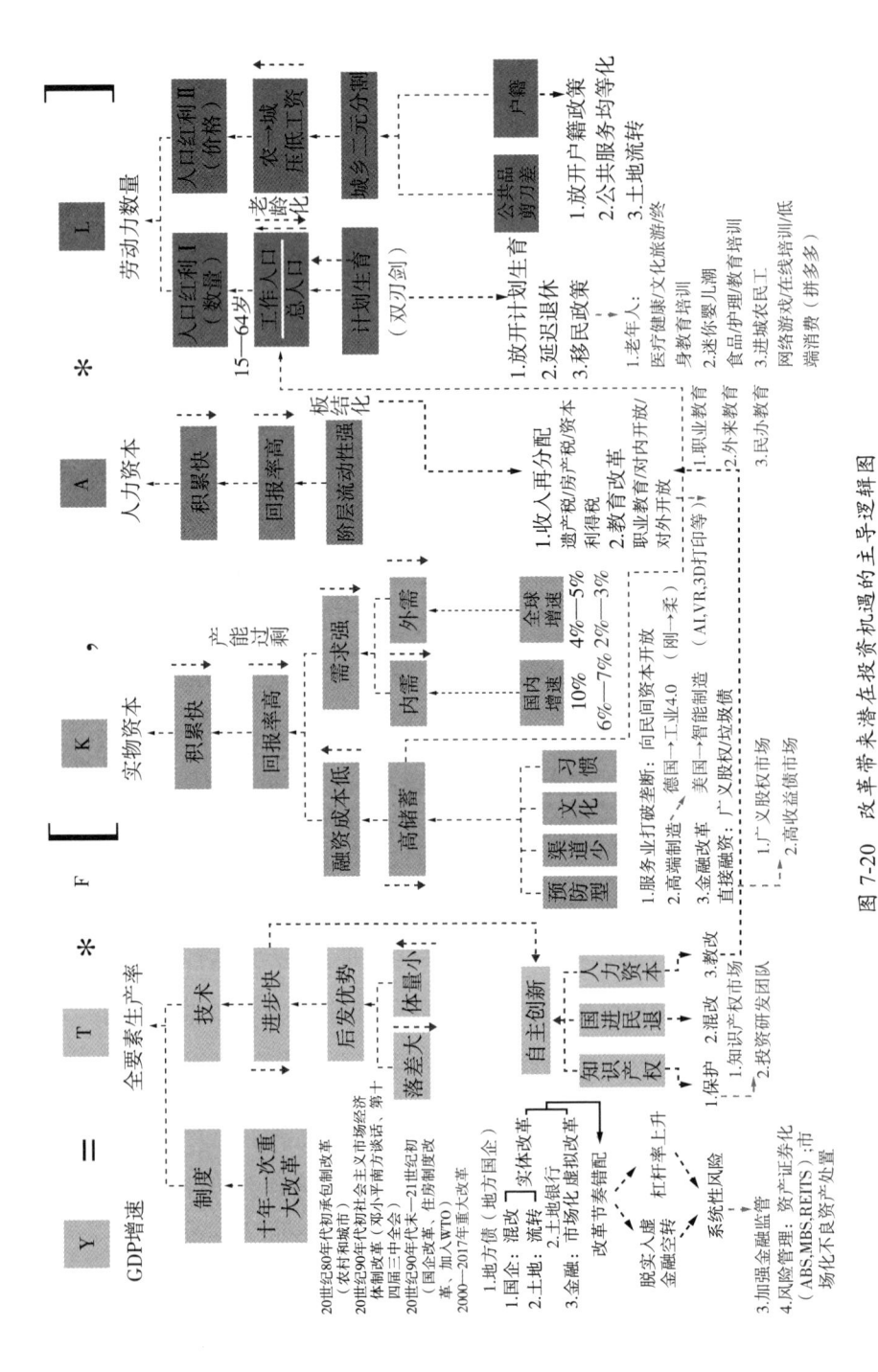

图 7-20 改革带来潜在投资机遇的主导逻辑图

资料来源：平安证券研究所

时间,能够成为旅游的主力军,未来文化旅游行业将有很大发展空间;其三是终生教育培训产业,随着人均寿命延长,老年人如果不想脱离时代,就需要终身学习,针对老人的教育培训中心未来也有较大发展空间。

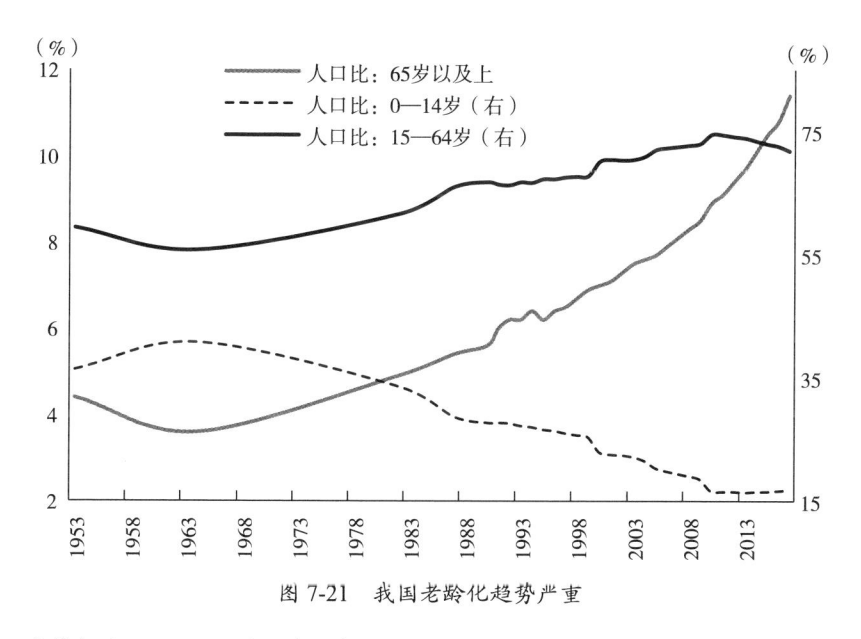

图 7-21 我国老龄化趋势严重

资料来源:Wind,平安证券研究所。

第二,婴儿市场。随着计划生育政策的修改,尽管总体人口增速难言强劲,但家庭生育将增多,中国未来有望迎来一个"迷你婴儿潮"。其规模虽然不大,但是人均消费力会很强,一方面由于生育意愿较强的家庭通常经济能力较强,另一方面由于新一代父母更加注重教育质量,生活水平也普遍提高。针对婴幼儿的教育、家庭亲子旅游等领域会有较快发展。

第三，进城农民工市场，这个市场的重要性可以和老年人市场相媲美（图7-22）。随着土地改革的深入和城镇化的推进，未来会有更多的农民工选择到城市定居。进城农民工收入通常低于城市原居民，他们更偏好性价比高的产品，针对农民工会出现很多量身定制的产品。目前来看，两大行业用户增长明显：一是手机游戏，进城农民工正成为手机游戏的主力军，这与进城农民工业余时间难以打发、渴望与他人深度交流有关；二是在线培训，如针对进城农民工的技能再培训。

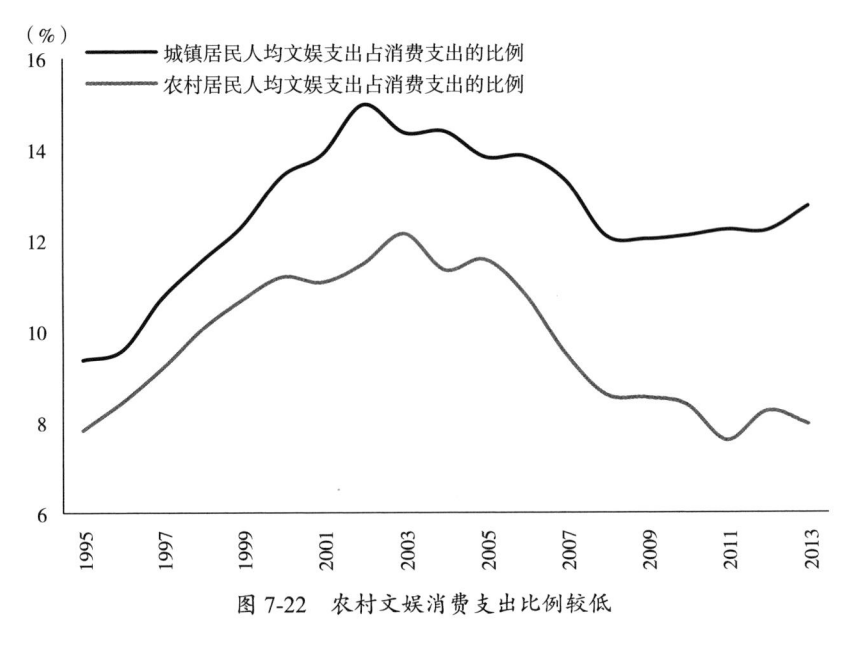

图7-22　农村文娱消费支出比例较低

资料来源：Wind，平安证券研究所。

未来上述三个市场蕴含着诸多机会，企业在设计相关产品时应该精准定位。

人力资本方面，教育行业未来有望出现一些投资机会。一是中国未来有望涌现出一批民办的高等职业教育机构，毕业生将大多进入高端的智能制造、服务业等；二是教育对外开放加快推进，未来中国一定会和更多的全球名校合作，在中国开设分校；三是未来会涌现大量的民办高校，西湖大学就是一个标志性的事件。

实物资本方面，服务业的开放会带来新的投资机会，如健康、文旅、培训和金融等。高端制造的发展有两种路径——德国和美国路径。德国路径的关键词是工业4.0，即把制造业和大数据、云计算结合起来；过去制造业靠规模取胜，是刚性的，未来要变成量身定制、柔性的制造业。美国路径的关键词是智能制造，最典型的是虚拟现实、人工智能、3D打印和机器人等。这两条路径有交叉点，未来高端制造也将会有很多投资机会。

技术进步方面，随着知识产权保护的加强，未来知识产权投资会变得重要，中国会涌现一些全国性或者区域性的知识产权市场。知识产权可以被定价、交易，甚至可以作为基础资产进行延伸。比投资资产更前进一步的则是投资研发团队。目前已有国内外的资本和中国顶尖研发团队签订了合作协议，投资方看好研发团队的发展，为其提供资金，而研发团队则需承诺，一旦未来团队的成果得以市场化，将与投资方分享产品部分产权。

制度变革方面，第一，预计地方国企混改会加快。地方国企的混改有望与地方债的解决联系在一起。中央目前已经明确表态，不会为地方政府债务买单；同时房地产市场的严调控导致开发商拿地热情下降，地方政府土地模式难以为继；因此，不排除未来地方政府出售地方国企股权的可能性。未来地方国企加快混改可能是一个值得关注的方向。

第二，推进土地流转，相关制度需设计风险可控的土地改革安排，保证土地一定在集体而不是个人手里。目前这样的方案已在部分地区试点，其模式是由当地政府发起设立一个类金融机构，农民可以选择把土地存在这个机构，或者质押给机构，质押金额较大的，若农民无法偿还资金，土地的长期使用权将划归机构所有；由于金融机构是集体设立的，这可以保证最后土地还在集体手里。所以，风险可控的土地改革在未来值得注意。

第三是防范系统性金融风险本身可带来很多发展机会。首先，中国的系统性风险主要集中在房地产行业，目前政府提倡租售并举，这意味着未来与租房相关的金融产品发展将有所加快。

其次，与防范风险相关的另一些行业，如资产证券化市场，包括 MBS（抵押支持债券）、ABS（资产支持债券）等也有较大的发展潜力。中国的金融机构有很强的动机盘活存量资产，资产证券化就是非常好的工具，可以帮助企业提高资产周转率。而目前中国的证券市场以 ABS 为主，MBS 发展不足；但在发达国家，MBS 的体量远超 ABS。所以，MBS 有望成为未来中国资产证券化市场的发展重点。

再次，市场化的不良资产处置将大行其道。在 1998—2003 年第一轮银行不良资产处置中，中央成立四大资产管理公司，各自对接一家商业银行，以账面价值从商业银行购买不良资产，坏账由四大资产管理公司消化。但是今非昔比，1998年中国的全口径政府债务占GDP的比率只有20%，目前已升至50%左右。预计本次不良资产处置将是三管齐下：金融机构动用准备金和拨备自行处置一部分；通过市场化转移卖出一部分；待银行资产质量改善，政府再重新注资。

最后，地方政府债作为风险集中的领域，与市政债和专项债有关的业务未来也可能是发展的重点。总之，与处置系统性风险相关的领域未来会有很大的发展。

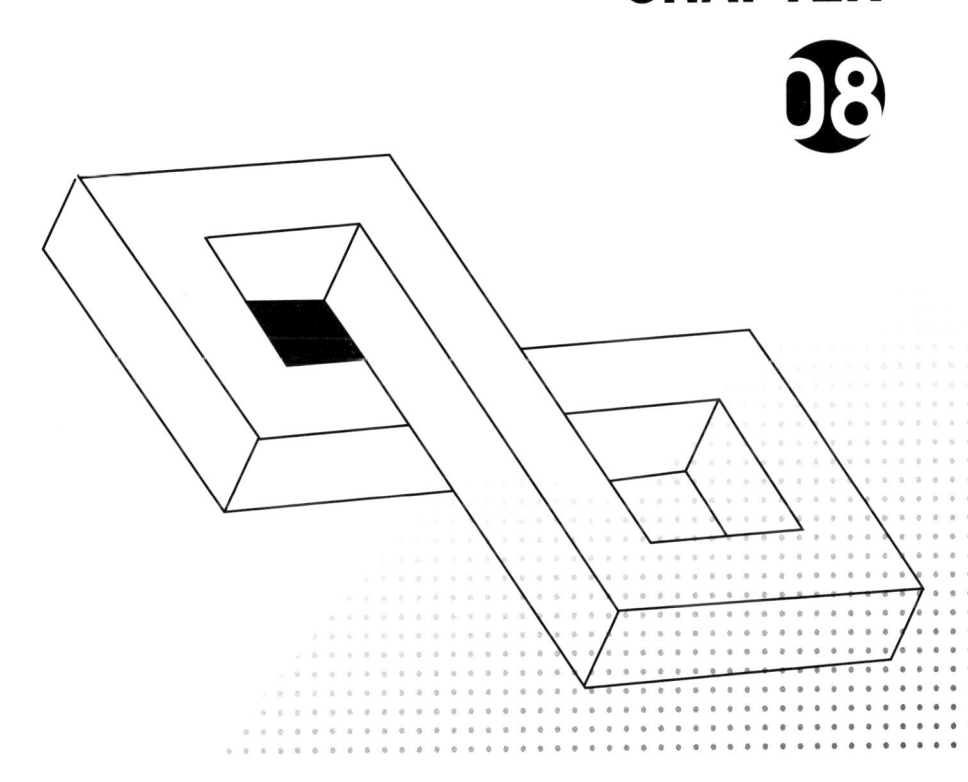

CHAPTER 08

中国经济的未来：
如何构建"双循环"新发展格局[①]

[①] 本章节已发表于《辽宁大学学报》(哲学社会科学版) 2020 年第 4 期，原名《如何系统全面地认识"双循环"新发展格局？》。

"双循环"新发展格局是党中央在当前形势下提出的重要战略举措。"双循环"提出的宏观背景,一是以中美经贸摩擦加剧为代表的外部环境发生重大变化,二是中国经济体量上升之后必然造成的对外依存度下降与内需驱动力上升。要构建以国内大循环为主体的发展格局,中国应该促进消费扩大与消费升级,推动国内产业结构持续升级,推动要素自由流动与区域经济一体化。要构建国内循环与国际循环相互促进的发展格局,中国应推动国内国际双雁阵模式的构建,在新"三位一体"策略下促进人民币国际化,夯实自贸区与自贸港内涵,在风险可控前提下加大国内金融市场开放,充分利用现有国际多边机制,在市场化前提下推动中国倡议的多边机制建设。

一、严峻形势下开创新局

在 2020 年 7 月 21 日召开的企业家座谈会上,习近平总书记指出,"我在今年全国'两会'上讲过,面向未来,我们要逐步形成以国内大循环为主体、国内国际双循环相互促进的新发展格局……在当前保护主义上升、世界经济低迷、全球市场萎缩的外部环境下,我们必须充分发挥国内超大规模市场优势,通过繁荣国内经济、畅通国内大循环为我国经济发展增添动力,带动世界经济复苏。"2020 年 7 月 30 日,中共中央政治局会议指出,"当前经济形势仍然复杂严峻,不稳定性、不确定性较大,我们遇到的很多问题是中长期的,必须从持久战的角度加以认识,加快形成以国内大循环为主体、国内国际双循环相互促进的新发展格局。"2020年10月29日,《中国共产党第十九届中央委员会第五次全体会议公报》指出,"形成强大国内市场,构建新发展格局。坚持扩大内需这个战略基点,加快培育完整内需体系,把实施扩大内需战略同深化供给侧结构性改革有机结合起来,以创新驱动、高质量供给引领和创造新需求。要畅通国内大循环,促进国内国际双循环,全面促进消费,拓展投资空间。"2020年12月18日,中央经济工作会议指出,"坚持稳中求进工作总基调,立足新发展阶段,贯彻新发展理念,构建新发展格局,以推动高质量发展为主题,以深化供给侧结构性改革为主线,以改革创新为根本动力,以满足人民日益增长的美好生活需要为根本目的……确保'十四五'开好局,以优异成绩庆祝建党100周年。"从2020年下半年起,"双循环"新发展格局已经成为我国经济政策讨论中最热门的词语之一。

"双循环"新发展格局是中国政府在潜在经济增速放缓、中美经贸摩擦加剧、新冠肺炎疫情冲击的宏观背景下提出的重大发展战略,也是对20世纪80年代末至今,中国政府实施的"国际大循环"经济发展战略的重大调整。"国际大循环"框架下的"沿海发展战略"具有三个要点:一是利用我国劳动力充裕的资源优势,发展劳动密集型产业;二是吸引外商直接投资;三是实现"两头在外、大进大出",使经济运行由国内循环扩大到国际循环。"国际大循环"战略取得了巨大的历史性成功,但随着中国经济与外部环境发生的一系列结构性变化,尤其是2008年全球金融危机爆发以来,该战略日益变得难以为继。自2011年年初发布的"十二五"规划以来,经济政策的重心已经逐渐从侧重国际循环向国内外循环相互协调转变[①]。

笔者认为,中国政府在当前形势下提出"双循环"新发展格局,至少有如下两个宏观背景。

一是中国经济增长面临的外部环境发生了重大转变,其复杂程度与严峻程度是改革开放四十年来罕见的。一方面,世界经济增长在2008年全球金融危机爆发之后,深陷"长期性停滞"(Secular Stagnation)。在全球经济增长乏力、全球范围内收入与财产分配极度失衡的背景下,民粹主义、孤立主义与保护主义纷纷抬头,贸易与投资的"逆全球化"乱象纷呈。中国经济增长面临的外部需求不仅增长疲弱,而且存在较大的波动性;另一方面,从2018年3月起,中美经贸摩擦持续加剧。目前这一双边摩擦已经由贸易向人才、科技、金融与地缘政治领域扩展,且越来越具有长期化与持续化的特征。由于经济相互融合程度很高,中美全面脱钩的概率并不大,但美国政府有很强的动力去实现中美在高科技领域的脱钩。在中美经贸摩擦过程中,美国竭力对中国高科技企业进行打压,试图显著削弱中国在技术进步方面的"后发优势",并努力将中美技术差距锁定在10年、20年甚至更长时间上。以芯片行业为例,目前中国每年的芯片进口额已经超过原油进口额。中国在高端芯片方面非

---

① 徐奇渊:《如何理解双循环?》,2020年8月6日,见 http://www.cf40.org.cn/news_detail/10556.html。

常依赖美国，而美国却努力"卡脖子"。为了应对外部环境的重大转变，中国经济一方面不得不在更大程度上依赖内需来驱动增长，另一方面也不得不通过激发国内技术自主创新对特定高科技产品实施进口替代。

二是随着中国经济总量的崛起，中国经济的对外依存度必然会降低，未来的经济增长潜力在更大程度上将取决于内需的挖掘程度。如图8-1所示，一方面，中国经济的外贸依存度（进出口总额占GDP的比重）已经由2006年62.4%的历史性峰值下降至2019年的31.8%；另一方面，货物与服务贸易净出口对中国GDP增长的拉动也由1994年至2007年期间的年均0.8个百分点下降至2008年至2019年期间的年均0.4个百分点。虽然中国经济的外贸依存度已经下降了将近一半，但依然显著高

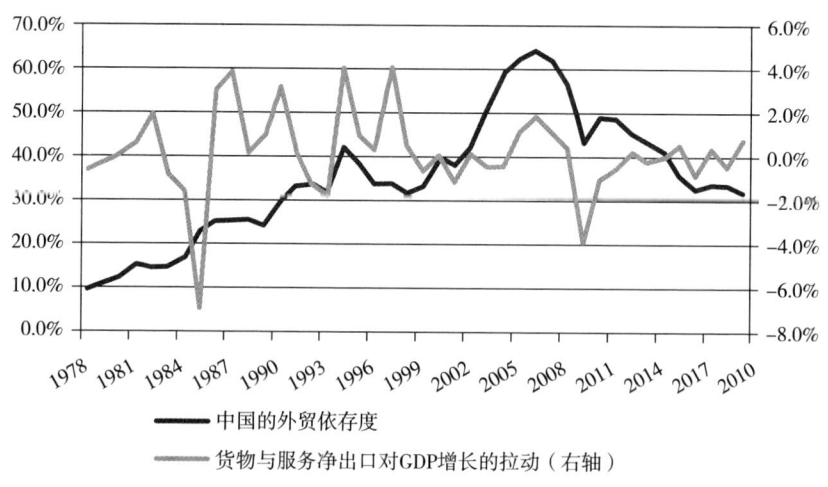

图8-1 全球金融危机后中国经济对外需的依赖度显著下降

数据来源：Wind。

于美国等发达经济体的水平。这意味着随着中国经济体量的上升,中国经济增长必然越来越依赖国内需求的支撑,这也是世界经济发展的普遍规律。

构建"双循环"新发展格局有望成为贯穿未来一段时期中国结构性改革的逻辑主线,也是"十四五"时期的战略重点。那么,如何构建"双循环"新发展格局呢?2020年12月召开的中央经济工作会议指出,"要紧紧扭住供给侧结构性改革这条主线,注重需求侧管理,打通堵点,补齐短板,贯通生产、分配、流通、消费各环节,形成需求牵引供给、供给创造需求的更高水平动态平衡,提升国民经济体系整体效能。要更加注重以深化改革开放增强发展内生动力,在一些关键点上发力见效,起到牵一发而动全身的效果。"笔者认为,可以把构建"双循环"新发展格局大致分为两个层面,一是构建以国内大循环为主体的新发展格局,二是构建国内国外循环相互促进的新发展格局。

二、构建国内大循环的三大支柱

2020年7月30日的中央政治局会议指出,要"牢牢把握扩大内需这个战略基点,大力保护和激发市场主体活力"。笔者认为,这其实正是构建以国内大循环为主体的新发展格局的重中之重。要更好地构建国内大循环,以下三大支柱必不可少,一是促进消费扩大与消费升级;二是促进产业结构升级与技术创新;三是促进要素自由流动,推动新一轮区域一体化。

（一）消费扩大与消费升级

中国的最终消费支出占 GDP 的比重，在改革开放之后经历了先降后升的变化。该指标由 1983 年的 67.3% 下降至 2010 年的 49.3%，随后上升至 2019 年的 55.4%。[①] 应该说，迄今为止，中国最终消费占 GDP 的比重，依然显著低于美国、日本、欧盟等发达经济体。为了进一步扩大居民消费与促进消费升级，中国应该一方面努力提高居民收入增速与可支配收入水平，另一方面通过改善消费品供给来促进消费升级。

如图 8-2 所示，从 2008 年全球金融危机爆发至今，中国社会消费品零售总额同比增速整体上呈现趋势性下降。造成该趋势的主要原因有二，一是同期内城乡居民可支配收入增速是整体下行的，二是同期内居民部门杠杆率显著上升，而杠杆率的上升将会挤出居民消费（图 8-3）。后者的主要逻辑是，全球金融危机之后中国居民杠杆率上升的主要原因是购买房地产。如果一个家庭不得不将更高比例的收入用于偿还房贷的话，那么该家庭能够用于其他消费的收入比例自然就会相应下降。

因此，为了促进消费扩大，中国至少需要做好五方面的工作：第一，在国民收入初次分配层面，应继续努力提高居民部门收入占国民收入的比重。这意味着要降低政府税收与企业利润占国民收入的比重。第二，在国民收入再分配层面，要加大居民部

[①] 以上数据为笔者根据 Wind 数据库有关数据进行计算的结果。

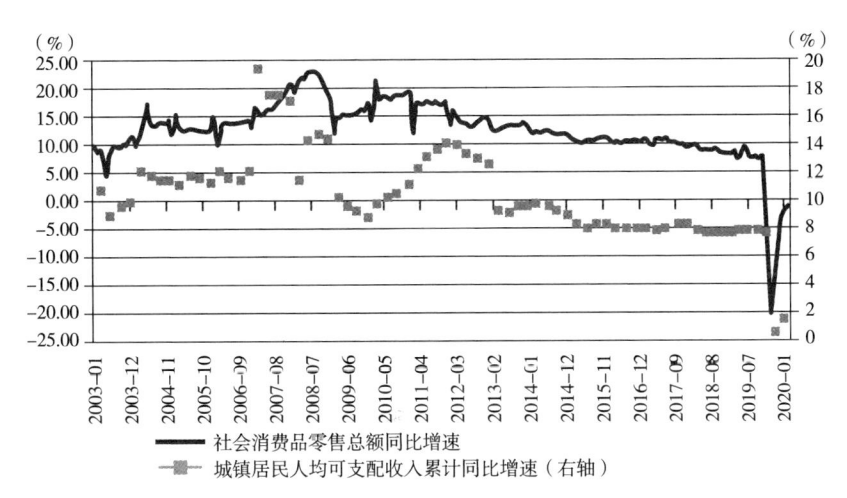

图 8-2 社会消费品零售总额与城镇居民可支配收入增速

数据来源：Wind。

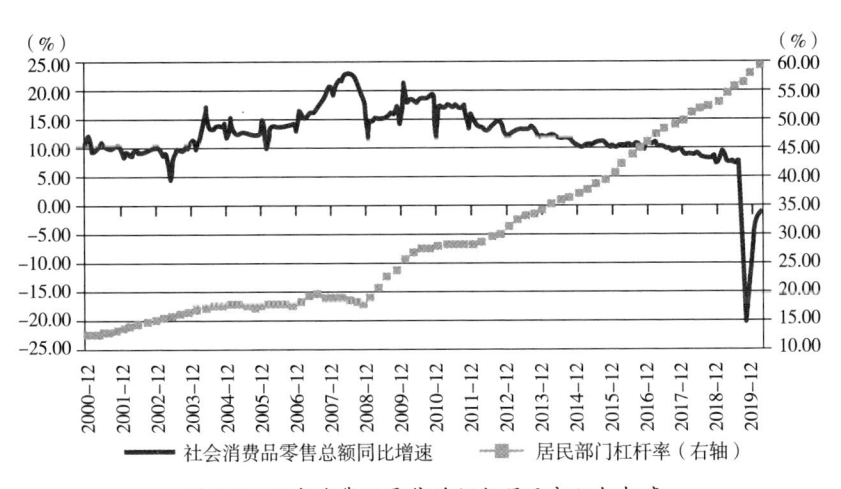

图 8-3 社会消费品零售总额与居民部门杠杆率

数据来源：Wind。

门内部收入再分配的力度。这是因为中低收入群体的边际消费倾向显著高于高收入群体，因此，通过加大征收财产税等为代表的收入再分配政策调节，促进更多收入从高收入群体向低收入群体转移，将扩大国内消费的增速与规模。第三，中国应该长期坚持"房住不炒、因城施策、构建房地产调控长效机制"的房地产调控思路，避免中国居民部门杠杆率因为房地产价格上涨而继续显著上升，避免房地产畸形繁荣对消费增速的挤压。第四，为了促进广大农村群众与农民工的消费，中国应该进一步深化户籍制度改革、公共服务均等化改革以及农地流转改革。这些改革一方面可以消除农村劳动力面临的歧视性政策，另一方面可以增加农民的财产性收入。例如，在控制住居民的其他特征之后，没有城市户籍的外来居民的消费要比当地城市居民低大约 30%[①]；进而说明，户籍制度造成的消费损失相当于每年 GDP 增长的五分之一。第五，为了消除中国居民的后顾之忧，弱化居民部门的预防性储蓄动机，应加快完善社会保障、医疗、教育、养老等领域的改革。例如，将国有企业资产划转社保进行管理，或者提高国企税后红利划转社保的比重，将有助于缓解未来中国社保体系面临的潜在资金缺口，从而有助于降低居民对未来养老压力的担忧，促进居民的当期消费。

此外值得格外强调的是，要持续扩大消费，就必须确保民营

[①] 陈斌开、陆铭、钟宁桦：《户籍制约下的居民消费》，《经济研究》2010 年第 S1 期。

企业享有足够的成长空间以及与国有企业平等的国民待遇[1]。民营企业对中国经济的贡献素来有"56789"的说法,即民营企业贡献了50%的财政收入、60%的经济增长、70%的技术创新、80%的就业以及90%的新增就业。换言之,如果民营企业不能获得足够的成长空间,那么无论是扩大就业还是提高居民收入的目标都难以实现。2020年在新冠肺炎疫情冲击下,宏观政策新提法"六保"中的"保市场主体"一项,就充分说明了中央政府对民营企业的重视[2]。与国有企业相比,民营企业相对规模更小,更加集中在产业的中下游,应对危机的能力更弱,因此,宏观政策要加大对民营企业的政策倾斜力度,例如增加对民营企业的财政转移支付,实施"直达实体经济"的货币政策等。除此之外,中国也应努力避免宏观经济下行与金融监管强化过程中通常会出现的"国进民退"的格局重演。

如果说,促进消费扩大的要义,在于通过提高居民收入增速来缓解居民在消费需求方面的收入约束的话,那么促进消费升级的要义,则在于通过促进更优质、更广泛的消费品供给来满足"人民群众对美好生活的向往"。这就意味着,首先,考虑到中国城市家庭对传统制造品(如汽车与家电)的消费已经较为充分,中国应该大力发展先进制造业与现代服务业,为居民部门提

---

[1] 张明:《准确理解双循环 推动新一轮区域一体化发展》,《四川日报》2020年8月26日。
[2] 所谓"六保",是指保居民就业、保基本民生、保市场主体、保粮食能源安全、保产业链供应链稳定、保基层运转。

供更高质量与更广范围的消费品选择；其次，考虑到中国家庭对教育、医疗、养老等优质服务的需求长期得不到满足，应该打破国有资本对上述行业的垄断，向民间资本更充分地开放教育、医疗、养老等服务业产业，提高优质公共资源与优质服务品的供给能力。

（二）产业结构升级与技术创新

迄今为止，尽管中国企业在全球产业链中已经处于不可忽视的中枢位置，但总体上中国企业仍处于全球价值链的相对低端，需要继续向"微笑曲线"的两端拓展。在中美经贸摩擦显著加强的背景下，美国政府会千方百计向中国施压，试图将中国挤出全球产业链，或者至少是将中国企业锁定在全球价值链的中低端。其他发达国家政府在新冠肺炎疫情暴发后也意识到当前全球产业链的重要性，开始讨论寻求产业链的"备份"。全球产业链在疫情之后可能呈现出更加本地化与区域化的特点[1]。在上述背景下要推动国内产业结构持续升级，中国就必须进行以下努力。

一是要通过各种努力来保障中国供应链、产业链安全，维护中国在全球产业链中的枢纽地位，并强化中国在东亚产业链中的核心地位。首先，即使在中美贸易摩擦的大背景下，中国企业仍应努力寻求与美国跨国公司的合作。美国作为一个利益

---

[1] 沈建光：《中国不应低估产业链转移风险》，《中国新闻周刊》2020年8月26日。

多元化的国家，国内决策过程并非铁板一块，仍有较大的政策妥协与博弈空间。因此，中国企业应寻求加强与美国跨国公司合作，将双方利益更紧密地捆绑在一起。其次，在中美摩擦长期化背景下，中国企业加强与第三方国家和地区（例如欧盟、英国、日本、加拿大、澳大利亚等发达国家以及其他主要新兴市场国家）企业的合作就变得更加重要。再次，随着全球产业链变化开始更加具备本地化与区域化的特点[①]，中国尤其应该重视与周边国家的合作。在中美摩擦加剧背景下，更好地经营与东盟和"一带一路"沿线国家的关系，对中国而言具有非常重要的意义。这意味着中国可以充分利用东盟、"一带一路"沿线国家与自身的发展梯度差异，建立起以中国为雁头的跨国"雁阵模式"，实现中国与东盟、"一带一路"沿线国家的共同发展。最后，中国企业需要对自己在产业链中的位置以及产业链本身进行积极调整，更多地强调本地化，让更多的产业链环节和终端留在或者靠近本国市场。除了强调产业链的本地化，我们还应提高对产业链的控制力[②]。

二是要激发各主体活力，努力推动国内技术自主创新。无论是中美贸易摩擦的爆发，还是中国国内技术的快速进步，都意味着未来中国要继续发挥技术创新方面的"后发优势"会变得越来

[①] 魏伟、陈骁、薛威：《全球产业链及疫情后的重构展望》，平安证券宏观研究，2020年5月27日。

[②] 余永定：《解决好内循环的八个要点问题 就不怕美国的脱钩和封锁》，《新京报》2020年8月12日。

越困难。因此，中国必须努力推动国内技术自主创新，相关政策举措包括：第一，应该全方位加强对各种知识产权的保护，以此来激发各种主体实施技术创新的热情；第二，考虑到民营企业在激烈市场竞争压力驱动下的强烈创新动机，中国应平等保护各类所有制企业，真正做到所有制中性和竞争中性，从而保持并激发民营企业的创新动力；第三，中国过去的教育更偏向于培养工程师思维（即强调思维的同一化与达成共识），今后要实现创新驱动发展，就必须更加鼓励培养创新思维（即强调思考的独立性、创造性与批判性）。最后必须指出的是，尽管我们强调要推动国内技术自主创新，也应该依然重视国际技术交流。在美国的持续遏制下，我们应积极发展与第三方国家之间的技术合作与交流，争取做到"东方不亮西方亮"。

（三）要素自由流动与区域一体化

尽管从理论上而言，中国发展的后劲在于有一个规模庞大的国内市场，但迄今为止，这个市场的一体化程度还相当有限。一个重要的问题是，国内要素流动在诸多方面依然面临障碍，例如货物运输面临高昂的过路费，货物流通面临着严格的跨省检疫检验等。要素流通的障碍使得中国未能充分发挥国内统一大市场的优势，因此也间接制约了消费扩大与产业升级。

为了塑造全国统一大市场，中国应该以要素自由流动为抓手，努力降低要素与商品在国内流通面临的各种有形的与无形的壁垒，消除要素定价市场化的障碍，推动要素的全国自由流动与自由聚集。令人振奋的是，2020年4月9日，党中央、国务院出台了《构建更加完善的要素市场化配置体制机制意见》。该《意见》的核心思路，就是要完善由市场决定要素价格的机制，完善要素交易规则与服务，促进要素的自由流动。该《意见》涉及的要素除了土地、劳动力、金融资金等传统要素外，还包括人才、技术、数据等新兴要素。笔者认为，要素的市场化定价与自由流动将成为下一阶段中国推进结构性改革的主要领域。

随着国内要素自由流动的实现以及国内统一大市场的完善，在未来五年至十年内，中国有望实现新一轮区域经济一体化。而围绕区域经济一体化产生的都市圈与城市群建设，将会成为下一轮中国经济增长的新动力。

笔者目前最看好中国国内五个区域的发展。第一个区域是粤港澳大湾区，这个区域的核心城市除港、澳外，包括深圳、广州与佛山（东莞）。粤港澳大湾区未来有望成为中国的硅谷，这里的科技创新与金融服务结合得非常紧密。第二个区域是长三角，这个区域的核心城市包括上海、杭州与南京。长三角区域是目前中国区域一体化与区域内平等化程度最高的地区，且国有经济与民营经济的发展相对均衡。第三个区域是京津冀，这个区域的传统核心城市是北京与天津。雄安如果在未来十年能够快速发展，那么也有望成为京津冀的第三个增长极。第四个区域是中部三角，核心城市是郑州、合肥与武汉。这三个城市是中国高铁时代的最大受益者，构成了中国国内统一大市场的"大通道"。第五个区域是西三角，核心城市是成都、重庆与西安。这个地区的特色是制造业发展与科技研究能力相得益彰,且相对而言高素质人力资本的成本较低[①]。

不难看出,以上五个区域都各自有一个城市三角形。在每个城市三角形中,似乎都有一个城市金融更发达一些、一个城市研发能力更强一些、一个城市制造业更发达一些。这意味着这些城市之间可以更好地发挥比较优势、实现协同发展。这五个区域、15个核心城市,在未来不仅是先进制造业与现代服务业汇聚之地,而且由于大规模的青年劳动力流入和更好的公共资源分布,房地产市场也有着更加可持续的发展前景。

更令人振奋的是,这五个区域在资源禀赋、发展程度、外向型程度方面具有一定的差异性,因此有望形成中国版本的"雁阵模式"。在这个雁阵模式中,粤港澳湾区与长三角处于第一梯队,中三角与西三角处于第二梯队,而五个区域之外的其他区域则形成了第三梯队。京津冀则相对较为特殊,可称之为"雁头"。这就意味着在未来,第一梯队的产业与企业未必因成本上升向东南亚或其他国家迁移,而可以更多地迁移到第二梯队,而第二梯队的产业与企业可以迁移到第三梯队。通过雁阵模式的逐级传递与扩散,就能够"以南促北、以东促西",实现区域优先发展之后的全国共同发展。

综上所述,一方面,要素自由流动与新一轮区域经济一体

---

① 张明、陈骁、魏伟:《五个城市三角:新时代中国经济增长的主引擎——新时代区域经济一体化系列研究之六》,平安证券宏观研究,2018年10月30日。

化有助于促进国内统一大市场的形成与完善，从而促进消费扩大、消费升级与产业升级；另一方面，新基建和新一轮都市圈与城市群建设也有助于促进先进制造业与现代服务业的发展。这正是要素自由流动与区域一体化对于创建国内大循环的核心意义。

必须指出的是，加快区域一体化看起来很美好，但也是有成本的。这必然会导致区域间发展差距的再次拉大。现在我们面临两难选择：是阻止要素进一步聚集和超大城市的形成，人为拉平各地发展水平，还是放开要素流动的束缚，让要素自由聚集、超大城市继续变大，形成一种差序发展格局，再通过转移支付让先进者帮助后进者呢？目前这个选择的走向还不是非常明朗。2020年4月份的要素市场化改革文件显示，我们向后者迈进了一大步。对发展前景我们拭目以待。

三、以内促外：反制逆全球化

目前存在一种对"双循环"新发展格局的误解，认为这意味着中国将会关上大门、全心全意搞国内市场建设，而会相对忽视未来的双向开放。这种看法是完全错误的。正如习近平总书记在2020年7月21日的企业家座谈会上所指出的，"以国内大循环为主体，绝不是关起门来封闭运行，而是通过发挥内需潜力，使国内市场和国际市场更好联通，更好利用国际国内两个市场、两种资源，实现更加强劲且可持续的发展"。黄奇帆也认为，"形势越困难,就越是要扩大对外开放,以高水平开放反制逆全球化,以改善营商环境反制撤资论,以超大市场的吸引力反制脱钩论"①。

那么,如何实现国内国外双循环相互促进呢?笔者对习近平总书记相关讲话的理解是,核心在于利用好中国国内市场庞大发展潜力的优势,实现"以内促外"。

(一)贸易层面:双雁阵模式的构建

在贸易层面,中国企业应该抓住全球产业链在新冠肺炎疫情后可能发生调整(缩短与区域化)的时机,进一步强化中国在亚洲产业链中的核心位置,尽可能维护中国在全球产业链中的枢纽地位。在强化产业链核心位置的过程中,中国应该注重发挥两个"雁阵模式"的优势:一是国内的"雁阵模式",即以京津冀、粤港澳大湾区、长三角为雁头,以中三角与西三角为第二梯队,以国内其他区域为第三梯队的次序发展模式;二是以中日韩为雁头,以东盟与"一带一路"沿线相对发达国家为第二梯队,以"一带一路"沿线欠发达国家为第三梯队的持续发展模式。双雁阵模式的构建既有助于强化中国在亚洲地区"三链"(产业链、供应链与价值链)的核心地位,也有助于提升亚洲产业链的完善程度与自生能力。

---

① 黄奇帆:《如何构建完整的内需体系 形成国内国际双循环新格局》,2020年7月26日,见 http://www.cf40.org.cn/news_detail/10540.html。

（二）金融层面：推动人民币国际化的新"三位一体"策略

在 2010 年至 2015 年期间，中国通过鼓励跨境贸易与直接投资的人民币结算，大力发展以中国香港地区为代表的离岸人民币金融中心，中国央行与其他国家央行签署双边本币互换的旧"三位一体"策略推动人民币国际化。人民币国际化在该时期内的确进展很快，但与此同时面临以下问题：人民币计价功能的发展显著滞后于结算功能；人民币国际化较大程度上受到跨境套汇与套利交易的驱动，从而在汇率升值预期逆转与境内外利差收缩之后，人民币国际化速度显著放缓；过于重视发展离岸金融中心，相对忽视了培育周边国家与"一带一路"沿线国家对于人民币的真实需求。

从 2018 年起，中国已经开始转变推动人民币国际化的策略。新的策略也可以概括为新"三位一体"，包括大力发展人民币在大宗商品交易中的计价货币地位，向外国机构投资者加快开放国内金融市场，以及在周边国家与"一带一路"沿线国家培养对于人民币的真实需求。不难看出，人民币国际化的新"三位一体"策略有助于克服旧"三位一体"策略的固有缺陷，有助于推动人民币国际化更加稳定、更可持续地推进[1]。此外，新"三位一体"的人民币国际化策略，也可以和上述双雁阵模式的构建有机结合起来，实现贸易与金融目标的相互联动与相互促进。

---

[1] 张明、李曦晨：《人民币国际化的策略转变：从旧"三位一体"到新"三位一体"》，《国际经济评论》2019 年第 5 期。

（三）开放层面：夯实自贸区与自贸港内涵，在风险可控前提下加快国内金融市场开放

2020年6月1日党中央、国务院出台了《海南自由贸易港建设总体实施方案》，中国到目前为止已经拥有了21个省级自由贸易试验区与1个省级自贸港。换言之，中国三分之二的省与直辖市已经成为自贸区与自贸港。然而，迄今为止，除了上海自贸区之外，大多数其他自贸试验区在发展重点与发展特色方面都没有给人留下特别清晰的印象，出台的建设方案非常雷同。因此，下一阶段自贸试验区、自贸港建设，应尽快确定各自的内涵，结合各省市的资源禀赋与比较优势出台具有鲜明个性化与特色的自贸试区、自贸港建设方案，并以这种建设带动区域经济更高层次、更高水平的发展。

自2018年年初至今，中国国内金融市场的开放明显提速。一方面，外国机构投资者投资国内金融市场的额度被明显放宽，在2019年下半年，中国央行取消了QFII（合格境外机构投资）的额度限制；另一方面，到2020年年底，中国国内将出现各类外资控股甚至独资经营的金融机构。中国国内金融市场的加速开放，有助于引入更多高水平的参与者、更完善的市场竞争机制，提升中国金融市场的广度与深度，也有助于促进人民币国际化。然而，近几年来，中国市场也越来越体会到跨境投资大进大出对国内资产价格与金融稳定可能产生的负面影响。因此，在加快国内金融市场双向开放的同时，中国政府也应该积极监测与防控这

一过程中可能存在的潜在风险，例如短期资本大进大出、境内与境外冲击与预期的相互强化等。笔者认为，在国内金融市场加快开放的背景下，中国央行仍有必要保留对短期资本流动的管制，以防止跨境资本大进大出加剧国内金融体系的系统性风险。

（四）机制层面：充分利用现有国际多边机制，推动中国倡议的多边机制建设

在美国的经济外交政策日益表现出保护主义与孤立主义倾向的同时，作为全球化的受益国，中国应该坚定不移地充当国际社会中推动经济全球化的旗手。一方面，中国应充分利用好现有国际多边机制的作用，例如联合国、G20、WTO、贸发会议、IMF、世界银行、世界卫生组织、巴黎协定等；另一方面，中国应该继续推动由中国政府倡议的新多边机制建设，例如"一带一路"、RCEP、亚洲基础设施投资银行、金砖开发银行、丝路基金等。在后者的建设过程中，应该充分吸引民间力量参与，提高市场化程度，这样既能降低特定国家对这些多边机制的怀疑与抵触心理，又能增强这些多边机制发展的可持续性。

2020年11月15日，中国、日本、韩国、澳大利亚、新西兰和东盟十国正式签署全球最大规模的自由贸易协定——区域全面经济伙伴关系协定（RCEP）。RCEP的签订将为"双循环"新发展格局的构建提供重大机遇。在贸易层面，中国应该抓住全球产业链在新冠肺炎疫情后可能发生调整（缩短与区域化）的时机，把握RCEP签订带来的机遇，加强与日、韩及东盟十

国间的联系，进一步强化中国在亚洲产业链中的核心位置，尽可能维护中国在全球产业链中的枢纽地位。在金融层面，中国应将 RCEP 建设与新"三位一体"的人民币国际化策略相结合，推动新一轮人民币国际化进程。在开放层面，应考虑将 RCEP 成员国与中国自贸区自贸港进行有机对接。在机制层面，应在 RCEP 治理方面采用一套适合新兴市场国家的自主治理模式。

CHAPTER 09

中国经济的开放：

融入全球化与风险防范的平衡

党的十八大以来，在以习近平同志为核心的党中央坚强领导下，我国开放型经济新体制建设硕果累累。过去十年，我国全面开放新格局基本形成，贸易强国建设取得新突破，"引进来""走出去"战略扎实推进，开放安全的金融体系逐步确立。这些成就的取得，是我国实施一系列制度型开放措施的结果，是构建开放型经济新体制等试点的结果，也是兼顾开放收益与风险的结果。在新发展格局下，高质量发展为高水平对外开放提出了新的要求。以构建"双循环"新发展格局为契机，统筹开放和安全，处理好中美经贸摩擦、全球化减速、金融市场开放和资本账户自由化可能带来的风险，有助于建设更高水平开放型经济新体制，有助于形成更高层次、更高水平、更加深化的对外开放新格局。

一、开放路上的硕果

党的十一届三中全会以后，我国毫不动摇地坚持对外开放的基本国策，在探索对外开放的模式过程中开始了开放型经济的建设。1979年7月，中央决定率先划出深圳、珠海两地的部分区域试点创办出口特区，待条件成熟后再在汕头和厦门推广[①]。我国通过授予出口特区一系列优惠政策和灵活管理权限的方式，揭开了对外开放的序幕。1980年，出口特区升级为经济特区，获得了更多开展对外经济合作的自主权。1982年9月，在党的十二

---

① 王振川：《中国改革开放新时期年鉴1979年》，中国民主法制出版社2015年版，第603页。

大上，邓小平同志提出"走自己的道路，建设有中国特色的社会主义"的发展理念[①]，为此后我国在自身国情基础上进行改革开放明确了方向。

20世纪80年代，我国对外开放的步伐进一步加快，沿海地区普遍开放成为亮点。1984年5月，中央将首批4个经济特区的成功开放经验推广到沿海14个主要港口城市[②]，这些港口城市在拓展对外贸易及利用外商直接投资等领域拥有了一定的自主权，为此后发展外向型经济奠定了基础。沿海地区开放格局实现"由点到线"的突破，范围逐渐扩大。1985年，中央政府明确长江三角洲、闽南三角地区和珠江三角洲为沿海开放经济区。1988年，山东半岛和辽东半岛也成为沿海开放经济区的一部分，与此同时，海南全岛成为我国第五个经济特区。至此，沿海地区对外开放实现"由线到面"的升级，到20世纪80年代末我国已经形成较为完整的沿海开放经济带。

20世纪90年代，对外开放的布局从沿海深入到内地，沿边、沿江地区和内陆中心城市纷纷走向开放，形成了全方位的对外开放格局。与此同时，对外开放的推进方式也由政策试点转变为全面推进，各地纷纷设立一系列国家级高新技术产业开发区、经济技术开发区等，充分释放了产业发展的活力，开放型经济的蓬勃

---

① 余翔、陈金龙:《中国特色社会主义：概念演变与内涵升华》,《光明日报》2013年1月16日，第11版。
② 14个沿海开放城市分别为大连、秦皇岛、天津、烟台、青岛、连云港、南通、上海、宁波、温州、福州、广州、湛江和北海。

发展有力地推动了国民经济的发展。尤其在这一时期，中央作出开发开放上海浦东的重大决策，掀开了我国改革开放向纵深推进的崭新篇章[①]。上海浦东由此成为我国开放型经济建设的前沿阵地，成为进一步开放长江沿岸城市的龙头，起到了良好的示范作用。

进入21世纪，以加入世界贸易组织为崭新起点，我国开放型经济建设开启了新的篇章。随着社会主义市场经济体制机制的不断完善，我国对外开放的模式呈现出更多由市场驱动、以规则开放为主的特点，一系列试点开放中形成的经验转化为可以对接国际规则的开放型经济体制机制。2002年11月，党的十六大提出要"坚持'引进来'和'走出去'相结合，积极参与国际经济技术合作和竞争，不断提高对外开放水平"[②]。为了实现这一新目标，我国一方面在持续对外开放国内市场的同时鼓励企业走出国门，另一方面积极破除束缚社会主义市场经济发展的体制机制障碍，推动改革和完善国内市场机制及相应的法律法规，持续打造透明和公正的营商环境，提升对外贸易和投资管理体制的效能。加入WTO后，我国对贸易、投资和知识产权保护等领域的法律法规进行了清理修订工作，中央政府层面清理的法律法规和部门

---

① 《习近平：在浦东开发开放30周年庆祝大会上的讲话》，2020年11月12日，见 http://www.gov.cn/xinwen/2020-11/12/content_5560928.htm。
② 《全面建设小康社会，开创中国特色社会主义事业新局面——在中国共产党第十六次全国代表大会上的报告》，2002年11月8日，见 http://cpc.people.com.cn/GB/64162/64168/64569/65444/4429125.html。

规章多达 2300 件，地方性政策法规清理数量多达 19 万件[①]。与此同时，我国扎实履行加入 WTO 时对货物和服务开放的承诺，落实了最惠国待遇等基本原则。从 2001 年至 2007 年，我国平均关税水平由 15.3% 下降至 9.8%[②]；截至 2007 年，我国服务贸易领域开放 9 大类 100 个分部门的承诺已全部履行完毕，已十分接近 WTO 发达成员国家和地区平均承诺开放 108 个分部门的水平。此外，我国进一步降低了外资准入服务业的门槛，不断扩大允许外资进入的服务业范围，2010 年服务业吸引外商直接投资额已经超过了制造业[③]。

2007 年党的十七大审时度势地提出，要"拓展对外开放广度和深度，提高开放型经济水平"，"实施自由贸易区战略，加强双边多边经贸合作"。2008 年前后，世界经济受到美国次贷危机的影响陷入了深度衰退，即便如此，我国的对外贸易依然经受住了考验。2007 年我国进出口总额超过 2 万亿美元，2008 年进出口总额同比增长近 18%，2009 年进出口总额虽同比下降近 14%，但仍然是全球外贸表现最好的国家之一：2009 年我国出口总额跃居全球第一位，进口总额上升至全球第二位。2010 年进出口总额已经接近 3 万亿美元。此外，我国贸易平衡度不断改善，以贸易差额占进出口总额比重衡量的贸易平衡度从 2006 年

[①]《中国与世界贸易组织》，人民出版社 2018 年版。
[②]《中国财政统计年鉴——2014》，中国统计出版社 2014 年版。
[③]《中国与世界贸易组织》，人民出版社 2018 年版。

的 10.1% 下降到 2010 年的 6.2%[①];"十一五"期间进出口贸易方式和商品结构持续优化,一般贸易进出口年均增速远超加工贸易,工业制成品、机电产品和高新技术产品出口占比不断提高,先进技术、设备、关键零部件、大宗能源资源进口持续扩大;"十一五"期间外商直接投资年均增长近 12%,在全球排名跃升至第二位,非金融类对外直接投资流量年均增长近 37%,"走出去"战略成效显著。另外,推进自由贸易区建设作为这一时期建设开放型经济新体制的一个重要抓手,有力巩固了双边多边经贸合作。2010 年,我国与 10 个签署自贸协定贸易伙伴[②]的双边贸易额超过 7800 亿美元,占同期我国贸易总额的四分之一。开放型经济体系建设取得良好成效。

在 2012 年党的十八大召开之际,对外开放站到了新的起点上。党的十八大报告指出,要"完善开放型经济体系","着力培育开放型经济发展新优势","全面提高开放型经济水平"。党的十八届三中全会明确提出"构建开放型经济新体制","放宽投资准入、加快自由贸易区建设、扩大内陆沿边开放",进一步释放了深化对外开放的动力。2015 年 5 月,面对全球化持续深入、国际局势深刻变化和更加明显的创新引领发展趋势,中央印发《关于构建开放型经济新体制的若干意见》,提出要"加快构建开

---

① 《"十一五"经济社会发展成就系列报告之二:对外开放再上新台阶》,2011 年 3 月 2 日,见 http://www.stats.gov.cn/ztjc/ztfx/sywcj/201103/t20110302_71314.html。
② 分别为东盟、巴基斯坦、智利、新西兰、秘鲁、哥斯达黎加、香港地区、澳门地区、台湾地区等。

放型经济新体制,进一步破除体制机制障碍,使对内对外开放相互促进,引进来与走出去更好结合,以对外开放的主动赢得经济发展和国际竞争的主动,以开放促改革、促发展、促创新,建设开放型经济强国"。进入中国特色社会主义新时代,党的十九大报告指出要"主动参与和推动经济全球化进程,发展更高层次的开放型经济","推动形成全面开放新格局"。"十四五"规划进一步提出,要"实行高水平对外开放","建设更高水平开放型经济新体制"。

在新发展格局下,高质量发展对高水平对外开放提出了新的要求。系统回顾党的十八大以来,近十年我国建设开放型经济新体制的总体情况,总结相关经验,有助于深刻理解建设更高水平开放型经济新体制的内涵。

二、建设开放型经济新体制：十年回顾

党的十八大以来,在以习近平同志为核心的党中央坚强领导下,我国开放型经济新体制建设不断取得新突破。过去十年建设开放型经济新体制的成果,可以归纳为以下几个重要部分：全面开放新格局基本形成,贸易强国建设取得新突破,"引进来""走出去"战略扎实推进,开放安全的金融体系逐步确立。

（一）全面开放新格局基本形成

近年来,区域自由贸易协定（FTA）谈判成为国际经贸合作

的重要形式。进入21世纪，由于WTO多哈回合谈判陷入僵局，区域自贸协定的谈判在全球范围内兴起，为进展缓慢的多边合作机制提供了重要补充。加入WTO之后，我国于2002年11月同东盟签订了全面经济合作框架协议，此后又分别同智利（2005年）、巴基斯坦（2006年）、新西兰（2008年）、新加坡（2008年）、秘鲁（2009年）和哥斯达黎加（2010年）签署了一系列双边自贸协定。此外，中国内地同香港地区和澳门地区签署了《内地与港澳关于建立更紧密经贸关系的安排》。

2007年党的十七大提出"实施自由贸易区战略"，2012年党的十八大把"加快实施自由贸易区战略"作为新一轮对外开放的重点推进方向之一。由此，双边、多边自由贸易区建设成为我国打造全面开放新格局的一个重要抓手。2013年党的十八届三中全会提出要"形成面向全球的高标准自由贸易区网络"。2014年12月，习近平总书记在主持中央政治局第十九次集体学习时进一步强调，要"加快实施自由贸易区战略，加快构建开放型经济新体制，以对外开放的主动赢得经济发展的主动、赢得国际竞争的主动"。2017年党的十九大提出，要"促进自由贸易区建设，推动建设开放型世界经济"。党的十九届五中全会从构建新发展格局的高度进一步强调，"十四五"时期要"实施自由贸易区提升战略，构建面向全球的高标准自由贸易区网络"。可见，高标准自贸区网络在全面开放新格局中占据重要地位，也是我国实现更高水平开放的重要载体。

党的十八大以来，我国新签署了9个自贸协定，包含8个双边自贸协定（分别与柬埔寨、毛里求斯、马尔代夫、格鲁吉亚、澳大利亚、韩国、瑞士、冰岛签订）和《区域全面经济伙伴关系协定》（RCEP）。2012年启动谈判的RCEP，已经于2020年11月正式签署，标志着覆盖全球一半以上人口、经济和贸易总额均占全球约三分之一的最大自贸区正式诞生。截至2020年年底，我国已签署19个自贸协定，涉及26个国家和地区。这些自贸协定的签署起到了稳定我国外贸外资、增进互利共赢、扩大对外开放的作用。商务部数据显示，2020年我国同自贸伙伴的贸易额增长了3.2%，高于同非自贸伙伴的贸易额增速；2020年自贸协定伙伴占我国对外贸易总额的比重已经从2012年的12.3%增长到近35%；2020年我国近70%的对外投资流向了自贸协定伙伴国家或地区，吸引外资的84%来自自贸协定伙伴；2020年我国与东盟的双边贸易额超过了6800亿美元，与2003年相比增长了近8.7倍，连续12年成为东盟的最大贸易伙伴；我国与自贸协定伙伴90%以上的货物贸易已经实现了零关税[1]。

国内自由贸易试验区建设同样是打造全面开放新格局的重要抓手。建设自由贸易试验区是以习近平同志为核心的党中央在新时代推进改革开放的重要战略举措，在我国改革开放进程中具有里程碑意义[2]。2013年9月，中央决定在上海成立第一个国家级

---

[1] 人民日报海外版：《我国与自贸伙伴之间九成以上贸易实现零关税》，2021年8月28日，见http://www.gov.cn/xinwen/2021-08/28/content_5633872.htm。
[2] 《国务院印发关于推进自由贸易试验区贸易投资便利化改革创新若干措施的通知》，2021年9月3日，见http://www.gov.cn/zhengce/content/2021-09-03/content_5635110.htm。

自由贸易试验区，探索全面深化改革和扩大开放的新途径和新经验。2013年11月，党的十八届三中全会提出进一步试点"发展自由贸易园（港）区"。2014年12月，天津自由贸易试验区、广东自由贸易试验区和福建自由贸易试验区同时设立。2017年3月，我国又设立了河南、重庆、四川等7个自由贸易试验区。2017年10月，党的十九大进一步提出，"赋予自由贸易试验区更大改革自主权，探索建设自由贸易港"。2018年4月，我国设立海南自由贸易试验区，2019年设立山东、江苏等6个自由贸易试验区，2020年9月新设立北京等3个自由贸易试验区，与此同时浙江自由贸易试验区扩展区域挂牌。截至2020年年底，我国已经分批次设立了21个自由贸易试验区（港）。近年来，我国在自由贸易试验区内率先改革外商投资准入管理体制，全面试行以负面清单为核心的准入前国民待遇特别管理规则，对标国际先进规则先行先试，开展规则、规制、管理、标准等制度型开放。自由贸易试验区已经成为"以开放促改革、促发展、促创新"的前沿阵地。

另外，这一时期我国大幅放宽了多个行业的市场准入，在全面开放新格局下，营商环境得以持续改善。对外资并购的准入限制也同时减少，投资领域的开放程度和透明度不断提高。例如，在金融机构的股权比例开放上，近年来我国主要通过准入前国民待遇和负面清单的方式逐步放松甚至取消了外资参与资本市场服务业（证券公司、证券投资基金管理公司和期货公司）和保险业的股比限制。党的十八届三中全会明确提出要"扩大金融业对内对外开放",之后外资准入金融业改革提速。2017年12月,银监会宣布放宽外资对中资银行和金融资产管理公司(除民营银行外)的持股比例限制[①],对内外资银行基本实现了一视同仁。《外商投资准入特别管理措施(负面清单)(2018年版)》中规定,外资参与资本市场服务业和保险业的股比上限提高至51%。2019年7月,国务院金融稳定发展委员会办公室发布了11条金融业对外开放措施,除了缩短外资股比限制的过渡期,还允许外资机构参与信用评级业务,设立和入股商业银行理财子公司、货币经纪公司或养老金管理公司,以及获得银行间债券市场A类主承销牌照等[②]。在2020年6月发布的负面清单中,金融领域正式取消了外资投资上述公司的股比限制,金融业外资准入的负面清单正式"归零"[③]。在全面开放新格局下,我国营商环境大幅改善,"十三五"时期我国营商环境在全球的排名从84位上升到31位[④]。联合国贸发会议2021年1月发布的《全球投资趋势监测》报告显示,2020年我国全年吸引外商直接投资1630亿美元,首次超过美国成为外资流入第一大国。

---

① 《银监会:将扩大外资银行业务经营空间》,2017年12月14日,见http://www.cbirc.gov.cn/cn/view/pages/ItemDetail_gdsj.html?docId=23914&docType=0。
② 《关于进一步扩大金融业对外开放的有关举措》,2019年7月21日,见http://www.gov.cn/xinwen/2019-07/21/content_5412293.htm。
③ 张明、孔大鹏、潘松李江:《中国金融开放的维度、次序与风险防范》,《新金融》2021年第4期。
④ 《"十三五"时期我国营商环境国际排名上升至31名》,2021年1月18日,见https://finance.ifeng.com/c/839ffx7pU27。

（二）贸易强国建设取得新突破

对外开放以来，我国对外贸易取得了巨大成就。2012年我国货物进出口总额已经跃居世界第二位，贸易大国地位逐步确立。与此同时，全球范围内贸易保护主义此起彼伏，国际市场需求持续低迷，全球贸易进入低谷期，为我国对外贸易的发展带来不确定性。

为应对错综复杂的国际形势，党的十八大以来，我国加快培育贸易竞争新优势，推动贸易大国向贸易强国转变。2012年3月，商务部等十部委联合印发了《关于加快转变外贸发展方式的指导意见》，提出"今后一段时期，我国对外贸易发展的目标是巩固贸易大国地位，推动贸易强国进程"。2012年11月，党的十八大报告指出我国"开放型经济达到新水平"，下一步要"坚持出口和进口并重，强化贸易政策和产业政策协调，形成以技术、品牌、质量、服务为核心的出口竞争新优势，促进加工贸易转型升级，发展服务贸易，推动对外贸易平衡发展"。2015年前后，我国经济步入新常态，新常态背景下的贸易政策陆续出炉。2015年9月，国务院发布《关于构建开放型经济新体制的若干意见》，指出要"保持外贸传统优势，加快培育外贸竞争新优势，着力破解制约外贸持续发展和转型升级的突出问题。全面提升外贸竞争力，提高贸易便利化水平，完善进出口促进体系，健全贸易摩擦应对机制，大力发展服务贸易，促进外贸提质增效升级"。2016年3月，《国民经济和社会发展第十三个五年规划纲要》第四十九章第三节指出要"实施优进优出战略，推动外贸向优质优价、优进优出转变，加快建设贸易强国"，并强调要"大力发展生产性服务贸易……优化对外贸易布局……鼓励发展新型贸易方式"。2017年10月，党的十九大报告指出我国"开放型经济新体制逐步健全，对外贸易、对外投资、外汇储备稳居世界前列"，提出要"培育贸易新业态新模式，推进贸易强国建设"。在一系列政策的支持下，我国建设贸易强国的步伐大幅加快。

1. 货物贸易实现历史性跨越

（1）货物贸易总量高速增长

国家统计局数据显示，2012年到2020年，我国进出口总额从3.9万亿美元增长到4.7万亿美元，年均增速达2.6%；其中，出口总额从2.0万亿美元提高到2.6万亿美元，年均增速为3.8%；进口总额从1.8万亿美元提高到2.1万亿美元，年均增速为2.1%。由此，我国从2013年起连续多年成为全球第一大货物贸易进出口国。即便在2020年世界经济饱受疫情冲击的影响下，我国的贸易份额却不降反升，货物贸易第一大国的地位反而更加巩固，这反映出我国制造业产业链完整的优势。2020年前10个月，我国货物进出口、出口和进口国际市场份额分别达12.8%、14.2%、11.5%，这比历史最高值分别提升了0.8、0.4和0.7个百分点[①]。

[①]《国务院新闻办就2020年全年进出口情况举行发布会》，2021年1月14日，见 http://www.gov.cn/xinwen/2021-01/14/content_5579875.htm。

（2）货物贸易结构不断优化

首先，我国贸易方式更趋合理。在改革开放前期，以来料、进料加工为主的加工贸易曾驱动了我国对外贸易的发展。从产业变迁的角度看，这种低附加值、以劳动密集型为主的贸易模式很容易使一国被锁定在全球价值链的低端。因此，产业转型升级和贸易结构的调整对我国来说就很有必要。党的十八大以来，我国转方式、调结构工作取得突出进展，加工贸易占比不断下降。加工贸易占比由 2012 年的 34.8% 下降至 2020 年的 23.8%，一般贸易占比由 2012 年的 52% 上升至 2020 年的 59.9%[1]。其次，我国出口商品结构不断优化。2012 年，我国工业制成品和初级产品占出口比重分别为 95.1% 和 4.9%，2020 年则分别上升和下降到 97.1% 和 2.9%；2012 年至 2020 年，我国机电产品出口从 1.2 万亿美元增加到 1.5 万亿美元，年均增速达到 3.8%，占我国货物出口份额升至 59.5%。同期，高新技术产品出口从 6012 亿美元增加到 7767 亿美元，年均增速达到 3.6%，占我国出口比重从 29.3% 提高到 29.9%[2]。此外，民营企业成为对外贸易的"弄潮儿"。2012 年，我国民营企业进出口 7.7 万亿元，占进出口总额的 31.6%，2020 年民营企业进出口 15.1 万亿元，拉动整体进出口增长 4.6 个百分点，占外贸总额比重提升

---

[1] 数据来源：《党的十八大以来经济社会发展成就数据资料》《中国对外贸易形势报告 2021 春》。

[2] 数据来源：《党的十八大以来经济社会发展成就数据资料》《中国对外贸易形势报告 2021 春》。

至46.6%①。我国民营企业进出口增速常年高于同期我国外贸整体增速,并且连续第六年成为外贸出口第一大主体②。

(3)贸易便利化程度不断提升,贸易创新持续升级

2017年2月WTO《贸易便利化协定》生效以来,我国货物进出口通关的效率得到了显著的提高。例如,我国进出口环节需要验核的监管证件已从2018年的86种精简至2021年的41种,减少了52.3%;2021年6月,全国进口、出口整体通关时间分别为36.68小时和1.83小时,较2017年分别压缩了62.34%和85.15%③。此外,我国在世界银行跨境贸易指标全球排名已经从2017年的第97位大幅提高到了2019年的第56位,其中在进出口均为海运方式的经济体系中排名位列全球第7④。

近年来,我国外贸新业态蓬勃发展,跨境电商成为企业开展国际贸易的首选和外贸创新发展排头兵。各部门累计出台近200项改革措施,持续为新业态新模式松绑赋能。2020年全年跨境电商进出口1.69万亿元,增长了31.1%。贸易方式多元化程度增加,2020年市场采购出口增长了25.2%。据31个试点市场初步

---

① 数据来源:《党的十八大以来经济社会发展成就数据资料》《中国对外贸易形势报告2021春》。
②《国务院新闻办就2020年全年进出口情况举行发布会》,2021年1月14日,见http://www.gov.cn/xinwen/2021-01/14/content_5579875.htm。
③《我国跨境贸易便利化水平不断提升》,2021年7月29日,见http://www.gov.cn/xinwen/2021-07/29/content_5628209.htm。
④《我国跨境贸易便利化水平不断提升》,2021年7月29日,见http://www.gov.cn/xinwen/2021-07/29/content_5628209.htm。

统计,市场采购贸易方式全年出口约 1000 亿美元,创历史新高[①]。

2. 服务贸易创新发展,成为对外贸易增长新引擎

党的十八大以来,我国高度重视服务贸易和服务外包的发展。我国服务贸易发展迅速,形成了较为完整的服务贸易体系,近年来随着服务业特别是生产性服务业水平的提高,我国专业服务领域国际竞争力不断增强,服务进出口平稳较快发展,行业结构持续优化,高质量发展特征逐步显现。

(1)服务进出口规模持续扩大

近年来,我国服务进出口总量迅速增长。2012年到2020年,我国服务进出口总额从 3 万亿元增长到 4.6 万亿元,年均增长 6.3%;其中,服务出口从 1.3 万亿元增长到 1.9 万亿元,年均增长 6.6%;服务进口从 1.8 万亿元增长到 2.6 万亿元,年均增长 6.1%。我国服务贸易国际地位由此得以大幅提升。据世界贸易组织统计,2012 年到 2020 年,我国服务进出口规模持续扩大,世界排名由第 3 位上升至第 2 位,已连续保持 7 年。2012年,服务贸易占我国对外贸易总额的比重为 10.86%,到 2019年,服务贸易对外贸进出口增长贡献率上升至 19.3%,占外贸进出口比重从 10.5% 提高至 14.6%[②]。

[①] 数据来源:《中国对外贸易形势报告 2021 春》。
[②] 《党的十八大以来经济社会发展成就数据资料》,2017 年 7 月 28 日,见 http://www.stats.gov.cn/ztjc/ztfx/18fzcj/201802/t20180212_1583030.html;《中国服务贸易发展报告 2020》,2021 年 9 月 9 日,见 http://www.mofcom.gov.cn/article/jiguanzx/202109/20210903196417.shtml。

(2)服务贸易结构优化升级

改革开放初期,我国服务进出口以旅行、运输和建筑等传统服务为主。随着我国服务业的较快发展和对外开放的不断深入,以技术、品牌、质量和服务为核心的新兴服务优势不断显现,保险服务、金融服务、电信计算机和信息服务、知识产权使用费、个人文化和娱乐服务等发展迅速。2015年到2019年,我国知识密集型服务进出口年均增长11%,高出传统服务进出口9.6个百分点,对服务进出口增长贡献率达70.9%。2020年,我国知识密集型服务进出口2947.6亿美元,占服务进出口总额的比重达到44.5%。旅行、运输和建筑等三大传统服务进出口占进出口总额的比重为63.4%,占比持续下降[1]。

(3)服务外包快速发展

我国服务外包起步较晚,但规模稳步增长。2020年,我国企业承接服务外包合同额1.7万亿元,执行额1.2万亿元。其中,承接离岸服务外包合同额9738.9亿元,执行额7302亿元。从2012年到2020年,我国服务外包的主要市场都在增长。2020年,美国、中国香港、欧盟和日本是我们服务外包的主要市场,市场占比分别为20.3%、17%、16.7%和9.4%。[2] 同时,我国企业在岸发包、向"一带一路"沿线国家和地区的发包也开

---

[1] 《中国服务贸易发展报告2020》,2021年9月9日,见 http://www.mofcom.gov.cn/article/jiguanzx/202109/20210903196417.shtml。
[2] 《中国服务贸易发展报告2020》,2021年9月9日,见 http://www.mofcom.gov.cn/article/jiguanzx/202109/20210903196417.shtml。

始增多。

此外，2018年4月，习近平总书记在博鳌亚洲论坛向世界宣布了主动扩大进口的对外开放重大举措，其中一项是上海举办首届中国国际进口博览会。2019年，第二届进口博览会继续在上海举办，累计意向成交额711.3亿美元，与首届相比增长23%。2020年，尽管受疫情蔓延的影响，第三届进口博览会仍然吸引了来自全球150多个国家和地区的3600多家企业，累计意向成交额达726.2亿美元，允分凸显了中国市场对于世界的吸引力。目前，我国已经是世界第一大出口国和第二大进口国，主动扩大进口、主动向世界开放市场，既是平衡进出口贸易的需要，也是巩固贸易大国地位、推进贸易强国建设的需要。

（三）"引进来"和"走出去"战略扎实推进

改革开放以来，我国双向投资取得了显著进展。2012年，我国已成为全球对外投资第三大国，全年实现境外投资超过千亿美元，对外投资的步伐也坚定地迈了出去，吸收外资和对外投资大国的地位逐步确立。但是，我国双向投资在快速发展的同时，也面临着国际投资竞争日渐激烈、外商投资体制机制不够健全等新挑战。面对国内外投资环境的复杂变化，我国从党的十八大开始加强了双向投资战略的实施。

2012年11月，党的十八大报告指出，在吸引外资方面要"提高利用外资综合优势和总体效益，推动引资、引技、引智有机结合",在对外投资方面要"加快走出去步伐,增强企业国际化经营能力,培育一批世界水平的跨国公司"。2013年11月,党的十八届三中全会提出,要"扩大企业及个人对外投资,确立企业及个人对外投资主体地位……改革涉外投资审批体制"。2015年9月,中央发布《关于构建开放型经济新体制的若干意见》,指出在吸引外资方面要"改善投资环境,扩大服务业市场准入……提高引进外资质量。改革外商投资审批和产业指导的管理方式,向准入前国民待遇加负面清单的管理模式转变",在对外投资方面要"实施走出去国家战略……努力提高对外投资质量和效率,促进基础设施互联互通,推动优势产业走出去"。2016年3月,"十三五"规划指出要"提升利用外资和对外投资水平",并强调要"扩大开放领域,放宽准入限制,积极有效引进境外资金和先进技术,提升利用外资综合质量……支持企业扩大对外投资,深度融入全球产业链、价值链、物流链……完善境外投资管理体制"。2017年10月,党的十九大报告指出我国"开放型经济新体制逐步健全,对外贸易、对外投资、外汇储备稳居世界前列",提出要"实行高水平的贸易和投资自由化便利化政策,全面实行准入前国民待遇加负面清单管理制度,大幅度放宽市场准入,扩大服务业对外开放,保护外商投资合法权益……创新对外投资方式,促进国际产能合作,形成面向全球的贸易、投融资、生产、服务网络,加快培育国际经济合作和竞争新优势",特别提出"要以'一带一路'建设为重点,坚持引进来和走出去并重,遵循共商共建共享原则,加强创新能力开放合作,形成陆海内外联动、东西双向互济的开放格局"。2020年10月,党的十九届五中全会提出,要"健全促进和保障境外投资的法律、政策和服务体系,坚定维护中国企业海外合法权益,实现高质量引进来和高水平走出去"。在一系列政策的支持下,我国引进来、走出去战略得以扎实推进。

1. 利用外资质量效益显著提升,营商环境持续改善

党的十八大以来,我国营商环境持续改善,成为全球跨国投资最主要的目的地之一。截至2020年年底,外资企业已占全国企业总数的2%,贡献了全国十分之一的城镇就业、六分之一的税收、五分之二的进出口[①],有力支撑了国内实体经济。

(1)利用外资规模不断扩大

从2012年到2019年,我国实际使用外资金额从1132.9亿美元提高到1412.3亿美元,规模居全球第2位。新设外商投资企业从2.5万家提高到4.1万家,成为全球最大外资流入国。受新冠肺炎疫情冲击,全球外国直接投资额骤减42%,发达国家比发展中国家遭受的打击更大,外资平均减少69%,美国吸引外资骤降49%,中国的外资却出现4%的涨幅。2020年,我国实际使用外资1443.7亿美元,引资规模创历史新高。联合国贸易和发展会议发布报告指出,2020年我国吸收外资总量居全

---

① 《2020年我国全年实际使用外资将近1万亿元人民币 同比增长6.2%》,2021年1月21日,见 https://m.gmw.cn/baijia/2021-01/21/34560123.html。

球之首，超过美国的1340亿美元①。我国2020年在外资使用上实现了在引资总量、增长幅度、全球占比上的"三提升"。

（2）利用外资结构日趋改善

产业结构持续优化。改革开放以来，我国利用外资经历了第二产业规模增加、比重上升，第二产业和第三产业规模增加、第三产业比重上升的过程。这与我国经济结构由以第二产业为主，转向以第三产业为主的过程相一致。党的十八大以来，我国利用外资质量进一步提高，外资更多地流向高技术产业。我国高技术产业利用外资占总额的比重逐年上涨，2020年达到29.6%②。2012年到2020年，我国服务业吸收外资额增长较快，从3398.7亿元增长到7767.7亿元，年均增长16.1%，占比从48.2%上升至77.7%。

区域布局更加合理，区域带动作用明显。我国利用外资经历了由特区逐步扩大到沿海、沿江、沿边地区，再向内陆推进的过程。随着改革开放的持续深入，外商投资企业逐步覆盖全国所有省区市。2012年，中部地区实际使用外资占全国总额的8.3%，东部地区占全国总额的82.8%，西部地区占全国总额的8.9%。2020年，东部地区实际使用外资占比达到88.4%，区域带动作用明显。中部地区实际使用外资同比增长17.1%，增速领跑全

---

① 《党的十八大以来经济社会发展成就数据资料》，2017年7月28日，见 http://www.stats.gov.cn/ztjc/ztfx/18fzcj/201802/t20180212_1583030.html；《全球投资趋势监测报告》。

② 数据来源：《党的十八大以来经济社会发展成就数据资料》。

国。西部地区新设立外商投资企业同比增长43.2%，市场主体活力进一步激发①。

（3）外商投资环境持续改善

我国外商投资管理体制逐步优化。改革开放以来，我国制定的"外资三法"(《中外合资经营企业法》《外资企业法》《中外合作经营企业法》)和《境外投资管理办法》，对提高境外投资便利化水平，规范和促进境外投资发挥了重要作用。为适应外商投资管理的新需求，2015年商务部启动《中外合资经营企业法》《外资企业法》《中外合作经营企业法》的修改工作，2019年3月第十三次全国人民代表大会第二次会议通过了《中华人民共和国外商投资法》，并于2020年1月1日正式施行，"外资三法"同时废止。此外，2018年，我国进一步修订并发布《外商投资准入特别管理措施（负面清单）》，全面落实准入前国民待遇加负面清单管理制度。

我国营商环境持续改善。党的十八大以来，我国通过深化"放管服"改革、设立自由贸易试验区等方式，理顺政府和市场关系，推进政府职能转变，不断优化营商环境。根据世界银行发布的全球营商环境报告，2020年，我国营商环境在全球排名为第31位，较2012年跃升60位，是全球营商环境改善幅度最大的经济体之一②。我国外商投资管理理念、管理模式和管理体制都实现了重大变革，是全球最具吸引力的投资目的地之一。

---

① 数据来源：《党的十八大以来经济社会发展成就数据资料》。
② 数据来源：《2020年营商环境报告》。

2. 对外投资合作蓬勃发展，质量规模迈上新台阶

对外投资和经济合作是我国与世界各国经济深度融合，实现互利共赢的桥梁。党的十八大以来，我国对外投资和经济合作迅速发展，为全球贸易增长和经济复苏做出了积极贡献。2020年，境外中资企业向投资所在国家和地区缴纳各种税金总额合计445亿美元，雇用外方员工218.8万人，占境外企业员工总数的60.6%。对外投资带动我国货物出口1737亿美元，占我国货物出口总值的6.7%。境外中资企业当年实现销售收入2.4万亿美元[1]。

（1）规模不断攀升，能力日益提高

对外直接投资不断发展，跻身资本输出大国行列。2012年到2020年，我国对外直接投资流量从878亿美元增长到1537.1亿美元，年均增长9.4%，流量占全球比重从6.4%上升至20.2%，流量规模首次位居全球第一。2020年年末，我国对外直接投资存量达2.58万亿美元，次于美国（8.13万亿美元）和荷兰（3.8万亿美元），存量占比6.6%。2020年我国双向投资基本持平，"引进来"和"走出去"同步发展[2]。

对外经济合作蓬勃发展。2012年到2020年，我国对外承包工程新签合同额从1565.3亿美元提高到2555.4亿美元，年均增速7.9%，完成营业额从1166亿美元提高到1559.4亿美

---

[1] 数据来源：《2020年度中国对外直接投资统计公报》。
[2]《党的十八大以来经济社会发展成就数据资料》《2020年度中国对外直接投资统计公报》。

元，年均增速 4.2%。2020 年，对外劳务合作派出各类劳务人员 30.1 万人，12 月末在外各类劳务人员 62.3 万人[①]。"中巴经济走廊"涵盖的能源、交通、电力等领域重大项目推进落地，埃塞俄比亚首个国家工业园正式运营，吉布提多哈雷多功能港口项目顺利完工，在"一带一路"倡议下，我国为沿线国家带来越来越多的重大项目，有力地促进了当地经济社会发展。

（2）投资结构不断优化

我国对外直接投资行业分布从初期主要集中在采矿业、制造业，到目前已覆盖全部国民经济行业门类，投资结构由资源获取型向技术引领和构建全球价值链转变。2020 年年末，我国对外直接投资涵盖国民经济的 18 个行业大类，存量超过八成分布在服务业，主要包括租赁和商务服务，金融，信息传输、软件和信息技术服务，交通运输、仓储等生产性服务业。企业通过对外投资正在加快形成面向全球的贸易、金融、生产、服务和创新网络。我国对外承包工程业务行业分布广泛，交通运输建设、一般建筑、电力工程、石油化工等仍为主要领域，新签合同额、完成营业额占比均在 75% 以上[②]。

（3）区域布局日益广泛

对外投资伙伴多元，区域广泛。2020 年年末，我国 2.8 万

---

① 《党的十八大以来经济社会发展成就数据资料》《2020 年度中国对外直接投资统计公报》。
② 数据来源：《党的十八大以来经济社会发展成就数据资料》《2020 年度中国对外直接投资统计公报》。

家企业在全球189个国家（地区）设立对外直接投资企业4.5万家，全球80%以上国家（地区）都有中国的投资，年末境外企业资产总额7.9万亿美元。区域分布上，2020年年末，对亚洲投资存量16448.9亿美元，占比63.7%；对拉丁美洲投资存量6298.1亿美元，占比24.4%；对欧洲投资存量1224.3亿美元，占比4.7%；对北美洲投资存量1000.2亿美元，占比3.9%；对非洲投资存量434亿美元，占比1.7%；对大洋洲投资存量401.1亿美元，占比1.6%[①]。

"一带一路"沿线国家投资合作取得丰硕成果。2013年，"一带一路"倡议提出时，我国对"一带一路"沿线国家直接投资为126.3亿美元，占对外直接投资比重为11.71%。到2019年，投资额增长到186.9亿美元，占比达到13.65%。2020年年末，我国在"一带一路"沿线国家设立境外企业超过1.1万家，直接投资存量2007.9亿美元，占存量总额的7.8%。2020年，实现直接投资225.4亿美元，占同期流量的14.7%。2020年，中国企业在"一带一路"沿线61个国家新签对外承包工程项目合同5611份，对外承包工程新签合同额1414.6亿美元，完成营业额911.2亿美元，分别占同期总额的55.4%和58.4%[②]。

---

① 数据来源：《党的十八大以来经济社会发展成就数据资料》《2020年度中国对外直接投资统计公报》。
② 数据来源：《党的十八大以来经济社会发展成就数据资料》《2020年度中国对外直接投资统计公报》。

（4）"走出去"战略新体制不断完善

2013年2月，我国制定了《对外投资合作环境保护指南》，指导中国企业在"走出去"过程中做好环境保护工作，为对外投资合作可持续发展提供指引。2014年9月6日，商务部发布了新修订的《境外投资管理办法》，2015年12月，"走出去"公共服务平台正式上线和发布《对外投资合作国别（地区）指南（2015版）》，境外投资便利化程度不断上升。2015年12月25日，亚洲基础设施投资银行正式成立，加快形成国际大通道，构建联通内外、安全通畅的综合交通运输网络，完善交通合作平台与机制。与此同时，我国同沿线国家共同建设经贸合作区的水平不断提高，产业聚集效应明显增强。

（四）开放安全的金融体系逐步确立

党的十八大以来，我国推进金融开放的政策步伐明显加快。2013年11月，党的十八届三中全会提出，要"推动资本市场双向开放，有序提高跨境资本和金融交易可兑换程度，建立健全宏观审慎管理框架下的外债和资本流动管理体系，加快实现人民币资本项目可兑换"[①]。2015年5月，《中共中央 国务院关于构建开放型经济新体制的若干意见》提出，要"构建开放安全的金融体系"，"提升金融业开放水平，稳步推进人民币国际化，扩大人民币跨境使用范围、方式和规模，加

---

① 《中共中央关于全面深化改革若干重大问题的决定》，2013年11月15日，见 http://www.gov.cn/jrzg/2013-11/15/content_2528179.htm。

快实现人民币资本项目可兑换"①。2015年10月,《中共中央关于制定国民经济和社会发展第十三个五年规划的建议》指出,要"扩大金融业双向开放,有序实现人民币资本项目可兑换,推动人民币加入特别提款权,成为可兑换、可自由使用货币"②。2018年4月,习近平总书记在博鳌亚洲论坛上提出落实扩大开放措施"宜早不宜迟,宜快不宜慢"的原则③。2019年7月,国务院金融稳定发展委员会办公室发布《关于进一步扩大金融业对外开放的有关举措》,推出11条金融业对外开放措施④,事实上给出了金融业开放的具体时间表。2020年4月发布的《中共中央 国务院关于构建更加完善的要素市场化配置体制机制的意见》进一步提出,"主动有序扩大金融业对外开放。稳步推进人民币国际化和人民币资本项目可兑换。逐步推进证券、基金行业对内对外双向开放,有序推进期货市场对外开放;逐步放宽外资金融机构准入条件,推进境内金融机构参与国际金融市场交易"⑤。总之,中央对于金融开放的态度总

---

① 《中共中央 国务院关于构建开放型经济新体制的若干意见》,2015年9月17日,见 http://www.gov.cn/xinwen/2015-09/17/content_2934172.htm。
② 《中共中央关于制定"十三五"规划的建议》,2015年11月3日,见 http://www.gov.cn/xinwen/2015-11/03/content_2959432.htm。
③ 《习近平在博鳌亚洲论坛2018年年会开幕式上的主旨演讲》,2018年4月10日,见 http://www.xinhuanet.com/politics/2018-04/10/c_1122659873.htm。
④ 《关于进一步扩大金融业对外开放的有关举措》,2019年7月21日,见 http://www.gov.cn/xinwen/2019-07/21/content_5412293.htm。
⑤ 《中共中央 国务院关于构建更加完善的要素市场化配置体制机制的意见》,2020年4月9日,见 http://www.gov.cn/zhengce/2020-04/09/content_5500622.htm。

体上是稳慎推进的，兼顾了开放的收益与风险，目的在于建立开放安全的金融体系。

近年来，随着金融开放政策频频落地，我国金融市场开放水平不断提高，人民币国际化和人民币资本项目可兑换也在稳慎推进之中，开放安全的金融体系逐步确立。

1. 金融市场开放稳步提速

在 2018 年前后，金融市场开放的步伐在广泛的政策支持下开始提速，机构股权比例和投资额度的开放取得了突破性的进展。除了前文提到的金融市场服务业和保险业等对外资持有股权比例限制的开放，境外机构投资额度的开放也是重要的一面。对境外机构投资额度的开放遵循"先开放资本流入、再开放资本流出"的路径。继 2002 年开始实施合格境外机构投资者（QFII）制度后，2011 年我国又实施人民币合格境外机构投资者（RQFII）制度，这两个渠道成为境外机构投资者参与我国金融市场的主要方式。通过不断增加 QFII 和 RQFII 额度，金融市场对外开放程度逐步加深。2019 年 9 月，我国正式宣布全面取消 QFII 和 RQFII 投资额度等限制，合格的境外机构投资者不需要经过事先审批即可便利投资我国的股票和债券市场。截至 2019 年年末，境外主体分别持有中国债券和股票市场规模已达到 2.3 万亿元和 2.1 万亿元人民币，占比分别约为 2.32%和 3.54%。同时，为了方便合格境内主体投资境外证券市场，我国先后出台合格境内机构投资者（QDII，2007 年实施）和人民币合格境内机构投资者（RQDII，2014 年实施）渠道[①]。

2. 人民币汇率市场化改革不断推进

人民币汇率市场化改革总体上朝着市场化方向迈进。迄今为止，人民币汇率形成机制市场化改革已经走过近 25 年，历经三个阶段。

在第一阶段，1994 年我国通过汇率并轨改革，将官方汇率与调剂市场汇率合二为一，形成了单一的、有管理的浮动汇率机制。在第二阶段，2005 年 7 月，我国央行宣布实行以市场供求为基础、参考一篮子货币的、有管理的浮动汇率制度，这意味着人民币名义上不再以美元为锚，开始从固定汇率制度向更具弹性的汇率制度迈进。此后，人民币开始步入长达近 10 年的持续升值阶段。在第三阶段，2015 年 8 月 11 日，央行宣布进一步对人民币汇率中间价报价机制进行改革，定价的基准改为前一日银行间外汇市场收盘价，做市商据此报出汇率中间价。2015 年 12 月，央行公布人民币汇率中间价参考的货币篮子，"收盘价 + 篮子货币"的定价机制逐渐形成。2017 年年初，央行宣布调整"收盘价 + 篮子货币"定价机制，一是把 CFETS 篮子中的货币数量从 13 种扩大到 24 种，二是参考篮子货币的时间由 24 小时缩短为 15 小时。2017 年 5 月 26 日，央行在"收盘价 + 篮子货币"定价机制基础上引入"逆周期因子"，以缓冲外汇市场上的人民

---

① 张明、孔大鹏、潘松李江：《中国金融开放的维度、次序与风险防范》，《新金融》2021 年第 4 期。

币汇率贬值预期。2020年10月30日,央行宣布"逆周期因子"暂停使用①。

3. 人民币国际化水平不断提高,资本账户开放稳慎推进

2006年爆发于美国的次贷危机迅速蔓延至全球,酿成了一场全球性金融危机。这场危机的深刻教训之一就是,过度依赖美元是不可取的。从2009年起,我国政府开始多措并举推动人民币国际化。在2010年至2015年间,人民币国际化取得了显著进展。表现之一是,跨境贸易与投资越来越多地使用人民币进行结算。人民币跨境贸易规模从2010年的5063亿元快速上升至2015年的7.23万亿元,增长了13倍;人民币在跨境直接投资中的结算规模也从2010年的280亿元上升至2015年的2.32万亿元,增长了82倍。表现之二是,离岸人民币金融中心开始"多点开花"。在前期,香港是人民币离岸金融中心的重点,后来又覆盖伦敦、新加坡、中国台湾、东京和澳大利亚等地。2009年年末,香港人民币存款规模仅为627.18亿元,到2014年年末已经突破1万亿元;人民币贷款规模从2011年年末的308亿元增长至2016年9月的3074亿元。表现之三是,我国央行与其他国家(地区)央行开展了一系列的货币互换等金融合作。截至2015年,我国央行共与30多个国家和地区签署了55个双边货币互换协议,人民币互换规模从最初的1800亿元,增长

---

① 张明、孔大鹏、潘松李江:《中国金融开放的维度、次序与风险防范》,《新金融》2021年第4期。

到2015年的突破3万亿元。与此同时，服务于人民币的金融基础设施建设也有突破，逐渐形成以人民币跨境支付体系为基础，以人民币清算行为枢纽，以银行等金融分支机构为依托的清算网络①。人民币从2016年10月起被正式纳入IMF特别提款权（SDR）的货币篮，占比达到10.92%，这是人民币国际化的里程碑事件，意味着人民币成为继美元、欧元、日元、英镑之后第五大国际货币。

此后，由于遭受跨境资本套利活动的冲击，人民币国际化遭遇困境，我国政府提出新的推进人民币国际化的思路。新的思路更加重视增加境外主体对人民币的真实需求和使用黏性。

首先，以大宗商品期货贸易为抓手大力拓展人民币计价职能。2018年3月，上海国际能源中心推出了首个以人民币计价、对境外投资者开放的中国原油期货产品（INE）。目前上海原油期货交易所已经成为全球仅次于布伦特原油（BRENT）和西得克萨斯中油之后的第三大原油期货交易所。2018年5月，以人民币计价的铁矿石商品期货也引入了境外投资者。天然气等大宗商品期货未来也有望陆续推出，上巾原油期权也已于2021年6月正式挂牌交易。

其次，以在岸金融市场的加速开放促进人民币国际化，形成在岸和离岸人民币市场的良性互动。在岸金融市场加快开放主要表现在三个方面：其一，逐渐放宽并取消境外投资者投资在岸金融产品的额度限制。2019年9月，QFII和RQFII的额度限制正

---

① 张明、王喆：《人民币国际化：成就、问题与前景》，《财经》2021年第13期。

式取消。其二,加快境内外股票、债券等金融市场的互联互通,并推进资产价格指数的国际化。2017年以来,沪港通、深港通、债券通等机制加快建立并完善,2018年中国A股和债市相继被纳入MSCI指数、彭博巴克莱全球综合指数等全球流行指数,提升了我国金融市场在国际市场的认可度。其三,逐渐放宽外资金融机构的准入限制。2020年,证券、基金等金融机构的外资持股比例限制提前取消。

最后,结合对外开放战略布局,培育境外主体针对人民币的真实需求。例如,近年来,"一带一路"建设为人民币的跨境流通、结算计价提供了历史性机遇和重要动力,2020年年末RCEP的签署也为人民币国际化带来了更广阔的发展空间[1]。

资本账户开放与人民币国际化密不可分。目前,我国仍保留着资本账户管制措施,以应对国内外风险共振。1996年,我国实际上已经全面开放了国际收支经常账户,之后东南亚金融危机的爆发使我国意识到,贸然开放资本账户存在极大的风险。因此在此后相当长一段时期内,我国一直遵循着"渐进、审慎和可控"的资本账户开放路径。国际金融危机之后,我国资本账户开放的进程明显加快。由于人民币国际化与资本账户开放本质上是一体两面[2],因此在危机之后,我国央行通过推动人民币国际化客观上加快了资本账户开放的进程。然而,无论从国际经验还是现实来

---

[1] 张明、王喆:《人民币国际化:成就、问题与前景》,《财经》2021年第13期。
[2] Yongding Y., "Rebalancing the Chinese economy", *Oxford Review of Economic Policy*, 2012, Vol.3.

看，在人民币国际化取得决定性进展前，短期资本的持续大规模流入流出都将对金融稳定造成负面影响，资本账户管理是防止我国出现系统性金融风险的最后一道"防火墙"。这道防火墙尚未拆除，也不能轻易拆除。

三、建设开放型经济新体制：经验总结

党的十八大以来，我国开放型经济新体制建设取得的宝贵经验，可以总结为以下几点：通过实施一系列制度型开放措施，对外开放水平得以全面提高；通过开展一系列构建开放型经济新体制的试点工作，形成了"以开放促改革、促发展、促创新"的良好局面；通过动态调整开放的进度，统筹开放和安全，兼顾了金融开放的收益与风险。

（一）要素型开放向制度型开放转变

构建开放型经济新体制的一个重要经验，是推动由商品和要素流动型开放向规则等制度型开放转变[1]。商品和要素流动型开放的特点是"边境开放"。而所谓制度型开放，指的是规则、规制、管理、标准等与国际通行规则的相互衔接[2]，涉及边境后

---

[1] 《中央经济工作会议举行 习近平李克强作重要讲话》，2018年12月21日，见 http://www.gov.cn/xinwen/2018-12/21/content_5350934.htm。

[2] 《中共中央 国务院关于支持浦东新区高水平改革开放打造社会主义现代化建设引领区的意见》，2021年4月23日，见 http://www.gov.cn/zhengce/2021-07/15/content_5625279.htm。

（Behind-The-Border）国内规制措施的调整，这也是开放型经济新体制的一个重要特点。制度型开放不仅有助于促进贸易投资便利化，而且能够优化营商环境、加强知识产权保护[①]，最终有助于实现高水平对外开放。

制度型开放以商品和要素流动型开放为前提。早期的全球化在很大程度上体现为商品、服务等要素在全球范围内的流动，因此自改革开放以来，我国创办出口特区和经济特区、区域渐进开放、加入WTO等措施的重要目的在于积极融入经济全球化、加入国际分工，客观上促进了国内外要素的双向流动。从改革开放之初到2011年，我国货物进出口总额从206亿美元增长到超过3.64万亿美元；从2003到2011年，我国非金融领域实际使用外商直接投资累计达到7164亿美元，年均增长9.2%，2011年我国外商直接投资达1160亿美元，全球排名上升至第二位，并连续19年位居发展中国家首位；截至2011年年末，我国累计非金融类对外直接投资已达到3189亿美元，2011年非金融类对外直接投资达601亿美元，比2003年增长19.7倍，年均增长46.4%[②]。可以说，我国建立起成熟的商品和要素流动型开放体系，为后续扩大制度型开放创造了有利条件。然而与此同时，随着WTO多哈回合谈判陷入停滞以及国际金融危机的爆发，全

[①] 杨松：《拓展制度型开放新机遇》，《人民日报》2020年10月30日，第9版。
[②]《对外开放实现跨越式发展——从十六大到十八大经济社会发展成就系列报告之四》，2012年8月21日，见http://www.stats.gov.cn/ztjc/ztfx/kxfzc-jhh/201208/t20120821_72840.html。

球范围内贸易保护主义此起彼伏,多边贸易体系进入重构期,为跨国经贸往来带来不确定性,商品和要素流动型开放面临困难。2012年全球贸易结束了连续20年高增长的时期,货物贸易增速比服务贸易下降更快[①]。

为适应经济全球化新形势,党的十八大提出实行更加积极主动的开放战略。党的十八届三中全会明确提出"以开放促改革"。2017年党的十九大进一步号召要主动参与和推动经济全球化进程,发展更高层次的开放型经济。2019年党的十九届四中全会提出"推动规则、规制、管理、标准等制度型开放"。在一系列政策的推动下,我国对外开放的主动性逐步增强。一方面,在自由贸易试验区的建设中形成了独具中国特色的准入前国民待遇加负面清单管理制度,并且近年来我国已经大幅度削减了负面清单的数量,与之相应的是我国边境后的国内规制措施的大幅调整。外商不仅获得了准入前国民待遇,而且获得了包括金融业在内的多个行业的准入资格;另一方面,近年来我国积极参与双边、多边、区域、次区域贸易投资协定的谈判,积极对标高标准贸易规则,参与全球性经贸规则的竞争和制定。美国曾经主导谈判的《跨太平洋伙伴关系协定》(TPP)是21世纪全球高标准贸易规则的代表性载体。在美国退出之后,TPP由日本、澳大利亚等国更名为《全面与进步跨太平洋伙伴关系协定》(CPTPP),后者继续引领着全球高标准贸易规则的谈判。2020年12月,习近平

[①] 彭支伟:《全球价值链调整的动因与对策》,《中国社会科学报》2021年1月20日,第3版。

主席在 APEC 领导人非正式会议上宣布，中国将积极考虑加入 CPTPP，这一宣示彰显了我国全面深化高水平对外开放的决心；2021 年 9 月 16 日，中国正式申请加入 CPTPP，标志着我国推动制度型开放又迈出了坚实一步。

党的十八大以来实施的一系列制度型开放措施，全面提高了我国的对外开放水平，起到了"以开放促改革、促发展、促创新"的效果，为我国对内改革进而对接与国际通行的规则、规制、管理模式和标准奠定了坚实的基础，为我国深度参与国际分工与经贸合作、赢得经济发展和国际竞争的主动创造了良好条件。

（二）"试点 + 推广"的渐进式开放路径

我国在对外开放四十多年的历程中，形成了独特的"试点 + 推广"的渐进式开放路径。所谓"试点 + 推广"，是指新的开放政策在局部范围内开展先行先试，待有了一定成效或形成了具有一般意义的可复制可推广经验之后，再推广至其他地区或领域的方法。这种渐进式的开放方式与"摸着石头过河"的渐进式改革一脉相承，呈现出由点到面、由个别到一般、由特殊到普遍的特点，是探索中国特色社会主义道路的理论遵循和改革方法论[①]。

党的十八大以来，我国大力开展了一系列构建开放型经济新体制的试点工作，建设自由贸易试验区试点是其中的典型代表。建设自由贸易试验区是以习近平同志为核心的党中央在新时代推

---

① 盛毅：《"先试点后推广"：中国特色的经济体制改革路径》，《四川党的建设》2019 年第 7 期。

进改革开放的重要战略举措,在我国改革开放进程中具有里程碑意义①。自2013年9月我国在上海成立第一个国家级自由贸易试验区起,尤其是2017年党的十九大提出"赋予自由贸易试验区更大改革自主权,探索建设自由贸易港"以来,各地自贸试验区如雨后春笋般茁壮成长。截至2020年年底,我国已经分批次设立了个21个自由贸易试验区(港),形成了"1+3+7+1+6+3"的雁阵式格局,其中浙江自贸试验区于2020年9月增加了扩展区,海南自贸港的探索也在进行之中。自贸试验区的功能定位依据各自的地域发展特点有所不同,实行差异化探索,试点中形成的经验则服务于全国。

作为我国新时代对外开放的"试验田",自由贸易试验区以制度创新为核心,②先行先试贸易投资新规则,积累了丰富的可复制、可推广的经验。在改革外商投资准入管理体制上,自贸试验区全面试行以"负面清单"为核心的准入前国民待遇特别管理规则,大幅削减对外商投资的限制。2013年我国发布《自由贸易试验区外商投资准入特别管理措施(负面清单)》,其中负面清单的数量为190项,2017年版降到了95项③,到2020年则仅剩

---

① 《国务院印发关于推进自由贸易试验区贸易投资便利化改革创新若干措施的通知》,2021年9月3日,见http://www.gov.cn/zhengce/content/2021-09/03/content_5635110.htm。

② 《国务院印发关于推进自由贸易试验区贸易投资便利化改革创新若干措施的通知》,2021年9月3日,见http://www.gov.cn/zhengce/content/2021-09/03/content_5635110.htm。

③ 《自由贸易试验区外商投资准入特别管理措施(负面清单)(2017年版)》,2017年6月16日,见http://www.gov.cn/zhengce/content/2017-06/16/content_5202973.htm。

下 30 项^①（2020 年海南自由贸易港的负面清单则为 27 项）。作为对外开放"最高地"的自由贸易试验区，在吸收外资的过程中发挥着引擎作用^②。复制和推广试点中形成的经验，是构建开放型经济新体制的重要举措。对自贸试验区改革试点经验的复制推广是一个重要典型。例如，2018 年国务院发布《关于做好自由贸易试验区第四批改革试点经验复制推广工作的通知》，决定在全国推广广东、天津和福建等自贸试验区设立以来形成的 30 项开放经验，充分释放了开放的红利。2020 年 7 月，国务院通知复制推广自贸试验区第六批改革试点经验，主要内容包括贸易便利化领域"跨境电商零售进口退货中心仓模式"等 7 项措施及金融开放创新领域"保理公司接入央行企业征信系统""分布式共享模式实现'银政互通'""绿色债务融资工具创新""知识产权证券化"等 4 项措施^③。

此外，2016 年 5 月，我国正式在全国 12 个城市和区域^④开展构建开放型经济新体制综合试点，这些试点区域同样以制度创新为核心，开展扩大贸易投资便利化的探索，并将其与"放管服"

---

① 《自由贸易试验区外商投资准入特别管理措施（负面清单）（2020 年版）》，2020 年 6 月 27 日，见 https://www.ndrc.gov.cn/xxgk/zcfb/fzggwl/202006/P020200624549079806436.pdf。
② 王珂：《新版自贸试验区外商投资负面清单再瘦身》，《人民日报》2017 年 6 月 23 日，第 10 版。
③ 《国务院关于做好自由贸易试验区第六批改革试点经验复制推广工作的通知》，2020 年 7 月 7 日，见 http://www.gov.cn/zhengce/content/2020-07/07/content_5524720.htm。
④ 济南市、南昌市、唐山市、漳州市、东莞市、防城港市，以及浦东新区、两江新区、西咸新区、大连金普新区、武汉城市圈、苏州工业园区等。

改革相结合。通过大胆试、自主改，这些试点区域形成了一系列可复制推广的典型经验和模式，例如"重资本轻资产"招商模式、"即报即放"出口食品检验检疫方式、企业登记全程电子化、科技金融创新发展模式等 20 多项内容。2017 年 5 月，商务部等五部委发布《关于进一步推进开放型经济新体制综合试点试验的若干意见》，涉及内容包括支持各试点地区创新加工贸易核销管理模式改革，支持试点地区建设检验检疫综合改革试验区，为外资银行在试点地区设立分支机构、民营资本与外资金融机构共同设立中外合资银行提供便利，允许符合条件的企业的境外母公司在境内发行人民币债券，允许符合条件的跨国企业集团开展跨境人民币双向资金池业务，等等[①]。2017 年 10 月，商务部、国家发改委、科学技术部等十三个部委发出通知在全国范围内复制和推广首批构建开放型经济新体制综合试点形成的典型经验和模式。

（三）金融开放采取动态调整策略

金融开放是高水平对外开放的重要部分。随着近年来我国对外开放水平的提高，尤其是进入新发展阶段，金融高水平开放成为构建新发展格局的关键一环。国际经验表明，金融开放的提速通常伴随着金融风险的加剧。新兴市场国家的经验表明，在一国

---

① 《商务部 发展改革委 人民银行 海关总署 质检总局关于进一步推进开放型经济新体制综合试点试验的若干意见》，2017 年 4 月 13 日，见 http://www.mofcom.gov.cn/article/b/fwzl/201704/20170402556980.shtml。

金融市场对外开放初期，该国通常会出现大规模短期资本流入，一段时间后，短期资本流动方向可能就会发生逆转。从中国的实践经验来看，自党的十八大以来，我国金融开放不仅注重开放的速度，还开始稳慎考量开放的收益与风险。中国金融开放政策根据现实需要会不断地作出动态调整。

中国金融开放政策的动态调整特征在人民币国际化的进程中表现得尤为明显。张明和李曦晨将2009年以来人民币国际化策略转变的历史经验，总结为从旧"三位一体"到新"三位一体"的转变[①]。

在2010年至2015年，人民币国际化初期的策略可以用旧"三位一体"来概括，也即中国央行在同时推进三种相互配合相互促进的措施：一是鼓励在跨境贸易与投资中使用人民币进行结算；二是大力发展境外离岸人民币金融中心；三是中国央行与其他央行签署双边本币互换。这三种举措的内在逻辑是：首先，在跨境贸易与投资中使用人民币来结算，可以推动人民币从国内向国际市场流动。其次，发展离岸人民币金融中心，一方面有助于促进人民币在离岸市场的交易与清算，另一方面有助于在境外向非居民提供更多的人民币计价金融资产，以鼓励非居民长期持有人民币。最后，如果离岸市场上针对人民币的潜在需求超过了离岸人民币数量，那么外国央行就可以通过启用与中国央行的本币互换，获得额外的流动性来满足潜在需求。

---

① 张明、李曦晨：《人民币国际化的策略转变：从旧"三位一体"到新"三位一体"》，《国际经济评论》2019年第5期。

但人民币国际化的旧"三位一体"策略存在三方面问题，这些问题也是人民币国际化进程在2016年与2017年期间陷入停滞的深层原因：一是过度重视人民币作为跨境贸易与投资的结算货币功能，而相对忽视了发展人民币作为国际计价货币的功能。二是过度重视发展人民币离岸金融中心，而相对忽视了培育人民币的海外真实需求。三是由于中国政府是在人民币利率与汇率形成机制充分市场化之前推动人民币国际化的，这就造成在2010年至2015年期间，跨境套汇与套利交易大行其道。

2018年之后，中国人民银行开始转换人民币国际化的主导策略。张明和李曦晨将其总结为人民币国际化的新"三位一体"策略。值得注意的是，人民币国际化策略转换的全球性背景因素，包括特朗普政府上台导致美国政策更趋单边主义、中美贸易摩擦加剧、全球地缘政治冲突加剧等。这些因素导致越来越多的国家对美国国内政策以及美国主导的国际货币金融秩序心生疑虑。

人民币国际化新"三位一体"策略涉及的措施包括：一是推出人民币计价的石油期货交易；二是加大国内金融市场开放力度；三是在"一带一路"建设与投资中更多使用人民币计价与结算。与旧的"三位一体"策略相比，新的"三位一体"策略更加注重培育人民币作为计价货币的功能、更加注重培育海外关于人民币的真实需求、更加注重为非居民提供更大规模与更多种类的人民币计价资产。

中国政府推进人民币国际化的新"三位一体"策略的内在逻辑在于：一是拓展人民币作为原油、天然气等大宗商品交易计价货币的功能，有助于充分发挥中国作为全球最大原油、天然气进口国的市场优势，一方面增强中国因素对全球大宗商品交易的定价权，另一方面则有助于在中国境外形成较大规模的石油人民币与天然气人民币[1][2]。二是较大力度向外国机构投资者开放本国金融市场，一方面有助于通过加强竞争来深化与完善本国金融市场，另一方面则能够向境外非居民提供更大规模、更具流动性、更加多样化的人民币计价金融产品，这也有助于促进境外石油人民币与天然气人民币回流中国国内，形成一个人民币跨境流动的新闭环。事实上，这也有助于中国通过资本账户人民币流入来平衡经常账户人民币流出。三是在"一带一路"沿线国家（地区）更多地使用人民币来计价与结算，尤其是在开发性金融、中国企业对外直接投资等领域更多地使用人民币，有助于培育"一带一路"沿线国家（地区）对于人民币的真实需求。这种真实需求的强化既有助于增强非居民把人民币作为计价货币与储备货币的使用，也有助于降低汇率波动与国内外利差变化对人民币国际化进程的周期性冲击。事实上，在"一带一路"沿线国家（地区）更多地使用人民币，也有助于把人民币的区域化战略与国际化战略相结合，让人民币国际化进程走得更加坚实、更可持续。四是在"一带一路"沿线国家（地区）推进人民币国际化，也有助于促进货币国际化与"一带一路"倡议的良性互动。

---

[1] 张明、王永中：《构建天然气人民币体系的可行性与人民币国际化》，《上海金融》2018年第3期。
[2] 张明、高卓琼：《原油期货交易计价与人民币国际化》，《上海金融》2019年第6期。

四、建设开放型经济新体制：前景与风险

（一）勾勒清晰前景

2015年10月，习近平总书记在党的十八届五中全会第二次全体会议上正式提出新发展理念。"开放"作为五大新发展理念之一，引导我国走向对外开放新发展阶段，构建"双循环"新发展格局，实现高质量发展和高水平开放。

当前，世界正面临百年未有之大变局，我国发展面临的内外部环境更加复杂。以构建"双循环"新发展格局为契机，统筹发展和安全，建设更高水平开放型经济新体制，有助于形成更高层次、更高水平、更加深化的对外开放新格局。展望"十四五"时期，开放型经济新体制建设在贸易投资、金融开放和机制建设等层面，有望迎来新的突破。

1."双雁阵模式"优势凸显

新冠肺炎疫情持续在全球范围内扩散，全球产业链、供应链与价值链受此影响，呈现出加速缩短与区域化的发展趋势。我国政府与企业可以此次产业链重构为契机，进一步强化我国完整的产业链在亚洲乃至全球生产网络中的核心地位，争取加速迈向全球产业链的高端环节。

具体来看，构建"双循环"新发展格局实际上为我国在强化产业链核心位置的过程中发挥"双雁阵模式"的优势提供了机遇：

一是国内的"雁阵模式",即以京津冀、粤港澳大湾区、长三角为雁头,以中三角与西三角为第二梯队,以国内其他区域为第三梯队的次序发展模式;二是以"中日韩"为雁头,以东盟与"一带一路"沿线相对发达国家为第二梯队,以沿线欠发达国家为第三梯队的次序发展模式。"双雁阵模式"的构建既有助于强化中国在亚洲地区"三链"中的核心地位,也有助于提升亚洲产业链的完整性与独立性[①]。

2. 转向主流负面清单模式

目前,人民币国际化虽然取得了一定进展,但人民币计价功能的发展仍显著滞后于结算功能,当务之急是要推进境外主体增加对人民币的真实需求。《区域全面经济伙伴关系协定》(RCEP)的落地和实施不仅将为贸易投资的"双雁阵模式"提供机遇,也为人民币参与RCEP范围内的跨境资本流动和循环提供了重要渠道。由于RCEP将显著增强东亚地区贸易依存度和投资依存度,贸易转移效应和贸易创造效应将有望降低东亚国家对美国、欧盟等的依赖,进而降低美元、欧元在亚洲的货币地位,提升人民币的真实需求。

近年来,得益于自贸试验区负面清单制度的实施,我国金融业的开放步伐持续加快。2021年9月,人民银行相关负责人表示,在区域和双边自贸协定谈判中,我国金融业开放的承诺也将

---

① 张明:《如何系统全面地认识"双循环"新发展格局?》,《辽宁大学学报》(哲学社会科学版)2020年第4期。

逐步转向负面清单模式。这一模式的转换不仅意味着我国准入前国民待遇加负面清单制度的进一步完善，也标志着金融业开放将再次迈出重要一步，凸显了持续推进我国制度型开放的坚定决心。负面清单模式在高标准的区域和双边自贸协定谈判中是主流模式，因此金融业开放全面转向负面清单模式，还将有助于我国在未来参与CPTPP等协定的谈判中占据主动，在激烈的竞争中加快培育具有深度的金融市场。

3. 推动"中国倡议"维系多边合作

在世界百年未有之大变局的背景下，全球化正面临深刻的重构，多边合作机制等饱受威胁。当美国政府的经济外交政策日益表现出保护主义与孤立主义时，作为全球化的最大受益国，我国毫无疑问将坚定不移地充当国际社会间推动经济全球化的旗手，充分利用现有国际多边机制、推动更多包容性的"中国倡议"走入多边合作之中。

一方面，我国政府应充分利用好现有国际多边机制的作用，例如联合国、G20、WTO、贸发会议、IMF、世界银行、世界卫生组织、巴黎协定等，坚定不移地在全球贸易治理中为发展中国家代言，在多边贸易谈判中积极参与并努力提升劳工、环境和数字贸易条款等规则制定的主导能力，支持WTO开展更公正、更包容的改革；另一方面，应该继续推动由我国政府倡议的新型机制建设。例如，"一带一路"、RCEP、亚洲基础设施投资银行、金砖开发银行、丝路基金等，推动RCEP等区域经贸谈判成果转化为切实福利,积极推动 CPTPP 等区域合作协议谈判,以加强区域合作基础,为塑造多边合作领导力凝聚广泛的共识。在后者的建设过程中,应该充分吸引民间力量的参与,提高市场化程度,这样既能降低特定国家对这些多边机制的怀疑与抵触心理,又能够增强这些多边机制发展的可持续性[①]。

(二)筑牢防范风险防火墙

当前,我国发展面临的内外部环境更加复杂,建设更高水平开放型经济新体制,需要坚持统筹发展和安全,正确认识高水平开放与风险防范之间的关系。以下几个方面的风险值得思考。

1. 中美经贸摩擦

战胜新冠肺炎疫情与重振美国国内经济是拜登政府执政政策的首要任务。在这种背景下,美国政府正着手重振国内制造业、扩大农业出口、强化美元国际储备货币地位、重返并寻求 WTO 等多边国际组织领导地位等,这是其国际经济政策的核心目标。由此,美国也将继续维持强硬的对华贸易政策,并不断加强对中资企业赴美投资和美资企业赴中投资的审查和限制。从目前拜登政府的国际经济政策走向来看,我国高科技产业将备受威胁,人民币升值压力增大,在美中资企业及中概股也面临着严重冲击。

在中美竞争逐渐长期化的前景下,我国亟须尽快形成与美

---

① 张明、陈胤默:《紧抓 RCEP 机遇 塑造新发展格局》,《中国社会科学报》2020 年 12 月 15 日,第 1 版。

国博弈的整体策略。其中,有三项工作刻不容缓:一是坚持谈判斗争,敦促美国取消恶意加增的关税,强化核心技术的国产化程度,提高高新技术及其产品的自给能力,巩固制造业门类的完整性;二是加强新兴经贸规则治理的研究建设,在多边环境规则、劳工条款、数字贸易规则谈判中,坚定不移地维护发展中国家的权益;三是提前制定相关细则,为符合条件的中概股回归内地和香港资本市场提供便利,推动内地与香港、伦敦等境外资本市场互联互通机制加快落实,为我国企业海外投资创造更多政策便利。

2. 全球化减速

近年来,逆全球化思潮持续发酵,保护主义的负面效应日益显现。2020年4月,习近平总书记在中央财经委员会第七次会议上强调,要构建以国内大循环为主体、国内国际双循环相互促进的新发展格局。"双循环"新发展格局是党中央审时度势推出的前瞻性重大战略。只有形成以我为主、以内促外的新发展格局,才能打破逆全球化潮流的围堵。在以我为主方面:一是要着力于持续提高中低收入居民的收入水平,扩大国内消费、促进消费升级;二是要加大力度鼓励产业结构升级与企业技术自主创新,引导要素向"碳中和"与高新技术产业集聚;三是以提升区域一体化程度为重要抓手,破除要素自由流动的机制障碍,扩大市场化发展效益。在以内促外方面:一是要努力在RCEP和"一带一路"沿线构建与国内产业紧密联系的区域性产业链;二是要大力拓展人民币作为计价货币的功能,着力在

RCEP和"一带一路"沿线培育对人民币的真实需求黏性;三是要把国内21个自贸试验区(港)做实做细,注重打造特色,避免千篇一律。

3. 金融市场开放的风险

在我国金融开放各个维度中,金融业开放已经取得很大进展。但金融业开放也会带来诸多风险。首先,在所有制的"委托—代理"框架与激励相容机制的影响下,外资金融机构无论在创新性还是在竞争力方面,都可能比国内金融机构有更多优势,国内金融机构生存发展受到挑战。其次,金融业开放以后,国内的金融监管难度将会大幅度提升,跨境监管协调难度也会加大。最后,金融业开放可能会导致本国金融业部分被外国金融机构所把持和操控,本国政府贯彻落实国家战略和产业政策的难度会大大增加,金融安全遭受威胁。金融业开放的加快使我国政府和企业面临诸多风险,因此要对开放的制度进行完善。

第一,有序推动金融市场开放。要加快国内金融市场的开放,放开不必要的管制。首先要有序开放信用评级市场,建立健全涵盖国际评级机构在内的统一注册管理制度,可以考虑以熊猫债市场为试点,逐步对国际评级机构放开国内债券评级业务。其次要有序推进金融期货市场开放,落实产品上市到交易规则制定的各个步骤[①]。此外,还要加快金融市场机制建设,倒逼对信息披

---

① 尹开拓、解紫彤、谭小芬:《中国金融业开放新趋势及政策选择》,《国际贸易》2020年第7期。

露、准入退出机制、监管体系等配套制度的改革，以便更好地发挥金融市场的作用。

第二，加强跨国监管合作。随着我国金融市场与全球主要金融市场相互联系日益紧密，越来越多的中外资企业、投资者、金融机构相互参与对方市场，加强监管合作是必然的选择。目前我国已在银行、证券、保险等多个行业建立了双边和多边的监管合作机制，包括签署监管合作谅解备忘录、监管合作协议，加入或发起区域性与全球性监管合作组织等。下一步，我国监管机构应该继续加强和国际同行的信息交流合作，提高对跨国金融机构的监管协调。同时，还要保护中资机构在海外的合法权益不受损害。

第三，坚持金融对内开放快于对外开放的原则。我国政府应加快金融市场对国内民间资本开放的步伐，尤其是尽快向民间资本全面开放金融市场，鼓励发展混合所有制，大力发展以民营银行为代表的民营金融机构，进一步放松对其他民营金融机构的限制，以此充实本国金融业的实力。

4. 资本账户自由化风险

迄今为止，我国的金融市场对外开放已经取得不少进展，随着 QFII 和 RQFII 额度的取消、资本市场互联互通程度的加深，跨境资本流动面临的约束显著减少，资本大进大出的概率将显著上升。在 2020 年新冠疫情暴发后，由于防控疫情得力，而与此同时疫情在全球快速蔓延，中国经济在全球范围内一枝独秀，中外利差吸引了大量短期资本流入中国，并显著推升了人民币兑美元汇率[①]。在扩大金融双向开放的背景下，类似跨境资本大进大出的现象将成为常态。国际经验表明，加速开放的金融体系往往意味着潜在的金融风险的加剧，很多新兴市场国家都是由于不可避免地掉入了资本外流与汇率贬值相互强化的恶性循环，最终演变为了系统性金融危机。考虑到我国金融市场深度仍然不足以抵御跨境资本大规模流动的潜在风险，短期资本大规模流出很可能成为引爆我国金融系统性风险的扳机性因素，因此资本账户的管理是很有必要的。此外，由于近期我国国际收支结构比较脆弱，在此情况下，如果考虑到大规模资本流动的不确定性所带来的冲击，就更要警惕国际收支异常波动的潜在风险[②]。

第一，保持适度的跨境资本流动管理。在加大跨境资本流动的大前提下，适度的、临时性的跨境资本流动管理有利于维持金融稳定以及增强货币政策独立性[③]。为了抑制短期资本异常流动，我国政府应该引入以价格型工具为主的资本流动管理新工具，例如针对短期资本流动的托宾税、最低停留期限等，通过提高成本的方式来抑制短期资本的大量流入。

第二，增强逆周期宏观审慎监管政策的力度。宏观审慎监管，主要是防范跨境资本流动风险和维护外汇市场稳定。要建立和完善跨境资本流动宏观审慎管理的监测、预警和响应机制，丰

[①] 张明、孔大鹏、潘松李江：《中国金融开放的维度、次序与风险防范》，《新金融》2021年第4期。
[②] 张明、潘松李江、孔大鹏：《中国系统性金融风险：部门分布、内外冲击与化解策略》，《俄罗斯研究》2021年第4期。
[③] 黄益平：《积极、稳健地开放中国金融业》，《新金融评论》2017年第5期。

富跨境资本流动宏观审慎管理的政策工具箱,以市场化方式,逆周期调节外汇市场顺周期波动,防范国际金融风险传染[①]。例如,在市场繁荣时期,对金融机构的监管力度要更大,而在短期资本大举外流引发市场频繁波动时期,为缓解危机的冲击,应适当放宽对金融机构的资本金要求与拨备要求。

第三,我国政府仍应审慎、渐进、可控地开放资本账户。资本项目管理是我国金融的"最后防火墙",我国金融市场深度仍然不足以抵御跨境资本大规模流动的潜在风险,因此我国政府在推动资本账户开放上务必慎之又慎[②]。我国政府除推进汇率、利率形成机制市场化改革以及金融市场对内开放之外,还应保留一定程度的资本账户管制,控制好资本账户开放的速度与节奏,以维护宏观经济与金融市场稳定。

五、风险如何防范

在过去的十年,我国开放型经济新体制建设不断取得新突破。我国基本形成了全面开放新格局,贸易强国建设取得新突破,"引进来""走出去"战略扎实推进,开放安全的金融体系逐步确立。我国开放型经济新体制建设取得的宝贵经验,可以总结

[①] 潘功胜:《建立健全跨境资本流动"宏观审慎+微观监管"两位一体的管理框架》,见 2018 年 6 月 14 日,https://www.ljzfin.com/news/info/43754.html。
[②] 张明、谭小芬:《中国短期资本流动的主要驱动因素:2000~2012》,《世界经济》2013 年第 11 期。

为以下几点：通过实施一系列制度型开放措施，对外开放水平得以全面提高；通过开展一系列构建开放型经济新体制的试点工作，形成了"以开放促改革、促发展、促创新"的良好局面；通过动态调整开放的进度，统筹开放和安全，兼顾了金融开放的收益与风险。

当前，世界正面临百年未有之大变局，我国发展面临的内外部环境更加复杂。唯有以新发展理念为指引，立足新发展阶段，以构建"双循环"新发展格局为契机，统筹发展和安全、开放和安全，才能建设更高水平开放型经济新体制，才能形成更高层次、更高水平、更加深化的对外开放新格局。对此，笔者提出如下风险防范建议：

第一，在中美竞争逐渐长期化的前景下，我国亟须尽快形成与美国博弈的整体策略。一是要强化核心技术的国产化程度，提高高新技术及其产品的自给能力；二是在多边环境规则、劳工条款、数字贸易规则谈判中，坚定不移地维护发展中国家的权益；三是推动内地与香港、伦敦等境外资本市场互联互通机制加快落实，为我国企业海外投资创造更多政策便利。

第二，加快形成以我为主、以内促外的新发展格局，以应对全球化的减速。在以我为主方面：要着力于持续提高中低收入居民的收入水平，扩大国内消费；要加大力度引导要素向"碳中和"与高新技术产业集聚；以提升区域一体化程度为重要抓手，破除要素自由流动的机制障碍。在以内促外方面：要努力在 RCEP 和"一带一路"沿线构建与国内产业紧密联系的区域性产业链；

要大力拓展人民币作为计价货币的功能,着力在RCEP和"一带一路"沿线培育对人民币的真实需求黏性;要把国内21个自贸试验区(港)做实做细。

第三,管理好金融市场开放可能带来的风险。一是有序推动金融市场开放,加快金融市场机制建设,倒逼对信息披露、准入退出机制、监管体系等配套制度的改革;二是加强跨国监管合作,保护中资机构在海外的合法权益不受损害;三是坚持金融对内开放快于对外开放的原则,加快金融市场对国内民间资本开放的步伐,尤其是尽快向民间资本全面开放金融市场。

第四,保留资本账户管制措施以应对资本账户自由化可能带来的风险。一是可以考虑推出针对短期资本流动的托宾税、最低停留期限等,通过提高成本的方式来抑制短期资本的大量流入。二是增强逆周期宏观审慎监管政策的力度。建立和完善跨境资本流动宏观审慎管理的监测、预警和响应机制,丰富跨境资本流动宏观审慎管理的政策工具箱,以市场化方式,逆周期调节外汇市场顺周期波动,防范国际金融风险传染。三是我国政府仍应审慎、渐进、可控地开放资本账户。

CHAPTER 10

中国经济的风险：
系统性金融风险的潜在路径与化解策略[1]

---

[1] 本章节已发表于《上海金融》2020年第4期，原名《中国宏观杠杆率的演进特点、部门轮动与应对之策》。

防范化解以高宏观杠杆率为特点的系统性金融风险，是当前中国政府面临的最重要挑战之一。中国宏观杠杆率的演进具有近10年来快速攀升、企业部门杠杆率过高、广义银行信贷增速过快等特点。未来中国系统性金融危机的爆发逻辑可能以杠杆率在部门之间的轮动呈现：在扳机性因素驱动下，企业、地方政府与居民部门被动去杠杆引爆银行业危机，最终迫使中央政府不得不显著加杠杆；加税与通胀预期导致大规模资本外流、国内利率上升，从而引发新一轮被动去杠杆行为，进而形成恶性循环。为避免杠杆率轮动引发系统性金融危机，我们提出了弱化扳机性因素、限制居民杠杆率上升、三管齐下应对银行不良资产浪潮、中央政府提前主动买单、避免出现大规模资本外流等针对性政策建议。

一、杠杆率轮动视角

2015年12月的中央经济工作会议首次提出"三去一降一补"（去产能、去库存、去杠杆、降成本、补短板）的供给侧结构性改革任务。2017年10月，党的十九大报告指出，"从现在起到二〇二〇年，是全面建成小康社会决胜期"，"特别是要坚决打好防范化解重大风险、精准脱贫、污染防治的攻坚战"。2019年1月，习近平总书记在中央党校省部级领导干部专题研讨班上强调，要"坚持底线思维，增强忧患意识、提高防控能力，着力防范化解重大风险，保持经济持续健康发展和社会大局稳定"。从中不难看出，防范化解系统性金融风险，已经成为党中央、国务院近年来格外关注的政策重点之一。

根据欧洲中央银行的定义，系统性金融风险是指可能会对一些系统重要性金融机构或金融市场产生严重负面影响的系统性事件爆发的风险，而导致风险爆发的扳机性因素既可能是外生性冲击，也可能来自内部[1]。根据伦敦经济学院系统性风险研究中心的定义，系统性金融风险是指整个金融体系发生崩溃的风险，这是由金融体系内部各种连接所传递与放大的一连串危机，并且通常会导致严重的经济衰退[2]。而自2016年年底以来至今，去杠杆与严监管一直是中国政府应对系统性金融风险的主基调，这说明杠杆率居高不下是中国系统性金融风险的主要表现。

杠杆率有微观与宏观之分。微观杠杆率一般指某个企业资产负债表中总资产与所有者权益的比率，这衡量了一个企业的举债程度。宏观杠杆率则是指一个经济体（或经济部门）的总负债与该经济体GDP的比率，这衡量了一个经济体的举债程度。系统性金融风险关注的杠杆率无疑是指经济体的宏观杠杆率。如图10-1所示，中国的宏观杠杆率由1995年的100%左右上升至2018年的250%左右。其中，宏观杠杆率在2009年以及2012年至2016年期间上涨得尤其迅速：2009年中国宏观杠杆率上升了36.8个百分点，而在2012年至2016年这五年间，

---

[1] European Central Bank, "The Concept of Systemic Risk", ECB Financial Stability Review, 2009.

[2] http://www.systemicrisk.ac.uk/systemic-risk.

平均每年上升 13.5 个百分点（根据 BIS 口径结算的结果）。

图 10-1 中国宏观杠杆率的变动

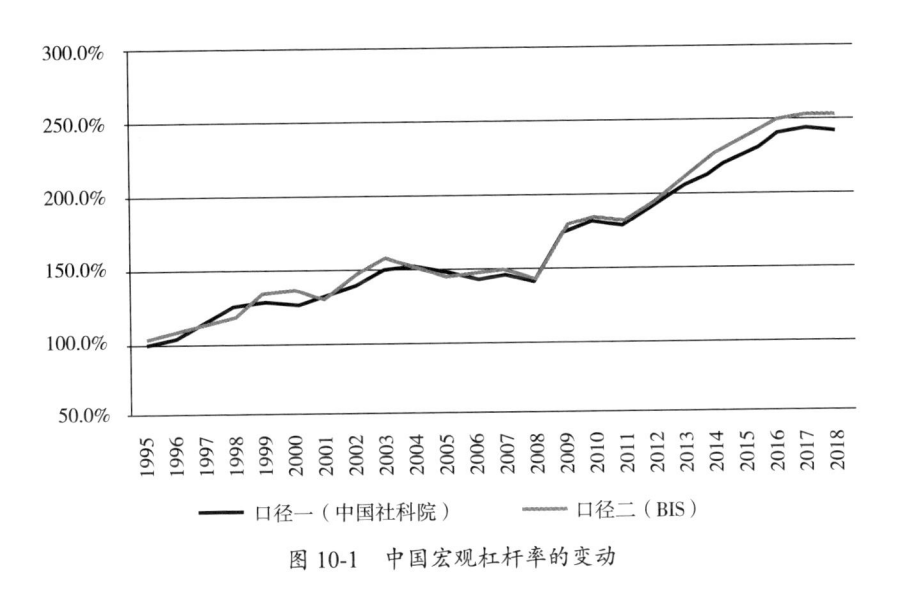

数据来源：Wind 与 BIS。

注：目前研究界使用最广泛的宏观杠杆率数据有两种口径。一种来自中国社科院国家金融发展实验室，另一种来自国际清算银行（BIS）。比较来看，两种口径对中国宏观杠杆率的测算基本一致，BIS 口径的宏观杠杆率在大多数时候要略高于中国社科院口径。

杠杆率上升本身并不可怕，人们担心的是与杠杆率上升通常所伴随的一系列风险：一是随着债务水平的上升，借债主体还木付息的压力将会不断增强，从而最终导致债务违约的风险。这种风险在市场利率显著升高的环境下将变得尤为突出。二是如果若干高负债主体同时发生债务违约，这一方面将给债权人造成重大资产损失（如果商业银行是主要债权人的话，这可能造成银行业危机），另一方面可能导致信贷市场停止运转（债务人举借新的债务遭遇困难）甚至逆向运动（例如债权人竞相提前抽回贷款），从而造成危机的传递与放大，甚至酿成债务危机、金融危机乃至经济危机。三是即使高杠杆率并未导致债务危机的爆发，其自身也可能导致中长期经济增速的下滑。例如，莱因哈特与罗戈夫的研究指出，如果一个国家的政府债务与 GDP 之比上升至 90% 的阈值，那么这个国家经济增长率的中位数将下降 1 个百分点，而平均增长率将会下降得更多[1]。

目前研究中国高杠杆率的文献已经很多，但大多数文献是从企业高杠杆角度展开研究[2]。本章沿着笔者的逻辑进行拓展，试图从企业部门、政府部门与居民部门杠杆率轮动的角度出发，对未来中国宏观杠杆率的演变及其后果进行情景分析，并在此基础上给出应对策略[3]。

二、宏观杠杆率演变

通过比较中国与新兴市场国家整体的宏观杠杆率（图 10-2），

---

[1] Reinhart C M, Rogoff K S. "Growth in a Time of Debt", American Economic Review, 2010, Vol.100，No.2, pp. 73-78.

[2] 钟宁桦、刘志阔、何嘉鑫、苏楚林：《我国企业债务的结构性问题》，《经济研究》2016 年第 7 期。马建堂、董小君、时红秀、徐杰、马小芳：《中国的杠杆率与系统性金融风险防范》，《财贸经济》2016 年第 1 期。纪敏、严宝玉、李宏瑾：《杠杆率结构、水平和金融稳定——理论分析框架和中国经验》，《金融研究》2017 年第 2 期。

[3] 张明：《论中国金融系统性风险》，《中国资本市场研究季刊》（日文期刊）2014 年第 3 期。

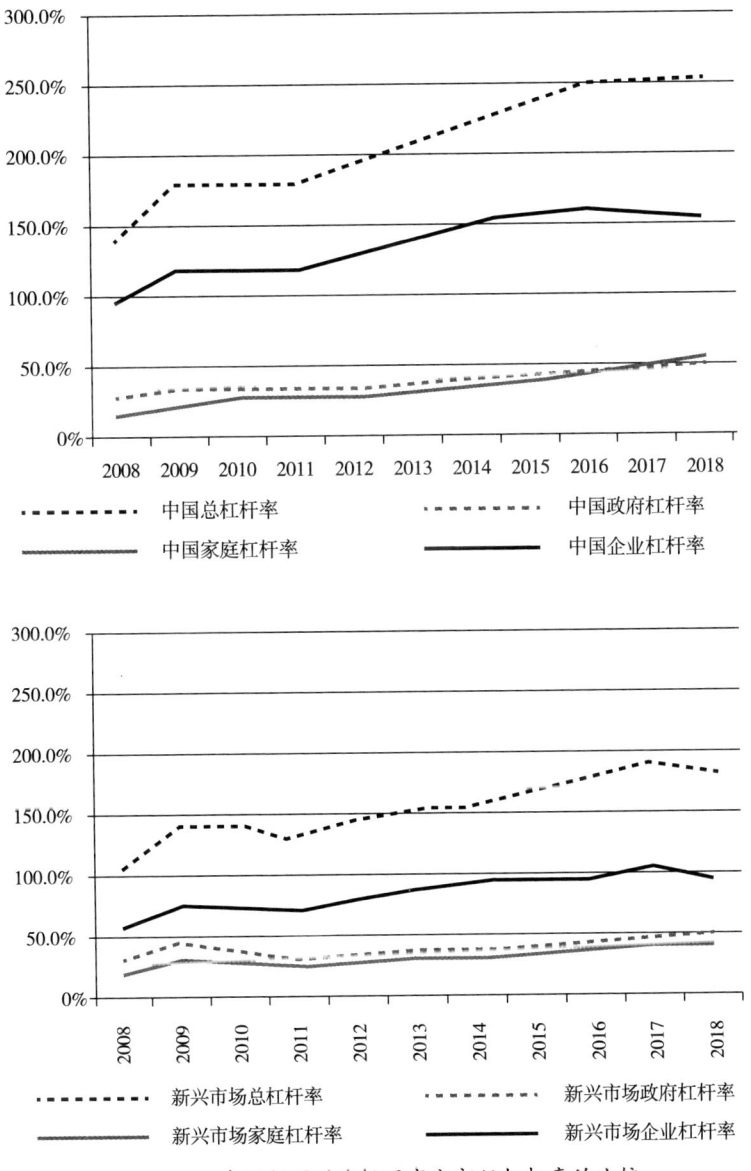

图 10-2 中国与新兴市场国家分部门杠杆率的比较

数据来源：BIS。

我们可以总结出以下特征事实：第一，在 2008 年全球金融危机爆发后，中国与新兴市场国家的宏观杠杆率均出现了快速上升，但中国杠杆率的上升幅度远大于新兴市场国家。2008 年年底至 2018 年年底，中国宏观杠杆率累计上升了 112 个百分点，而新兴市场国家宏观杠杆率累计上升了 76 个百分点。第二，截至 2018 年年底，中国宏观杠杆率要比新兴市场国家高出 72 个百分点，其中主要贡献来自企业部门杠杆率（中国企业部门杠杆率比新兴市场国家高出 57 个百分点）。①

通过比较中国与发达国家整体的宏观杠杆率（图 10-3），可以总结出以下特征事实：第一，在 2008 年全球金融危机爆发后，中国宏观杠杆率快速上升，而发达国家宏观杠杆率大致不变，以至于截至 2018 年年底，中国宏观杠杆率已经非常接近于发达国家平均水平；第二，虽然当前中国与发达国家宏观杠杆率总体水平相当接近，但两者的部门分布存在显著差异。中国企业部门杠杆率远高于家庭部门与政府部门杠杆率，而发达国家三个部门的杠杆率更加接近，且政府部门杠杆率相对最高。

与中国宏观杠杆率上升相伴随的另一个特征事实是，由于商业银行是中国金融市场最重要的融资主体，中国宏观杠杆率的上升必然伴随着银行信贷规模的上升。如图 10-4 所示，中国商业银行信贷余额与 GDP 的比率由 2008 年年底的 95% 快速攀升至 2018 年年底的 148%。在 2002 年至 2008 年期间，银行信

---

① 本文中的企业部门杠杆率均指非金融企业，不包含金融机构在内。

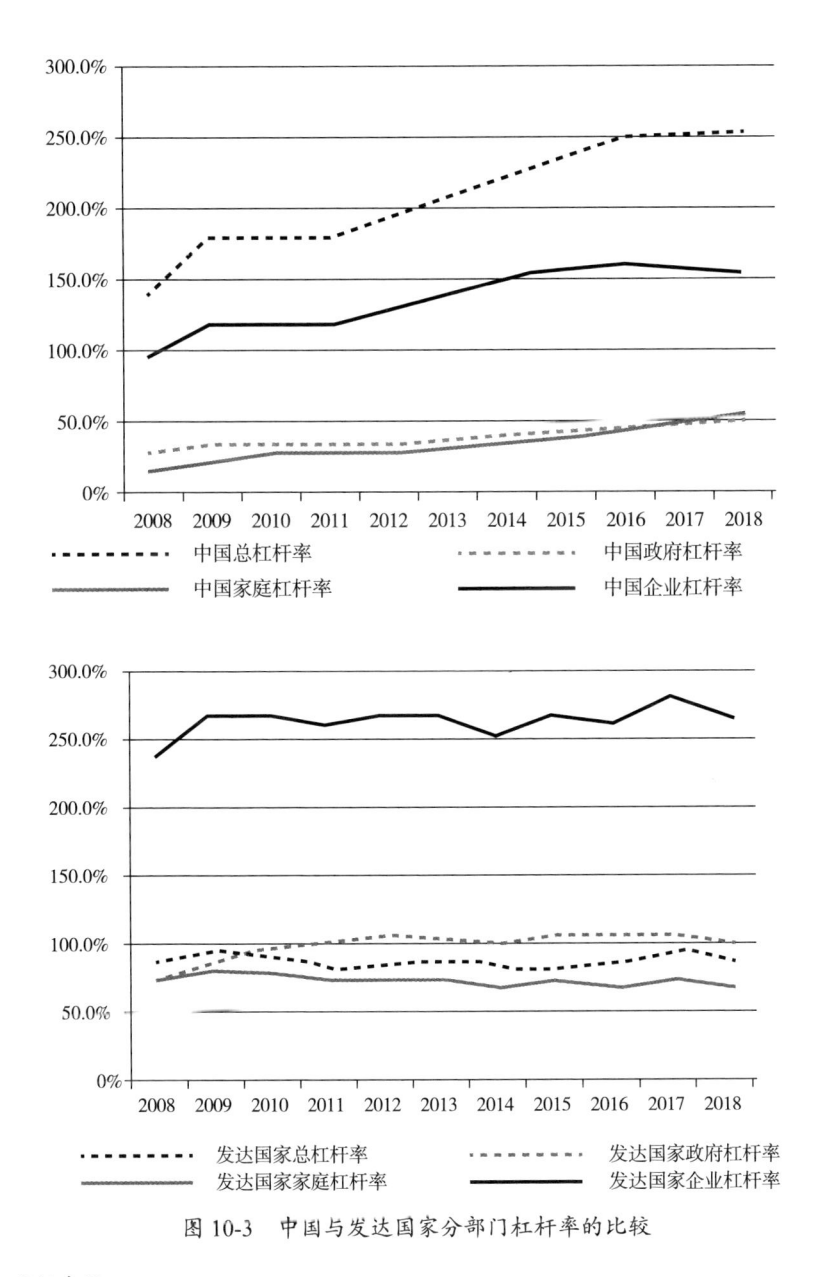

图 10-3 中国与发达国家分部门杠杆率的比较

数据来源：BIS。

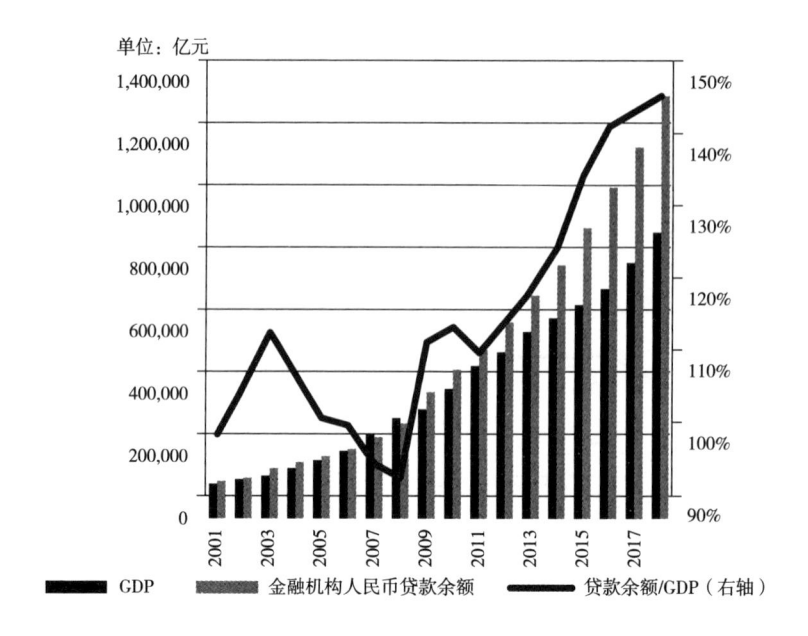

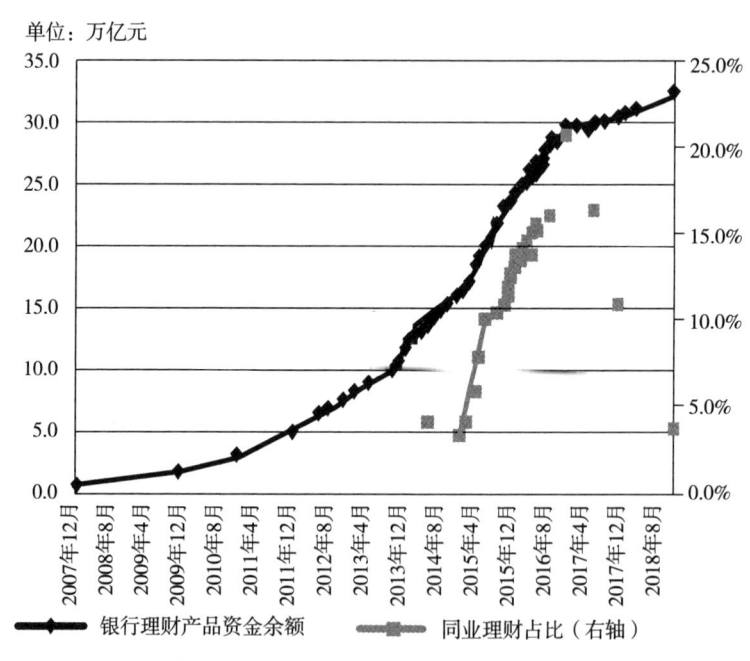

图 10-4 银行信贷激增与影子银行的发展

数据来源：Wind。

贷年均增速（15.3%）显著低于名义 GDP 增速（16.4%）；而在 2009 年至 2018 年期间，银行信贷年均增速（16.3%）显著高于名义 GDP 增速（11.2%）。①

更重要的是，自 2010 年至今，银行表内信贷的增长还不能充分刻画真实银行信贷的增长状况，这两者之间的差额即中国影子银行体系提供的融资。中国影子银行体系从 2010 年开始发端，主要目的是规避中国政府对商业银行向地方政府与房地产开发商提供融资的种种限制。迄今为止，中国影子银行的发展可以分为"通道融资"与"同业融资"两个阶段②。2010 年至 2016 年，中国影子银行体系处于快速发展阶段。如图 10-4 所示，银行理财产品资金余额到 2016 年年底上升至 30 万亿元人民币，大致占到同期银行贷款余额的 30%，其中同业理财产品余额占到银行理财产品余额的五分之一。换言之，如果考虑到 2010 年至 2016 年期间影子银行的快速发展，则同期内银行广义信贷占 GDP 比率增长得更为迅猛：2016 年年底银行广义信贷余额占 GDP 比率高达 185%，要比银行表内信贷余额占 GDP 比率高出 40 个百分点。

综上所述，我们可以总结出中国宏观杠杆率演进的三大特征事实：第一，自 2008 年全球金融危机爆发后，中国宏观杠杆率快速攀升，其上升速度显著高于新兴市场与发达国家各自的平均

---

① 以上数据为笔者根据 Wind 数据计算的结果。
② 王喆、张明、刘士达：《从"通道"到"同业"——中国影子银行体系的演进历程、潜在风险与发展方向》，《国际经济评论》2017 年第 4 期。

水平；第二，从分部门结构来看，中国企业杠杆率之高在全球范围内非常突出，而政府与居民杠杆率似乎处于较为合理的水平（略高于新兴市场国家平均水平，但略低于发达国家平均水平）；第三，作为中国宏观杠杆率快速攀升这枚硬币的另一面，是银行信贷余额的飙升与影子银行体系的膨胀。

三、宏观杠杆率部门轮动的后果

（一）真实的地方政府杠杆率

要更加准确地分析中国宏观杠杆率的部门轮动，首先必须把政府部门杠杆率拆解为中央政府杠杆率与地方政府杠杆率。这是因为，中国中央政府与地方政府的行为逻辑存在很大的区别。在经济发展领域，受中央指挥棒的影响，地方政府有很强的动力参加所谓的"GDP 锦标赛"[①]。由于自身财政资金有限，因此地方政府有着强烈的冲动通过举债来促进地方投资（尤其是基础设施投资）与经济增长。

根据 Wind 的数据，2017 年年底，中央财政债务余额为 13.48 万亿元，占当年 GDP（82.08 万亿元）的约 16%；地方政府债务余额为 16.47 万亿元，占当年 GDP 的约 20%。加总起来，2017 年年底政府总债务与 GDP 的比率约为 36%。然而，官方的地方政府债务数据可能存在明显低估：一方面，地方

---

① 周黎安：《中国地方官员的晋升锦标赛模式研究》，《经济研究》2007 年第 7 期。

政府有很大一部分债务是通过地方融资平台举借的（地方政府对此给予了显性或隐性的担保），这在统计中被计入了企业部门债务，而非地方政府债务；另一方面，近年来地方政府参与了大量的PPP项目，其中大部分向银行举借的债务也含有政府担保，从而事实上构成了地方政府的隐性债务。

这里我们引用两种估算结果。第一，根据平安证券的估算，截至2017年年底，地方融资平台的存在使得大约占GDP 30%的债务应该从企业部门债务划归地方政府，而地方政府通过PPP新增隐性债务可能达到GDP的15%。这就意味着，真实的地方政府债务占GDP比率将会达到65%，真实的全口径政府债务杠杆率将由36%上升至81%[1]。第二，根据太平洋证券的估算，截至2017年年底，全国地方政府隐性债务的规模约在38万亿元，占当年GDP的46%。这意味着2017年年底中国政府部门杠杆率约为82%，其中地方政府杠杆率约为66%[2]。不难看出，尽管以上两种估算的方法迥异，但最终结果是相当接近的。

如果用上述地方政府隐性债务的估算来修正中国的宏观杠杆率，那么，截至2017年年底，中国的宏观杠杆率高达290%，其中企业、政府与居民部门杠杆率分别为128%、

---

[1] 张明、陈骁、魏伟、杨璇、薛威、郭子睿：《财政发力稳增长，改革提速强信心》，平安证券2019年宏观年度报告，2018年12月10日。
[2] 魏涛：《宏观研究报告：从省级到市级的地方政府隐性债务测算》，太平洋证券宏观研究报告，2018年8月29日。

82%与49%。换言之，真实的中国企业部门杠杆率并没有看上去那么危险，而真实的中国政府部门杠杆率也并没有看上去那么安全。

需要指出的是，中国地方政府债务的分布并不是均匀的。总体而言，东部地区政府债务压力较低，而西部地区政府债务压力较高。例如，根据太平洋证券的估算，从包含了隐性债务的负债率（债务/各地GDP）来看，截至2017年年底，东部地方政府债务率平均为45.9%，风险整体可控；中部地方政府债务率平均为68.2%，略高于全国水平；西部地方政府债务率高达110.4%，需要重点关注。其中西藏债务率高达218.3%，居全国之首，而青海、内蒙古、甘肃、贵州与宁夏的债务率也超过了120%[①]。很明显的一个事实是，除非地方政府违约或者中央政府提供救助，否则仅靠西部地区自身是很难足额偿还如此之高的债务的。

（二）房地产扮演的角色——从企业与地方政府到居民的杠杆率轮动

如前所述，从分部门杠杆率来看，中国目前值得担心的是企业与地方政府杠杆率，然而过去10年来居民部门杠杆率的快速上升也不容忽视。例如，2008年年底至2018年年底，中国居民部门杠杆率由18%上升至53%，上升了35个百分点。此外，

---

① 魏涛：《宏观研究报告：从省级到市级的地方政府隐性债务测算》，太平洋证券宏观研究报告，2018年8月29日。

在2017年与2018年，随着金融去杠杆、严监管的进行，企业部门杠杆率已经稳中略降（由2016年的158%降至2018年的154%），政府部门杠杆率的官方数据也稳定在36%—37%，但居民部门杠杆率却由2016年年底的45%上升至2018年年底的53%。

过去10年来居民部门杠杆率快速攀升的主要原因，是城市居民通过贷款购买房地产。而居民购买房地产的过程，从杠杆率部门轮动的视角出发，其实也是房地产企业与地方政府去杠杆（前者通过售房回笼资金、后者通过卖地获得资金），而居民部门相应加杠杆（居民通过借入住房抵押贷款以及与房产相关的消费贷）的过程。换言之，房地产价格不断上升、房地产交易持续火爆，造成了宏观杠杆率从企业部门与地方政府向居民部门的轮动。

居民部门杠杆率（居民部门负债/GDP）仅是衡量居民部门负债状况的一种指标，我们还可以用居民部门负债/居民可支配收入这一指标来衡量居民部门负债状况[①]。如图10-5所示，中国居民部门负债与居民可支配收入之比，已经由2008年年底的31%快速上升至2018年年底的100%，这一水平已经和发达国家基本持平。

---

① 张明、陈骁、魏伟：《警惕居民杠杆率的过快上升》，平安证券首席宏评系列报告第20期，2017年10月9日；《中国金融稳定报告（2019）》，2019年11月25日，见http://www.pbc.gov.cn/goutongjiaoliu/113456/113469/3927456/index.html。

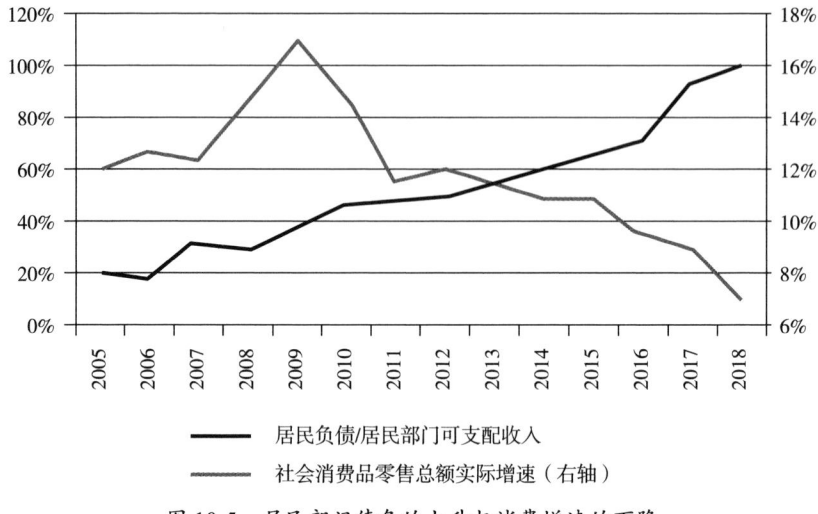

图 10-5 居民部门债务的上升与消费增速的下降

数据来源：Wind，中国人民银行金融稳定分析小组（2019）。
注：2005 年至 2016 年的居民负债占居民部门可支配收入比例数据为笔者根据 Wind 提供的 2018 年的居民可支配收入数据进行计算的结果，2018 年的数据引自中国人民银行金融稳定分析小组的《中国金融稳定报告 2091》。2017 年的数据通过插值法方式得到。

居民部门债务高企至少有两个不利后果。其一，由于居民举债形成的资产主要集中在房地产，如果未来房价显著下行，那么举债购房的居民可能会面临资不抵债的格局，从而导致违约加剧，这既会给居民造成财富损失，也会给商业银行带来坏账压力；其二，如果居民大量举债的结果造成当期收入的很大一部分不得不用于还本付息，那么这就会导致居民还本付息之后的可支配收入增速下降，最终导致消费增速下降。如图 10-5 所示，从 2009 年至 2018 年，中国社会消费品零售总额的实际增速已经由约 17% 持续下降至 7% 上下，这与居民部门债务水平的持续上升形成了鲜明的负相关。一个相关例证是，在 2019 年，中国人民银行货币政策分析小组发现，在控制了人均可支配收入、社会融资规模等因素后，居民杠杆率水平每上升 1 个百分点，社会消费品零售总额的增速会下降大概 0.3 个百分点[①]。

（三）中央政府主动买单——从企业、地方政府、居民到中央政府的杠杆率轮动

中国金融市场迄今为止依然是一个商业银行间接融资主导的市场。证据之一是，虽然银行贷款在社会融资规模中的占比显著下降，但迄今为止依然占到大半壁江山，且在金融监管强化的背景下有重新上升之势。例如，新增人民币贷款占社会融资规模的比重一度由 2002 年的 92% 下降至 2013 年的 51%，但到 2018 年重新上升至 81%。证据之二是，银行资金依然是各种影子银行融资（例如银信合作、银行同业拆借等）的最重要的最终资金来源。如前所述，硬币的一面，是企业、地方政府与居民杠杆率的持续上升，而硬币的另一面，则是银行信贷余额的快速攀升。如果未来企业、地方政府与居民部门发生普遍违约现象，这必然会导致中国商业银行的坏账率显著增加、资本充足率显著下行与资产利润率显著下降。在严重的情形下，实体经济的大面积违约可能会引爆系统性银行危机。

如图 10-6 所示，尽管从 2013 年起至今，中国商业银行的

---

① 中国人民银行货币政策分析小组：《中国区域金融运行报告（2019）》，中国金融出版社 2020 年版。

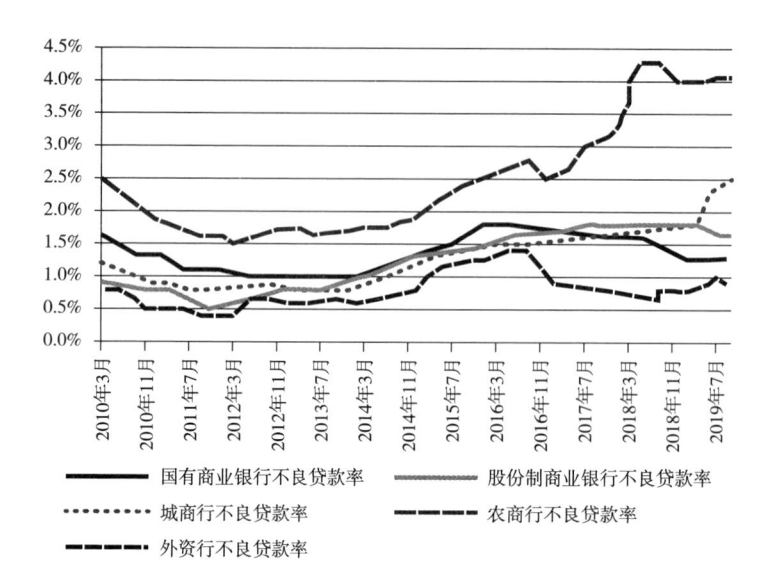

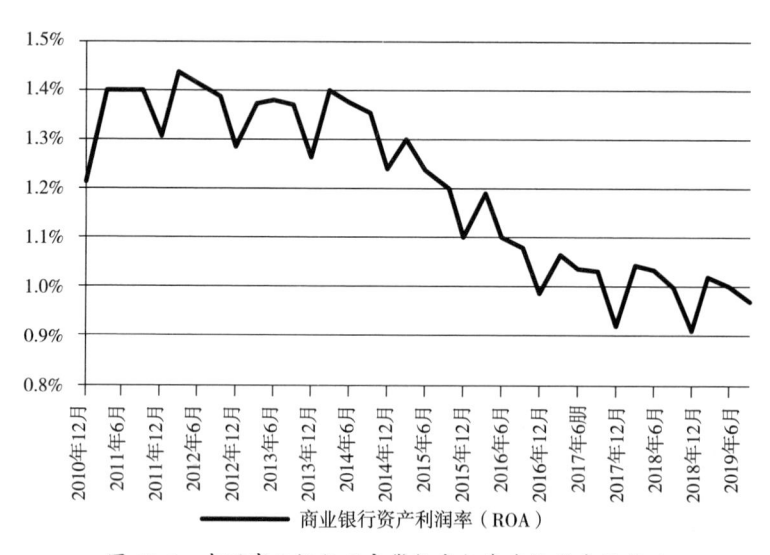

图 10-6 中国商业银行不良贷款率与资产收益率的变动

数据来源：Wind。

不良贷款率有所上行、资产利润率有所下降,但总体上还处于可控范围。此外,反映商业银行杠杆率的若干指标(例如资产负债率、资本充足率、权益资本比重等)还有所上升。换言之,银行部门杠杆率的"向好"与宏观杠杆率的堪忧形成了鲜明的反差。然而正如刘瑶和张明所指出的,考虑到影子银行体系的广泛存在,中国银行部门的真实杠杆率可能被严重低估[①]。此外,银行信贷质量的普遍下降、金融机构之间存在着千丝万缕的联系等因素,可能成为未来商业银行面临的重要风险点。如果特定冲击导致中国企业、地方政府与居民部门违约率显著上升,那么中国商业银行将会面临集中负面冲击,部分规模较小、融资渠道单一、抵御危机风险较弱的商业银行(特别是城市商业银行与农业商业银行)可能会爆发严重危机。

考虑到银行体系整体健康对于中国金融市场顺畅运转的重要性,一旦商业银行爆发危机,中国政府势必要介入进行救援。不论中国政府采用何种救援方法(例如帮助银行剥离不良资产、为银行提供显性或隐性偿债担保、注入新的资本金等),都必须注入财政资金帮助银行纾困,这意味着中央政府杠杆率的上升(地方政府的财政资金本就捉襟见肘,基本上没有资金实力帮助大中型商业银行纾困)。换言之,通过中央政府对商业银行进行危机救援的方式,最终实现了企业、地方政府与居民杠杆率向中央政府杠杆率的轮动。为了抵御企业、地方政府与居民部门被动去杠

---

① 刘瑶、张明:《中国银行部门杠杆率:现状与隐忧》,《国际经济评论》2019年第3期。

杆行为对金融体系与实体经济可能造成的负面影响，中央政府不得不通过自身加杠杆的方式进行对冲。

（四）系统性金融风险爆发的路径

在上述分析的基础上，可以进行中国爆发系统性金融风险的情景分析。

引爆危机的扳机性因素可能是外生的，也可能是内生的。外生冲击可能源自国际利率（特别是美国利率）的上升，由于中国资本账户已经日益开放，如果要维持人民币兑美元汇率的基本稳定，国内利率也需要与国际利率同步上升。因此，国际利率上升导致国内利率被动上升，从而成为引爆系统性风险的扳机性因素；内生冲击则可能来自经济增速与工业品价格（PPI）的过快下降，这会导致企业、地方政府与居民部门还本付息的能力下降，从而导致违约率上升，也即所谓"债务—通缩"螺旋[①]。

危机的传导步骤一，随着国内利率显著上升（外生冲击）或者国内经济增速过快下降（内生冲击），企业、地方政府与居民还本付息能力下降，出现大规模违约情形（被动去杠杆），且违约在企业（尤其是房地产企业）与地方政府之间交织传递，导致违约案例不断增加。

危机的传导步骤二，随着借款主体违约加剧，无论商业银行、非银行金融机构还是债券市场，都拒绝为借款者提供新的融

---

① 陆婷、余永定：《中国企业债对GDP比的动态路径》，《世界经济》2015年第5期。

资，或者要求太高的价格，导致借款者不能大规模借新还旧，从而导致更大面积的债务违约出现。

危机的传导步骤三，随着企业、地方政府与居民部门违约加剧，中国银行体系出现大量坏账，导致资本充足率不断下降、资产收益率不断降低，先是规模较小、脆弱性较强的中小商业银行（城市商业银行、农业商业银行）开始出现挤兑与危机，随后挤兑扩展至部分股份制银行。较大规模的银行业危机形成并爆发。

危机的传导步骤四，为了避免银行业危机的爆发，中央政府不得不介入进行救援。首先是央行发挥最后贷款人职能，为商业银行提供流动性支撑。其次是财政介入，或者帮助商业银行剥离不良资产、或者对商业银行部分债务实现政府担保、或者对商业银行提供新的资本金支持。无论中央政府采取何种救援措施，最终均会导致财政赤字的扩大与政府债务的上升。换言之，企业、地方政府与居民的被动去杠杆行为，最终通过银行业危机的爆发与救援，引发了中央政府的被动加杠杆行为。

危机的传导步骤五，随着中央政府杠杆率的快速上升，市场主体将会产生未来中央政府可能通过加税或者制造通胀实施去杠杆的预期。而在加税与通胀预期驱使下，私人主体选择将自己的资本转移至境外，从而产生大规模资本外流。持续的资本外流将会加剧人民币贬值压力，而人民币贬值压力反过来又会加剧持续的资本外流。

危机的传导步骤六，为了避免持续的资本外流，中央银行被迫提高国内利率。而国内利率的提高将会进一步加大企业、地方政府与居民的还本付息压力,从而导致更大规模的违约行为。这就重新回到了危机的传导步骤一,也即形成了一个可能不断往复、自我强化的恶性循环。

当然,从目前的状况来看,中国爆发沿着上述情景演进的系统性风险的概率仍然较低。不过正如习总书记强调的要"坚持底线思维,增强忧患意识、提高防控能力",我们仍应高度重视针对系统性金融风险爆发情景的预判、诊断与防范。

四、如何避免系统性金融风险爆发

在上述针对特定部门无序去杠杆引发系统性金融危机的情景分析中,放大危机的关键因素在于杠杆率的部门轮动,因此应对策略的关键也在于削弱甚至切断杠杆率的部门轮动。沿着这一思路,笔者在此提出如下政策建议:

第一,尽量避免发生引爆系统性金融危机的扳机性因素。一方面,为了避免国外利率上升导致国内利率被动上升,中国央行应该加大人民币汇率形成机制的市场化,增强人民币汇率形成机制的弹性。这一做法有助于增强国内货币政策的独立性,避免国内利率跟随国外利率被动上升。另一方面,中国政府应该尽可能通过加快结构性改革与逆周期宏观政策来实现经济增速的平稳增长。即使人口老龄化加剧等长期不利因素将会导致潜在经济增速不可避免地下滑,中国政府也应该努力使经济增速的下滑变得更加平稳,避免形成"债务—通缩"螺旋。

第二，继续坚持"房住不炒"原则，建立房地产调控的长效机制，既避免房地产泡沫继续膨胀，也要防止房价过快下跌。坚持当前房地产调控政策的最重要目的之一，是避免居民部门杠杆率进一步快速上升。目前中国房地产市场已经形成了分化格局，也即一、二线城市房价依然面临上涨压力，而三、四线城市房价已经开始面临下跌压力。这就需要中国政府坚持"因城施策"的调控思路，在一、二线城市通过增加多样化房产供给降低房价上涨压力，而三、四线要通过限制无序开发避免过度供给。

第三，中国商业银行要为即将到来的大规模债务违约潮做好准备，未来应该采取"三管齐下"的方式处置不良资产，避免中央政府以全额买单的方式过快地加杠杆。一方面，中国商业银行应该利用目前利润率依然较高的优势，尽可能多计提拨备与坏账准备金。此外，商业银行业应该抓住当前的时间窗口（在系统性违约爆发之前），通过多种方式（包括上市、增发股票、发行长期债券与夹层债券等）补充资本金。另一方面，在不良资产显著增长后，商业银行应该采用"三管齐下"的方式来进行应对：首先，商业银行应该动用自身拨备、坏账准备金与自有资本来冲销不良资产；其次，商业银行应该通过市场价格将部分不良资产转移给具有专业经验的第三方不良资产处理机构进行处置；最后，等到商业银行的资产负债表已经变得较为干净，同时资本金严重匮乏的时候，中央政府再动用财政资金进行注资。

第四，针对部分地方政府债务压力实在太高、自身不可能足额偿还的情况，中央政府可以采取与地方政府达成协议，对部分具有纯粹公共产品性质的基础设施投资产生的债务代为偿还，但这一过程应该采用透明化与新老划断的方式。中国地方政府高债务的原因之一，是用非常高的市场化利率去为长周期低收益的公益项目融资。为了避免地方政府违约导致银行危机，从而中央政府最终不得不加杠杆，中央政府提前介入、积极处置地方政府债务，实施公开、透明、新老划断帮助地方政府偿还部分债务的方式，是以时间换空间，最终降低自身加杠杆幅度的明智选择。换言之，中央政府在早期积极介入、部分买单，可以避免最终被动入场、全额买单的局面。

第五，为了避免加税与通胀预期引发私人部门大规模资本外流，一方面，中国政府应该承诺维持企业与居民所面临各项税收的税率稳定，以及维持通货膨胀率稳定，以此来稳定企业与居民的相关预期；另一方面，中国政府应该保持对短期资本流动的合理管制，避免未来形成短期资本持续流出与人民币贬值预期加剧之间的相互强化机制。